教育社会学のフロンティア

2

変容する社会と教育のゆくえ

教育社会学のフロンティア

2

日本教育社会学会 編
稲垣恭子・内田 良 責任編集

変容する社会と教育のゆくえ

岩波書店

目　次

装丁＝桂川　潤

序章

教育現象をどう解読するか

稲垣恭子

一　教育社会学のポジショニング

本書は、教育社会学がさまざまな教育現象をどのような独自の視点や方法で読み解いてきたのかについて、教育社会学が扱ってきたメイントピックスを柱としつつ、新たに生じつつある教育現象やトピックスも取り上げて論じていくことによって、日本の教育社会学の現在（フロンティア）とさらなる可能性（ニューフロンティア）を展望することが目的である。

本書では、教育格差、能力観、職業観といった教育と社会の関係の変容をめぐる問題や、教師、ジェンダー問題、いじめなど学校内外をめぐる問題、またインターネット社会の広がりや地域コミュニティの現在、子どもと大人の関係の変容のなかで新たに生じつつある現象など、さまざまなテーマやトピックスが具体的に取り上げられているが、これらは教育社会学が対象とすべき教育現象としてあらかじめ存在してきたわけではない。何を教育現象と捉え、研究の俎上に載せるかということ自体、研究分野の性質や研究者個人のスタンスによって異なると同時に、時代のなかで変容してきたのである。

教育社会学は、隣接する教育学や社会学などの学問分野があまり研究対象として取り上げてこなかったテーマや現象を新たな対象として「発見」してきた。たとえば、社会的にも大きなインパクトをもった学歴社会論はそのひとつであろう。教育の成果を、所得や社会的地位達成といった客観的指標によって捉えようとする学歴研究は、人格の涵養や教育愛のように目に見える成果を超えたところに本来の価値を見いだそうとする、当時のおもての教育言説からすれば、いかにも皮相的で功利主義的にみえても不思議ではない。しかし、教育の理念やおもての言説の下では語られなかった教育の現実の側面を、学歴という視点で正面から捉えることによって、教育研究や教育言説の規範的な思考や前提を相対化すると同時に、教育＝学歴を軸に日本社会の特質を明らかにすることによって、日本社会論や社会学研究にインパクトを与えたということができる。

このように、教育社会学のひとつの特徴として、教育学、社会学のいずれからみても、中心から距離をとってきたという点を指摘することができるだろう。天野郁夫は、教育社会学のこうした性格を、「辺境性」と表現している（天野 一九九〇、八九―九四頁）。天野によれば、学問分野においても、また大学の教育組織における講座・学科においても「辺境」にあることは、コンプレックスを生むことにもなる一方、それを逆手にとれば、いわゆる「正統学問」のような拘束から自由になって、チャレンジングな研究の可能性を開くことにもなりうる。「社会学にも教育学にも帰属しえないとしたら、辺境性・境界性に居座り、開き直って、そこに自らのアイデンティティを確立し、教育学や社会学にむけて逆にフロンティアを創出していけばよい」（同、九〇頁）というわけである。学問的な地位の不安定さとそれゆえのフットワークの良さの間を揺れ動きながら、独自のポジショニングを探索するというのが、教育社会学がとりうる戦略でもあった。

しかし、教育社会学のポジショニングの特徴は、教育学と社会学といったアカデミズムにおける学問分野間における「辺境性」だけではない。アカデミズムとアカデミズム以外の「界」、とくにジャーナリズムとの関係においても、独自のポジションをつくってきたとみることができる。本書で取り上げているテーマも含めて、教育社会学研究のメイントピックスの多くは、ジャーナリズムや社会一般の関心をひきつけるものでもある。

このアカデミズムとジャーナリズムの間のポジショニングのありかたにも、教育社会学のアイデンティティにとってジレンマと可能性が内包されている。潮木守一は、先にあげた学歴社会論の隆盛について、それまでの教育社会学研究がごく限られた学会サークルのなかに閉じられていた状況から、マスコミの花形テーマとなり一般の読者層を広げることになったと述べている（潮木 一九八三、五一―一四頁）。しかし、そうした社会的インパクトをもつことができた背景には、教育経済学やＳＳＭ調査（社会階層と社会移動調査）など、アカデミズム内部における理論的・方法論的な精緻化と、それに伴う結果の裏打ちが大きいことも同時に指摘している。

つまり、目新しさや刺激の強さを求めるジャーナリズムの要請に応えることが、学問としての問いやアプローチの精密さ、分析の深さを欠くとすれば、アカデミズムにおける位置を自ら掘り崩していくことにもなりかねないのである。「ジャーナリスティック」という評価がネガティブなニュアンスをもつのは、そうした場合である。ジャーナリズムに近寄りすぎる研究は、ややもすれば軽薄な印象を与えがちであり、アカデミズムの側からすれば、いわば「浮いて」みえるわけである。しかしだからといって、学会サークルのなかに閉じこもることが、学問の深さを保証するわけではない。他の研究分野からもジャーナリズムからもその成果がみえないところに「沈んで」しまっては、「辺境」学問としてのパワーと魅力を欠くことになるだろう。

こうした観点からみると、教育社会学は、アカデミズム内部の研究分野間における「辺境性」という水平方向の位置と同時に、ジャーナリズムとアカデミズムの関係における「浮き」と「沈み」という垂直方向の位置の両方におけるバランスの上に、独自のポジショニングとアイデンティティを探求してきたということができるだろう。

そうした危うさやジレンマを内包しつつ、さまざまな教育現象を教育システムや文化構造と関連づけて検討していくなかで、日本の教育社会学はそのフロンティアを広げてきた。その結果、近年では教育社会学が発見し対象としてきたテーマやトピックスが、教育研究の主流とみなされるほどにもなってきた。

しかしそれと同時に、あらたなジレンマやアンビバレンスも顕在化しつつある。教育社会学はさまざまなテーマを新たな研究対象として発掘してきたが、それらが学問的にも社会的にも地位を獲得していくのに伴って、知的フロンティアとしての「辺境性」が失われていく場合もあるからである。たとえば、「格差社会」や「格差問題」は、教育研究だけでなく重要な社会問題として一般にも認識されているテーマだが、さまざまな「格差」を発見し指摘するだけでは、「格差」をめぐる言説をかえって補強することになるという問題も伴っている。同様に、「学校」をめぐる研究も、学校の内部過程に光をあてることによってさまざまな知見を生み出してきたが、それが学校の内部にあらゆる問題の「発見」と「解決」を求めるマッチポンプ型の言説を生みだすというジレンマにつながっていく側面もある。知的フロンティアを維持し続けていくためには、こうした「格差」や「学校問題」を問う意味をリフレクトし続けることによって、新たな理論的、実証的な研究を生み出していくことが重要である。

現在、制度を支える基盤の揺らぎや社会の液状化（バウマン）といった社会全体の大きな変容のなかで、教育社会学がメインテーマとしてきた研究課題を改めて問い直すことと同時に、新たに顕在化しつつある現象への問いも浮上しつつある。また学問世界においても、隣接領域の教育学や社会学との関係の変化にとどまらず、アカデミズム全体における「越境性」の広がり、さらにアカデミズムとジャーナリズムの境界がますます曖昧になっていく状況にある。教育現象に対する学問的、社会的の両方におけるニューフロンティアへの挑戦があらためて重要になっている。

本書の各章では、こうした課題を意識しつつ、教育社会学研究のなかで探求してきたメイントピックスについて、これまでの研究成果を振り返りその学問的・社会的意味を検討し、さらにそこから新たなフロンティアを展望することを共通の課題としている。

第Ⅰ部では、「教育格差」や「能力観とメリトクラシー」「学校から職業へのトランジション」「アカデミズムと知の変容」といったテーマを柱として、日本の教育システムの変容と現在について論じている。教育社会学のメインテーマがどのように形成・展開されてきたかを論じると同時に、今後の研究の可能性とフロンティアについて展望している。第Ⅱ部では、教育の中心的な場であると同時にそのゆらぎが新たな学問的・社会的関心と議論をよんでいる「学校」をめぐる教育現象に焦点をあてて、それぞれの視点から読み解いている。学校のゆらぎと再編という視点から、「学校問題」「教師」「ジェンダー」「子ども・若者支援」といったテーマについて解読していくことによって、教育現象をめぐるあらたな課題やアプローチが提示されている。第Ⅲ部では、第Ⅰ部、第Ⅱ部で扱ってきたテーマを共有しつつも、「子ども観」「ペアレントクラシー」「ニューカマー」「ネット社会」「コミュニティとローカリティ」など、近年とくに注目されつつあるテーマやトピックスを取り上げている。これらの現象の分析を通して、教育をめぐるより深層の文化的構造に光があてられると同時に、その変容を問うニューフロンティアの可能性が展望されている。

次節以降で、各部について概観しておきたい。

二　日本の教育システムを問い直す

教育と不平等をめぐる問題は、教育社会学が柱としてきたメインテーマのひとつである。一九六〇年代以降、欧米の教育社会学研究を中心に、教育の量的拡大が必ずしも教育機会の平等化に寄与するわけではなく、むしろ格差や階層差を生みだす場合が少なくないことが指摘されるようになった。日本においてもＳＳＭ調査を中心として、成績や学力などの教育達成と家庭の経済的・文化的背景との関係や、それを支える能力観や知の変容、さらに学校から職業への移行の問題など、さまざまな角度から実証的な研究が精力的に行われてきた。第Ⅰ部では、こうしたトピックスについてどのような成果が生み出されてきたかを検討することによって、日本の教育システムの特徴を描きだすと同時に、あらたな研究の可能性について論じている。

第1章で取り上げるのは、教育社会学におけるメイントピックスであり、また近年の社会的関心の的でもある「教育格差」である。「格差社会」の広がりはすでに常識になっているが、格差は広がっているのか縮小しているのかの判断は実は簡単ではない。ここでは、教育機会の不平等の拡大／縮小をめぐる見方の不一致が何によるものかを整理した後、階層差がなぜ、どのようなメカニズムのなかで生まれるのかを論じている。制度上のさまざまな特徴がもたらす格差を示す研究は多い一方で、その背後にある構造的な格差生成メカニズムの検討は十分ではなかったという。その上で、格差を生みだすあらたなメカニズムとして、家族構造の多様性や地域差を視野に入れる必要があると指摘している。「格差問題」が自明なものとして受容されていくなかで、ともすれば格差の存在を次々に指摘することのみになりがちな状況を認識しつつ、その根底にある理論的な問いと現実の分析との往復の必要性の指摘は重要である。

第2章では、日本における教育と階層をめぐる問いについて、「学歴と能力観の変容」という広い射程のなかで捉えなおそうとしている。学歴は実力を反映しているかという問いは、教育社会学だけでなく一般社会においても常に意識されてきたが、ここでは人々の意識が一九六四年、一九九五年、二〇一〇年の三時点でどのように変化してきたのかを、全国調査をもとに具体的に検討している。そこから、一九六四年、一九九五年調査においては学歴―実力意識を支える共通の前提が存在していたのが、二〇一〇年調査では大きく変化することが指摘されている。能力と実力を状況によって区別する独特の能力観が、日本型メリトクラシーを支える「智慧」であったのが、能力主義の肯定や、学歴＝実力と自己責任を結びつける考え方へと変化することによって失われつつあるのではないか、という指摘は、選抜システムと文化システムの関係を考える上でも示唆的である。

第3章では、学校から職業への「移行（トランジション）」という角度から、とくに若者が安定した労働市場に入っていけるという前提が大きく崩れ始める一九九〇年代以降の若者・学校・雇用をめぐる状況の変化に光をあてることによって、日本の教育システムを捉えなおす見取り図を提示し、今後の研究の可能性について論じている。一九九〇年代半ばあたりから、フリーターや高卒無業者問題が、アカデミアだけでなく、広く社会的な関心を呼ぶようになった。さらに若年無業者(ニート)なども含めて、大卒者の就職問題や若者のアイデンティティをめぐる問題との関係へと、関心が広がっていくことになる。「移行」という視点を前面に出すことによって、これまで別々に行われてきた社会移動・社会階層研究、学校の内部過程に重点をおく学校研究、若者のサブカルチャーやアイデンティティ研究、労働政策・教育政策研究をリンクさせる教育社会学研究の可能性が論じられている。

一九九〇年代は、高等教育システムにおいても大きな変動期であった。第4章で論じているのは、「大学設置基準の大綱化」から国立大学法人化への流れのなかで、講座制と教養部といういわば高等教育の二極構造が崩れていくことによって、大学を中心とする知とアカデミズムがどのように変容したかである。講座制的なアカデミズムと教養部的な知との間に諸々の「格差」が存在していることは知られている。しかし、「正統な知」を継承する講座制的なアカデミズムよりも、より自由で純化された関係のなかで育まれる教養部的な知のほうが、魅力とパワーを発揮した面もあったと指摘する。講座制と教養部という制度上の壁が取り払われたことが、知のダイナミズムを減ずることになるのではないかという問いは、「知のジャングル」や「冒険する知」を提唱する楽観的な改革論への検証の必要性をあらためて認識させるものである。

三　学校を問い直す

教育社会学が取り組んできたもうひとつのメインテーマは学校である。教育社会学研究がはじまった当初から学校の組織構造や教師のリーダーシップなどの視点からの学校・教師研究は継続して行われてきたが、とくに一九七〇年代以降は、学校の存立・研究方法論とともに、新たな関心のもとに捉えなおされるようになった。その背景には、不登校やいじめ、ジェンダー問題などの「学校問題」が社会的にもクローズアップされるようになってきたという状況がある。学校教育の急速な拡大・大衆化は、学校教育の現実が必ずしも多くの人たちの期待に沿うものではないことが認識され、さまざまな事象が「問題」として浮上し、メディアでも取り上げられ、社会的にも一大関心事になってきた。

こうした社会的背景と並行して、学校への社会学的研究の新しいアプローチや方法が注目されるようになった。象徴的相互作用論や現象学的社会学、エスノメソドロジーなどの方法論を土台とした「新しい教育社会学(new sociology of education)」もそのひとつである。学校の内部過程に注目する「新しい教育社会学」は、「学校問題」が浮上しつつあった日本の教育社会学研究にも影響力をもったが、学校教育「現場」の視点を軸にした教育社会学のポジションの獲得をはかるというイギリスの「新しい教育社会学」よりも、構築主義や言説研究へとつながる理論志向がより強い傾向があったということができるだろう。教育実践と慎重に距離をとりつつ、学校をめぐる言説と現実の関係に焦点をあてた研究が中心になってきたのである。

第Ⅱ部においては、「学校のゆらぎと再編」をテーマに、とくに一九七〇年代以降、顕在化するようになった「学校問題」「教師」「ジェンダー」「子ども・若者支援」など、学校をめぐる現代的課題について論じている。いずれも、学校内部のプロセスに焦点をあてつつ、学校への過度な批判や期待とは慎重に距離をとった理論的・実証的な分析によるものである。

第5章では、「インストルメンタル」「コンサマトリー」という概念を軸に「学校問題」の変容をレビューし、そこに内包されるジレンマやリスクを指摘した上で、学校研究のあらたな可能性を展望している。まず一九七〇年代後半以降の「学校問題」へのまなざしの変化について、職業や社会的地位獲得のための手段として学校を捉える「インストルメンタル」な次元から、居場所や自己実現の場という「コンサマトリー」な次元に、そしてさらに二〇世紀末頃からは「学力問題」に代表される「インストルメンタル」な次元に再び関心が移ったことを指摘している。その上で、これら二つの次元を両立させる「社会的包摂のための学校」の可能性が示されている。「学校問題」についての単眼的な前提を問い直すことによって、モラルパニックを超えて研究と実践を往復する学校研究の可能性と方向性が明快に論じられている。

第6章では、学校研究の柱のひとつである「教師」に焦点をあて、その役割(仕事)を「制度的指導者」という観点から論じている。まず戦後日本の教師研究を三つの時期区分にそってレビューし、一九九〇年代あたりから「教育改革と教師」というテーマが浮上してきたことを確認したうえで、さらに教師をターゲットとした教育改革が進展する二〇一〇年代の状況を分析している。知識基盤社会の進展に対応する教師や教職のグローバルな次元での組み替えという要請と、「指導の文化」に象徴される日本固有の教員文化やそこから誘発される「教師の多忙化」といった日本的な問題の、両方を内包する現代の教師の状況が明らかにされている。教育活動を支える学校の組織的基盤と教師の専門職化をめぐる今日的な諸相を解明することが、「制度的指導者」としての教師の条件の探究という実践的課題につながることが示されている。

第7章は、学校教育とジェンダーの視点から、とくにジェンダー概念の多様化や社会状況の変化によって複雑化しつつある二〇〇〇年代以降の研究および実践についてまとめたうえで、ジェンダーと教育研究の新たな方向が論じられている。近年、「男子の学業不振」がグローバル・レベルの問題として浮上するのに伴って、バックラッシュへの警戒と批判と同時に、男性・女性という二分法を超えて男性集団内部での多様性に目が向けられるようになったことを指摘しつつ、より多層的で複雑な社会的交差を捉える「インターセクショナリティ」の視点に立った研究の重要性が論じられている。しかし、そこにはあらたなジレンマや課題も存在する。個性尊重と男女平等、生物学的性差と社会文化的性差など、これまで十分に論じられてこなかった社会的課題に正面から取り組むことが、ジェンダー研究だけでなく教育社会学の発展の鍵にもなることが提示されている。

第8章では、学校と子ども・若者支援との関係について、支援の現実と言説の両面から検討している。学校に「支援」という言葉が導入されたのは近年のことである。子ども・若者が、貧困格差社会のなかで十分な教育を受けられず、「社会的弱者」となることに世間の注目が集まったからである。子ども・若者の問題行動は、いじめや不登校、非行などに端的なように、心理的・人格的な病理として理解され、スクールカウンセラーの導入など心理主義的対応が優先される傾向があった。しかし二〇〇〇年代に入って、子ども・若者の就学・就労をめぐる問題や社会参加の困難が指摘され、家庭の変容と援助の脆弱化も相まって、学校のセーフティーネット化を待望する声が強まった。学校と外部の支援機関とのネットワークによるキャリア支援が子ども・若者の未来を左右するという語りが、あらたに登場したのである。「支援」という観点が学校をどのように変容させることになるのか、排除と包摂の関係にも言及しつつ論じている。

四　ニューフロンティアを求めて

第Ⅲ部では、近年とくに顕在化しつつある教育現象やトピックスを取り上げ、今後の教育と教育社会学研究のあらたな可能性を展望している。

まず第9章では、教育全体を考える上での前提となる子ども観の変化について、とくに「子どもの変容」から「子どもの多様性」への論点の変化を軸に、子どもをめぐる社会学研究の課題と展望を論じている。子どもをめぐる理想と現実、規範と実態の間のずれが意識されるのと対応する形で「子どもの変容」をめぐる言説が多く現れた一九七〇年代から、そうした言説を社会学的な視点から相対化しようとする調査研究や言説研究が行われた一九九〇年代を経て、二〇〇〇年代以降、「子ども社会学」は「子ども／大人」という二項対立自体を問い直す視点、つまり「子どもの多様性の発見」へと展開したという。そこからさらに、こうした視点に立ったイギリスを中心とする子ども社会学のニューウェーブの射程を検討することによって、子どもをめぐる多様な実践、制度、知の織りなす複層的な様相を明らかにするという、より根底的な問いを投げかけている。

第10章では、親の教育ニーズの観点から、現代の教育格差や家族の問題をめぐる現象について、とくに教育格差の背景にある親の積極的な教育的関与、すなわちペアレントクラシーの実際について論じている。日本では、子どもに対し、受験や学力競争だけでなく読書や音楽鑑賞といった文化的経験や対人能力やコミュニケーション能力といった社会関係能力まで含む教育熱心な上層ホワイト層の親（「教育する家族」）と、子どもの教育にさほど熱意をもたない労働者階級の親の間に、子どもの教育に対する意識の分断化、いわば親のインセンティブ・ディバイドが存在していることが調査データにもとづいて具体的に示されている。第1章でも、格差を生みだすメカニズムを明らかにする上で家族構造の多様性を視野に入れた実証研究が必要であることが指摘されているが、本章はペアレントクラシーの視点から、家族と教育格差の関係を実証的に明らかにしようとする試みである。

第11章では、ジェンダーと並んで教育の多様性への視点として、教育におけるエスニシティの問題に焦点があてられている。とくに、一九九〇年代半ばからスタートした「ニューカマー」研究についてレビューし、その間の主な変化を二点にまとめている。ひとつは、日本社会や学校のパースペクティブから、「ニューカマー」の子どもや家族の側のパースペクティブや彼らの「生きるための戦略」から現象を捉えようとする研究が増えたことだという。それと関連してもうひとつの変化として、日本の教育や学校を定住・定着の場として想定することから、さまざまな移動が出会う場として捉える視点への移行を挙げている。このような視点の変化によって、支配的な学校文化への同化でも、また複数の文化の並存でもなく、互いに変容しつつこれまでにはなかった「a」（なにか）を創出しうる共生社会のあり方が展望されている。

第12章では、近年の教育・社会現象を考えるうえで欠くことのできない、メディアとの関係が論じられている。といっても、教育社会学においてはメディアやインターネットをめぐる研究の蓄積は意外に少ない。その背景には、一般に考えられているほど教育の領域では、メディアやインターネットによる革新的な変化がもたらされてはいないという実情があるという。インターネットの普及は、教育関係や知識のあり方を変えうるものではあるが、実際の学校教育においてはさほどドラスティックな変化をもたらしたわけではなく、また技術的レベルからみても必ずしも学習効率や学習意欲を高めているわけでもないことが、学校の現状に即して指摘されている。ＩＣＴへの過剰な期待とそれを忌避する教育の神話が併存する現在の状況をふまえ、メディアと教育の関係がどのような方向に動いていくのかを記述していくことが、教育の前提を問い直すことにつながることが示唆されている。

本書の最終章である第13章は、近年あらためて注目されているコミュニティとローカリティをめぐる課題について論じている。学校教育への関心と研究の集中化に対応するように地域と教育をめぐる研究は少なくなっていたが、近年地域コミュニティの教育力や地方の活性化といったキーワードで、再び注目されるようになっている。本章では、こうした変化に対して、ノスタルジックなコミュニティの回復願望ではなく、現実の地域と学校の関係を教育政策と照らし合わせて検討しつつ、その意味を問い直している。とくに地方国立大学をめぐる政策がもたらしたものを分析するなかで、その陥穽を指摘すると同時に、ポスト福祉国家におけるコミュニティの戦略的位置づけやシティズンシップ教育の重要性が、新たな展開の鍵として論じられている。

五　議論の場へ

本書の各章で取り上げられているテーマやアプローチは多様であるが、大きな変化の時期として、一九七〇年代後半と一九九〇年代後半を指摘している点ではほぼ共通している。大衆教育社会が浸透していった一九七〇年代後半から一九八〇年代にかけての時期においては、学校や教育をめぐるさまざまな問題が顕在化するのと対応して、教育社会学研究への問い直しやあらたなアプローチが現れてきた。そのなかで、機会の平等に対する格差の存在、画一的な教育に対する個性の教育、学校への適応問題に対する教育システムの問題など、従来の教育や学校の前提に対する批判や問い直しがさまざまな形で提起された。

しかし、一九九〇年代後半から二〇〇〇年代にかけて起こった変化は、むしろ学校や教育システムが一枚岩ではなくなり、その制度的な基盤を弱めていくことによって生じる多層的で複雑な現象へと研究の視点と関心を移すことになった。本書の各章では、学業成績や教育格差、学校問題などを論じる場合においても、階層やジェンダー、文化資本、エスニシティ、地域といった単一の指標だけでなく、それらが複層的に重なり合った現実を読み解いていくことが強調されている。そこでは、大人と子ども、管理と適応、社会化と個性化、男性と女性といった二分法とは異なる新たな視点とアプローチが必要となる。

むろんそれは簡単なことではない。複数の指標が重なる個々の現実を理解することと社会学的一般化との関係、分析的な知と臨床的な知の関係、アカデミズムへの貢献と教育政策との関係など、矛盾やジレンマを内包した課題も多い。本書の各章は、教育社会学研究の成果をたどり直しつつ、こうした課題に対してさまざまな角度からチャレンジしている。本書が、専門分化した個別分野の研究を超えて、教育社会学研究のニューフロンティアを論じる議論の場になればと思っている。

参照文献

天野郁夫 一九九〇、「辺境性と境界人性」『教育社会学研究』第四七集。
稲垣恭子 二〇一七、『教育文化の社会学』放送大学教育振興会。
潮木守一 一九八三、「学歴の社会学——その理論的検討」『教育社会学研究』第三八集。
苅谷剛彦 二〇〇一、『階層化日本と教育危機——不平等再生産から意欲格差社会へ』有信堂高文社。
北澤毅 二〇一七、「構築主義研究と教育社会学——「言説」と「現実」をめぐる攻防」『社会学評論』六八巻一号。
竹内洋 一九九五、「教育社会学における歴史研究——ブームと危うさ」『教育社会学研究』第五七集。
竹内洋・佐藤卓己・稲垣恭子編 二〇一四、『日本の論壇雑誌——教養メディアの盛衰』創元社。
ジグムント・バウマン、澤井敦他訳 二〇〇八、『個人化社会』青弓社。
ロバート・B・パットナム、柴内康文訳 二〇一七、『われらの子ども——米国における機会格差の拡大』創元社。
広田照幸 二〇〇一、『教育言説の歴史社会学』名古屋大学出版会。

I

日本の教育システムの変容と現在

1

教育格差の論じ方——趨勢・枠組・メカニズム

荒牧草平

一　教育格差を論じる三つの観点

近年の経済不況を背景とした「格差社会」の進行によって、家庭背景による教育達成の違い、すなわち教育格差も拡大したという見方が広がっている。しかし、一方では、社会の進展に伴って格差はしだいに縮小してきたという主張もある。一体どちらの見方が正しいのだろうか。また、こうした認識の違いはなぜ生まれるのだろうか。あるいは、そもそも格差はなぜ生じるのだろうか。

これらの問いに答えることは容易ではないが、従来の研究がこの問題をどう扱ってきたかを振り返ることでヒントは得られるだろう。研究蓄積の多い分野だけに、この小論だけで全体を把握するのは困難だが、幸いにも近年こうしたテーマと関連したレビューが立て続けに発表されている(平沢他 二〇一三、中澤・余田 二〇一四、大前他 二〇一五、天童・多賀 二〇一六)。したがって、網羅的なレビューについてはこれらの研究に譲り、ここでは以下の三点に絞って議論してみたい。

第一の観点は、教育機会の不平等の長期的な趨勢をどうとらえるかというものである。近年でこそ「教育格差」という言葉の用いられることも増えたが、社会階層と教育達成の関連に関する研究は、社会の発展に伴って教育機会の不平等は縮小したかという形で問題にされることが多かった。その後、不変論、拡大論、縮小論などが提出されてきたわけだが、その経緯や背景要因なども含めて整理してみたい。

次に着目したいのが、それぞれの研究における格差のとらえ方である。趨勢について上記のような認識の違いが生まれる主な理由は、どの格差に着目するかやその検討方法が異なることにある。そうした着眼点の違いを生む、理論的・技術的な背景要因を整理することによって、問題の見通しをよくできればと考えている。

以上をふまえたうえで考えたいのが、階層差を生み出すメカニズムについてである。そもそも家庭背景による教育達成の違いが社会的に注目されるのは、その事実が不公正であり、改善されるべきものだとみなされているからであろう。そうした要請に応えるためにも、階層差がなぜ生まれるのか、そのメカニズムを明らかにする必要がある。

このようにして従来の研究動向を振り返りつつ、今後のフロンティアを見定めるというのが本書全体に課せられた課題である。なかなかの難題だが、これら三つの観点に沿って議論を整理しつつ、これからの展望にも触れてみたい。

二　機会の不平等は拡大したか縮小したか

機会の不平等とその趨勢という問題に早くから積極的に取り組んできたのは、「社会階層と社会移動(SSM)調査」データを用いた研究群である。このうち一九五五年の第一回から一九七五年の第三回までのSSMデータを用いて教育機会の趨勢を検討した今田(一九七九)は機会の均等化を報告したが、その後の研究では、機会は平等化しておらず階層差は長期にわたって安定していたとするものが多い(尾嶋　一九九〇、荒牧　二〇〇〇など)。これに対し、二〇〇五年SSMデータを用いた近藤・古田(二〇〇九)は、主として経済的な側面での大局的平等化が進行していること、親の学歴と職業から見れば格差の縮小と拡大がともに認められることなどを指摘し、長期にわたる安定性という従来の見方を否定するとともに、格差を動的に理解していく必要性を指摘した。

こうした認識の違いを生み出した理由は、主に三つあると考えられる。一つは社会学的な理論の影響である。初期の研究群において平等化が主張された背景には、技術機能主義理論や近代化理論といった明快な主張が存在していた。ところが、その後の実証研究により、これらの理論に基づく予想とは異なる現実が明らかとなった。ただし、こうした見直しは主に分析方法の革新によってもたらされたものであり、そこに明確な理論的根拠が存在していたわけではなかった。原・盛山(一九九九)は、こうした状況を階層研究における理論の喪失と呼んだが、[1]現在に至るまで基本的には理論喪失のまま分析手法の精緻化を目指して研究が蓄積されてきたと言えるだろう。

二点目は、日常的な感覚との距離とでもいうべきものである。社会の近代化により平等化が進むという誤った認識は、必ずしも特定の理論から教条主義的に導き出されたわけではなく、むしろ、当時の社会状況に対して形成されたリアリティが判断を誤らせた可能性がある。よく知られるように、戦後復興と高度経済成長を背景とした産業・職業構造の高度化に連動して、一九六〇―七〇年代に教育水準は大幅に上昇した。前世代よりも学歴水準が明らかに向上したという経験は、一九七〇年代までの研究に、機会の平等化を疑いないものと確信させたのではないだろうか。一方、長期にわたる不平等の維持を主張したその後の研究では、過去の反省をふまえ、見かけ上の平等感から距離をおくスタンスが強調された。これに対し、格差を動的に把握すべきだという近藤・古田(二〇〇九)の主張は、逆に、その行き過ぎが先入観として作用することへの警鐘でもあるだろう。

三つ目の背景要因として挙げられるのが、研究に用いた統計的な分析手法の影響である。平等化を主張した研究では、職業の高度化や高学歴化による平等化を検出しやすい手法が採用されており、一方、不変性を主張したその後の研究は、職業や学歴における分布の変化に左右されない手法を採用していた。より近年の研究には、分布を生み出す背後に潜在的な優位度(進学のしやすさ)を仮定したモデルから不平等の趨勢を把握しようとするもの(近藤・古田 二〇〇九、中澤 二〇一〇)がある。

このように、海外の先進的な研究を参照しながら、より精度の高い分析手法を求めて実証研究が進展してきたことは、基本的には有益であったと考えられる。逆に、ある手法がどのような格差やその変動を検出しやすい(しにくい)のかを知らないままに分析を行えば、誤った「事実認識」に基づいて誤った主張や議論を展開してしまいかねない。

しかし、分析精度を追求する試みにも問題はある。とりわけ重大なのは、次々と新しい手法が開発され、膨大な研究が積み重ねられてきたにもかかわらず、教育機会が平等化したのか、それとも不平等化したのかといった単純な問いに対してさえ、未だ共通の見解をもつに至っていないことである。こうした認識の不一致を生み出す主な要因は、「教育機会」や「不平等」の理論的・実証的な把握方法が異なることにある。言い換えるなら、いかなる格差を問題にするのかを明確にしないまま、いくら最新の分析手法を導入しても、それが拡大したのか縮小したのかを結論づけることはできない。

三 格差把握の理論と方法

そこで重要になってくるのが、「何における」「何による」格差を問題にするかである。伝統的に着目されてきたのは、子どもの最終学歴や教育年数における父親の職業や学歴による格差であった。これに加えて趨勢分析のなかでも早くから注目されたのが、従属変数である学歴の質的差異や学校歴における格差(安藤 一九七九、近藤 一九九七、平沢 二〇一一a)である。その他の展開としては、塾などの学校外教育投資(都村他 二〇一一)、私立小中学校の受験(小針 二〇〇四、片岡 二〇〇九)、高校の学科やカリキュラムの選択(中西他 一九九七、荒牧 二〇〇三)、大学院や専門学校への進学(村澤 二〇〇八、濱中・米澤 二〇一一)、および短大など特に女性の学歴に着目したもの(濱名 一九九〇、中

澤 二〇一〇)などがある。

他方、独立変数となる家庭背景の指標としては、父親の職業や学歴だけでなく、母親の学歴(中澤 二〇一〇)、家庭の文化的背景(藤田他 一九八七、片岡 二〇〇一、大前 二〇〇二)、経済的資源(近藤 二〇〇一、尾嶋 二〇〇二)などが着目されてきた。また、近年の新しい動向としては、家族構造に対する関心から、きょうだいの数や構成の影響(近藤 一九九六、保田 二〇〇八、平沢 二〇一一b)、ひとり親家庭や再婚家庭の不利(稲葉 二〇一一a、二〇一一b、白川 二〇一〇、余田 二〇一四)、祖父母やオジオバといった拡大家族の影響(荒牧 二〇一六)などに着目した研究がある。

このようにさまざまな研究関心にしたがって多様な格差が問題にされてきたが、その多様性にも一定の方向性はあり、大まかには次の二つに大別できる。一つは、日本の社会システム、特に教育システムの特徴に対する関心である。上述したようなさまざまな従属変数への展開は、基本的には、この関心にしたがったものが多い。つまり、これらの研究においては、機会の平等化や不平等化という抽象度の高い議論よりも、日本社会の具体的な制度やシステムの影響に焦点が当てられており、制度の状況や改変が格差にいかなる影響を及ぼすかを問題にする例も多い。そのため、さまざまな制度的特徴がもたらす格差を次々と指摘するという面では大きな貢献をしてきたと言えるが、なぜその格差を取り上げるのかに関する理論的根拠や倫理的意義は、必ずしも十分に議論されてきたとは言えない。今後これらの検討も含めて研究を発展させることで、「格差の拡大/縮小」問題に対しても、意義深い結論を導けるように思われる。

もう一つの方向性は、格差生成理論に基づく研究である。この場合、独立変数である階層指標にさまざまな工夫を行っていることが多い。ただし、必ずしも逆もまた真とは言えず、ある資源に基づく格差を扱っているからといって、その資源による格差の生成理論を主張、あるいは検討する目的で行われた研究だとは限らない。いずれにせよ、「理論の喪失」という原・盛山(一九九九)の指摘にあった通り、格差を生み出す原因について明確な理論的根拠に基づいて行われた研究は、格差を記述する研究の膨大な積み重ねと比べれば、相対的に少ない。

その一因は、前提としてきた階層概念や、そこで用いられてきた階層指標にある。親の職業であれ、学歴であれ、所得や資産などの経済的側面であれ、従来の研究において主に用いられてきた出身階層の指標は、各資源の不平等な分布状態をとらえる構造的概念に基づいていた。これらはある時点における静的な格差の構造を記述する目的には有効だが、それをいくら示したところで、階層差を生み出す動的なメカニズムが自動的に浮かび上がってくるわけではない。言い換えるなら、階層差の生成という動的なメカニズムを解明するには、それに適した階層概念や指標の工夫が必要だと言える。

ところで、このように格差を説明する理論が失われたと指摘されるなかでも、階級論的な主張に基づく研究には一定の蓄積がある。これにはマルクスの流れを汲むもの(橋本 一九九九など)と、ブルデュー(Bourdieu 1979／邦訳一九九〇など)のように家庭の文化的背景に着目する研究(片岡 二〇〇一、近藤 二〇一二など)がある。このうち前者の立場に対して、盛山(一九九二)は、現代における最も有効な階級理論とされるライトの階級論(後期)であっても、理論的説明として成功しているとは言い難いと指摘している。他方、ブルデューに依拠した研究が蓄積されてきたのは、彼の理論が、構造的な把握を前提としながらも、複数の資本次元を前提に階級再生産の動的な過程をとらえようとしていることにも理由があるだろう。

もう一つ、これらとは別の立場から近年注目を集めているのが、ブードン(Boudon 1973／邦訳一九八三)のＩＥＯモデルから発展した合理的選択理論系の研究である。これはブルデューなどの階級文化論的な理解に対するアンチテーゼとして提案されたものだが、個々人が進路を決定していく過程に着目しながら、階層差の生まれる動的なメカニズムをとらえる工夫がなされている。

これらの詳細は、冒頭に指摘したいくつかのレビュー論文に任せるとして、そこから日本の学歴達成における階層差の生成メカニズムを解明するために、どのようなヒントが得られるのか、次節で探ってみたい。

四　階層差はなぜ生まれるか

教育格差の生成と変容をとらえる研究スタンスは、次の二つに大別することができる。一つは、社会構造や社会システムの変動が教育機会の不平等を縮小あるいは拡大させるという認識に基づいて、そうした変化をもたらす要因の解明を目指す立場である。これに対し、社会状況の変化にかかわらず格差の基本的な構造は容易には変化しない――変化に抵抗する仕組みがある――という認識に基づき、その仕組みの解明を目的とする立場も存在する。第二節で言及した近代化理論に基づく平等化の主張や、第三節で紹介した日本社会のシステムをふまえた多様な格差の検討は、前者に近い立場からなされている。一方、文化的再生産論であれ合理的選択理論であれ、明確な理論的主張に基づいて格差生成メカニズムを論じる研究は、後者の側面にウェイトを置いている。

これまでのさまざまな実証研究の知見をふまえると、拡大であれ縮小であれ、社会構造の変動が見かけ上の印象通りに階層差の様相を変化させると受け取ることは難しいようである。とはいえ、まったく変わらないという前提に立つことも、やはり真理への到達を阻むだろう。結局、社会変動によって容易には変わらないメカニズムがある（ただし、決して変化しないわけではない）という前提に基づくことが重要になる。このメカニズムの全容を解明するのは簡単ではないが、いくつかの仕掛けを用意することで、おぼろげながらも像をとらえることはできるかもしれない。

（1）格差生成プロセスへの着目

教育格差の趨勢をとらえる試みに、メアの移行モデル（Mare 1981）がある。これは先に指摘したような機会の不平等の趨勢に対する知見の不一致という問題を解決するために考案されたものであり、教育制度や社会構造の変動をとらえる「分布(distribution)」と、異なる階層の出身者に対する異なる学歴の「割当(allocation)」を、明確に区分した点に特徴がある。では、この区分に一体どのような意味があるのだろうか。一般に、高学歴化が社会全体で進行し、時代とともに教育水準が上昇すれば、「割当」原理がまったく平等化していなくとも、階層別の学歴「分布」は平等化したように見えてしまう。これに対し、メアモデルによって両側面を区分すれば、見かけ上の変化に惑わされずに、階層と教育の「純粋な」関連をとらえられるというわけである。このメアモデルをSSMデータに適用した研究(鹿又 二〇〇六、荒牧 二〇〇七)によれば、日本においても学歴の階層差が長期的に安定していたことになる。急激な社会変動は、ときとして隠されていた階層差を白日の下にさらす(あるいは見えていたものを隠す)けれども、それは必ずしも階層差の拡大(縮小)を意味するわけではないのである。

ここで「割当」を支配する要因として、「出身階層で保有量が異なり、かつ数十年の期間ほとんど変わらない」資源を想定することが難しい(近藤 一九九九、一九二―一九三頁)とすると、かつてブードン(Boudon 1973/邦訳 一九八三)が指摘したように、特定資源の保有状況が階層差を生み出すと考えるのは現実的ではないのかもしれない。これに関連して近藤(一九八八、一四二頁)は、「全体の関連はその序列性を基本としながら内部格差の布置状況に左右されて増大したり減少したりする」と述べている。これを参考にするなら、社会状況の変化に対応して表面的に現れる格差の変動ばかりを検討するのは得策ではないだろう。(2) むしろ時代の変化に左右されずに、背後で階層差を生み出すメカニズムに焦点をあてることが一つの重要な課題として浮かび上がってくる。

では、そうしたメカニズムを説明する理論の妥当性は、どのように判断すればよいだろうか。ここでメアモデルのもう一つの特徴が力を発揮する。ある段階から次の段階の学歴に進学することを「移行(transition)」と呼ぶが、メアモデルでは、それぞれの移行ごとに階層要因の影響を推定する。この性質を利用すれば、最終的な学歴達成に至る移行過程のどこで、いかなる階層要因が影響するのかを検討することが可能となる。たとえば、学校外教育などを利用した初期の学力形成こそが重要であるのか、それとも後の移行に至るまで階層の影響が強く働くのか、また、それぞれの局面においては経済的な資源が重要なのか文化的な差異が大きいのか、そうした差異は上位層と中位層の間で大きいのか、それとも下位層の達成が特に低いのか、等々。これらの事実を明らかにすることを通じて、それぞれの理論に基づく説明の妥当性を明確に検討することが可能となる。

(2) 日本の教育システムの特徴

個人のライフコースに沿って最終学歴に至るまでの達成過程を意識しながら、階層差の生成メカニズムをとらえるという上記の方向性は、基本的に有益であるように思われる。ただし、それを実効性あるものとするためには、日本の教育選抜システムの特徴を明らかにすることも欠かせない。この点について、日本の教育社会学には数多くの蓄積がある。それらを参照すると、以下のような整理ができる(荒牧 二〇一六、七九—八〇頁)。

第一に、日本の選抜システムにおいて、教育と職業の強い関連を規定する主要因は、特定の学力や能力というよりも獲得した学歴(学校歴)である。第二に、義務教育段階に落第や飛び級がない日本の教育制度を前提とするなら、学歴達成過程は学歴段階間の移行過程としてとらえられる。そのため、日本における教育的トラッキングは基本的には学校間トラッキングであり、とりわけ高校入学段階における配置が重要である。第三に、高校も大学も主として入学者の学力水準(偏差値)という明確な基準によって序列化されており、それぞれの段階における移行では、竹内(一九九五)の指摘したように、選抜システム上のどの位置にある生徒にとっても、単に進学するか否かではなく、どの学校に進学するかが重要となっている(「傾斜的選抜構造」と「層別競争移動」)。第四に、日本の教育選抜システムにおいては、伝統的な階級文化とは相対的に独立した、断片的な知識の記憶が重視される客観的な学力試験の成績に基づく選抜が

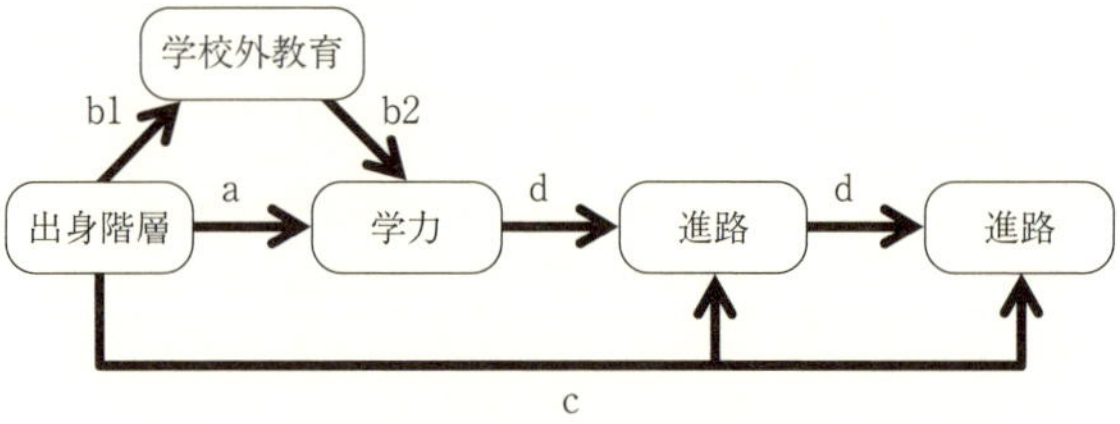

図1　学歴達成過程における出身階層の影響
出典：荒牧 2016, 80 頁.

主である。したがって、選抜の制度的な仕組み自体には、階層の直接的な影響が働きにくい。

なお、日本の選抜システムが上記のような特徴をもつことを反映して、相対的に評価の高い学歴(学校歴)を獲得するための競争が社会全体を巻き込んでおり、その過程で学校外教育を利用することも普及している。したがって、学歴達成過程の階層差を解明するためには、学校外教育の利用状況も視野に入れる必要がある。こうした発想に基づくと、現代日本の学歴達成過程において出身階層が及ぼしうる影響は、**図1**のような枠組みでとらえることができる。

ここで、高校におけるトラッキングが卒業後の進路を強く規定するという知見に照らせば、学歴達成の階層差は、高校入学までの学力形成における階層差によって主に形成されるという理解が可能である。図式的に表せば、「文化資本→向学習的文化的環境→学力形成」、あるいは「経済的資源→学校外教育投資→学力形成」といった経路で各家庭の資源や資本が学力に転換され、それがトラッキング・メカニズムを通じて、最終的な階層差として現れるというわけである。日本のトラッキング研究が階層論から離れてトラック独自の効果を注視する傾向にあった(飯田 二〇〇七)のも、このような理解に基づいていたからだろう。いずれにせよ、あくまで生徒の初期学力形成に対するさまざまな資源や資本の効果(図1の矢印 a および b1 から b2)、すなわち「初期学力形成効果」に注目する考え方と言える。

ただし、上記の説明に対しても反論の余地はある。よく考えてみれば、仮に「初期学力形成効果」によって学力の階層差が生まれたとしても、それだけで進路が決定するわけではないからだ。つまり、本人がどのような学力であっても、進学するか否かやどの学校を受験するかには、子どもの教育に対する親の考え方や各家庭の費用負担能力などが大きく関わると考えられる（図1の矢印c）。学歴達成過程が段階的な移行過程であることを考慮すると、それぞれの移行段階でこうした「進路制約効果」の働く可能性がある。

こうした観点からＳＳＭデータの分析を行った荒牧（二〇一六）は、以下の点を明らかにしている。①学校外教育の利用には階層差が認められるが、それは中学時代の成績には必ずしも直結しないため、学校外教育投資の階層差が特に重要な働きをしているとは言えない。②中学時代の成績に対する各階層要因の効果も認められるが、その影響がとりわけ強いとは言えない。③中学卒業後および高校卒業後どちらの進路選択においても、学力形成と同程度の直接的な階層の影響が繰り返し認められる。これらの結果は、「初期学力形成効果」のみを重視する理解が日本の現実をとらえ損ねていることを意味するとともに、「進路制約効果」（図1の矢印c）に着目する必要性を示していると解釈できる。

（3）家庭内でのメカニズム

平沢らによるレビュー論文（平沢他 二〇一三）でも指摘されたように、学歴達成の階層差を生み出すメカニズムを説明する理論として特に注目されてきたのが、ブルデューの文化資本論、およびブリーンとゴールドソープ（Breen and Goldthorpe 1997）の合理的行為モデルである[3]。ちなみに、後者はブードンのＩＥＯモデルを発展させたものである。それぞれの系譜において、いかなる議論が展開されてきたのかについては、既に述べた通り、平沢他（二〇一三）や大前他（二〇一五）などが詳しく紹介してくれているので、本論では、これまで必ずしも十分に議論されてこなかった以下の論点に焦点化してみたい。

デヴァイン（Devine 2004）も指摘したように、両者には実は共通点も多いのだが、決定的に異なるのが、進路選択ににおける選好形成あるいは学歴達成の利益に対する評価について、どのような前提をおくかである（荒牧 二〇一六）。親を基準とした相対的な下降移動を回避しようとする心理的傾向自体には階層差がない、というのが相対的リスク回避仮説（Breen and Goldthorpe 1997）の立場である。(4) これに対し、社会空間上の異なる位置づけ（それに付随する経済資本や文化資本の違い）が、それぞれの生活（軌跡）において獲得・形成されるハビトゥスを異ならせるとするのがブルデューの立場であった。したがって、これらの違いを念頭に、どちらの説明が妥当するかを検討することが、実証研究に求められる課題だということになる。

ただし、両者に共通の弱点が、そうした検討を困難にしている。それは、どちらも行為主体としての親と子を明確に分離していない点である（荒牧 二〇一六、一三四―一三六頁）。しかし、親と子の志向性が異なることは実生活でも認められる。もちろん、親子は互いに影響を及ぼし合っており、高い相関も認められるが、時には対立する可能性をもった別々の行為主体だという前提をおく方が実り多いと思われる。

ここで、子どもの進路の違いがなぜ生まれるかを問題にするならば、あくまで子どもという行為主体に着目した研究が必要になってくる。この場合には、鹿又（二〇一四）の指摘するように、学力の違いに着目することがとりわけ重要であり、教育学的な文脈では忌避されがちな遺伝の影響などにも目を向ける必要が出てくるだろう。(5) 他方、あくまで階層差がなぜ生まれるかを問題にするのであれば、親の行為が及ぼす影響に着目することが肝要である。特に、学歴達成「過程」において、進路選択を制約する親の直接的な影響（図1の矢印c）を考える際には、親の行為にこそ着目することが求められることになる。

こうした観点から注目されるのが、親子を組にした調査データから、親の教育戦略や家庭内における諸資源の伝達・継承と子どもの行為選択との関連を解明しようとした研究である。東北大学教育文化研究会が繰り返し実施してきた、高校生とその両親を対象とした調査は、そうした検討を可能とする先駆的な試みであった（片瀬 二〇〇五など）。

最近では高校生と母親(中澤・藤原 二〇一五)や、中学生と母親(藤原 二〇一六)を同時に対象とした調査も実施されるようになっている。このように、行為者としての親と子を区別した調査研究を積み重ねることで、親から子への影響に関する理解は深まるだろう。

もう一つの有望な展開は、家族の多様性を考慮に入れた研究の増加である。最も「伝統的」な階層研究の枠組で問題にされてきたのは父親と息子の関連であり、やがてそこに母親と娘が加えられるようにはなってきたが、多くの場合は一人の調査対象者とその親との関連を検討するに留まった。これに対し、近年では、ひとり親家庭や拡大家族にも視野を広げた研究が生まれている。これらは従来の伝統的な枠組にとらわれずに、「家族」構造の多様性や、より広範囲にわたる「(拡大)家族」の影響を考慮に入れようとする試みである。もちろん、これらの研究においても、単に家族構造による格差を記述するだけでは、構造的な不平等の現状を把握するに留まるだろう。しかし、このようにより広い視野から、次に述べるソーシャルネットワーク論的な観点も取り入れて、家族や階層の影響を動的な過程としてとらえる工夫をすることによって、階層差はなぜ生まれるかも明らかになっていくと期待される。

五 新たな地域調査の可能性

最後に、以上の議論から抜け落ちている重要な論点の一つとして、地域差の問題を挙げておきたい。大学進学の地域差をもたらすマクロな構造要因に着目した友田(一九七〇)や、高校入試制度の地域差に着目した岩木(一九七七)などのように、この問題には早くから関心が向けられてきたものの、それらの研究対象は概ね高校以上の教育に限定されていた。それは、日本の義務教育制度が非常に高い平等性をもつとみなされてきたからである。ところが、近年では、義務教育段階における地域差や学校差の問題もしだいにクローズアップされつつある。世間で大きな注目を集めたのは文科省による全国的な学力調査の再開と、そこで明らかになった都道府県間、あるいは市区町村や学校レベルでの学力格差である。これに関して、ＴＩＭＳＳデータを用いた小中学生の学力差に関する社会学的な実証分析においても、義務教育段階における学力の学校差は少ないながらも確かに存在し、しかもそうした学校差は必ずしも個人の階層差には還元されない――学校自体の社会階層的な特徴が学力の学校差を一定程度説明する――ことが明らかにされている(多喜 二〇一一、Matsuoka 2014)。

公立学校においてさえ学校差や地域差が生まれる主な背景要因は、第一に、各地の産業・職業構造やそれらとも関連した諸制度の違いにあると考えられる。そのため地域差を問題にした従来の実証研究は、上述の通り、マクロな構造要因や教育選抜制度の違いに着目してきたのであった。しかしながら、それらが具体的にどのように学校差や地域差を生み出すのかを解明するには、人々のミクロな相互作用もとらえる必要がある。そうした問題意識から、近年では、ソーシャルネットワーク論やソーシャルキャピタル論に基づいて、構造的な視点からはこぼれ落ちてしまう人々の関係性の影響をとらえる研究が生まれている。親の地位に還元されない地域差や学校差を生み出すのは、第一に子どもの背後にある拡大家族や親族であり、またそれらに限られない親たちのパーソナルネットワークとその複合態が作り出す、地域の教育風土やソーシャルキャピタルである。学力の地域差(学力形成効果)だけでなく、進路選択の地域差(進路制約効果)も考慮すれば、親子が埋め込まれたネットワークが彼らの態度や選好形成に与える影響に着目する意義は大きいと言わざるを得ない。

かつては、それぞれの研究者が、自分の身近な地域を対象に独自の調査研究を行うことも多かった。それにはさまざまな資源の限界に制約された、消極的な選択という面も少なくなかっただろう。その意味では、全国レベルの調査が多数行われ、ＳＳＪＤＡなどの整備によって調査データの二次利用が進んでいることは、大変に望ましいことである。しかしながら、上記のような問題関心を全国規模の調査データから考察することはむしろ難しい。そのように考えるならば、特定のエリアにあえて対象を限定して、人々のパーソナルネットワークも考慮にいれた調査を行い、教育格差を生み出すダイナミックな過程を描き出すような研究を行うことも、今後、求められるように思われる。

注

(1)原・盛山(一九九九、三八―三九頁)は、「マルクス主義や近代化理論という、これまで階層研究を主導してきた巨大理論が有効性を失ってしまった」後、「実証データが大量に蓄積されてきた社会移動について、データを適切に説明する理論が現れていない」と指摘した。

(2)近藤(一九八八)をはじめ、潜在的な優位度(進学のしやすさ)に着目した研究(近藤・古田 二〇〇九、中澤 二〇一〇)は、このような認識に基づいている。

(3)あるいはこれらに、いわゆるウィスコンシン・モデルを加えてもよいだろう(Morgan 2005、片瀬 二〇〇五、鹿又 二〇一四、荒牧 二〇一六)。

(4)ただし、参照基準となる親の地位(職業)が異なるために、実際に目指す学歴が異なるというわけである。

(5)鹿又(二〇一四)は従来の研究が階層差にばかり注目してきたことを批判している。

参照文献

荒牧草平 二〇〇〇、「教育機会の格差は縮小したか――教育環境の変化と出身階層間格差」近藤博之編『日本の階層システム 三 戦後日本の教育社会』東京大学出版会、一五―三五頁。

荒牧草平 二〇〇三、「現代都市高校におけるカリキュラム・トラッキング」『教育社会学研究』第七三集、二五―四二頁。

荒牧草平 二〇〇七、「Transitions Approach による教育達成過程の趨勢分析」『理論と方法』二二(二)、一八九―二〇三頁。

荒牧草平 二〇一六、『学歴の階層差はなぜ生まれるか』勁草書房。

安藤文四郎 一九七九、「学歴社会仮説の検討」富永健一編『日本の階層構造』東京大学出版会、二七五―二九二頁。

飯田浩之 二〇〇七、「中等教育の格差に挑む――高等学校の学校格差をめぐって」(特集「「格差」に挑む」)、『教育社会学研究』第八〇集、四一――六〇頁。
稲葉昭英 二〇一一a、「親との死別／離婚・再婚と子どもの教育達成」稲葉昭英・保田時男編『第三回家族についての全国調査（NFRJ08）第二次報告書 第四巻 階層・ネットワーク』日本家族社会学会全国家族調査委員会、一三一――一五七頁。
稲葉昭英 二〇一一b、「ひとり親家庭における子どもの教育達成」佐藤嘉倫・尾嶋史章編『現代の階層社会 一 格差と多様性』東京大学出版会、二三九――二五二頁。
今田高俊 一九七九、「社会的不平等と機会構造の趨勢分析」富永健一編『日本の階層構造』東京大学出版会、八八――一三二頁。
岩木秀夫 一九七七、「総合選抜制度の教育効果――学力水準との関連で」『教育社会学研究』第三二集、八〇――九二頁。
大前敦巳 二〇〇二、「キャッチアップ文化資本による再生産戦略――日本型学歴社会における「文化的再生産」論の展開可能性」『教育社会学研究』第七〇集、一六五――一八四頁。
大前敦巳・石黒万里子・知念渉 二〇一五、「文化的再生産をめぐる経験的研究の展開」『教育社会学研究』第九七集、一二五――一六四頁。
尾嶋史章 一九九〇、「教育機会の趨勢分析」菊池城司編『現代日本の階層構造 三 教育と社会移動』東京大学出版会、二五――五五頁。
尾嶋史章 二〇〇二、「社会階層と進路形成の変容――九〇年代の変化を考える」『教育社会学研究』第七〇集、一二五――一四二頁。
片岡栄美 二〇〇一、「教育達成過程における家族の教育戦略――文化資本効果と学校外教育投資効果のジェンダー差を中心に」（特集「家族の変容と教育」）、『教育学研究』六八（三）、二五九――二七三頁。
片岡栄美 二〇〇九、「格差社会と小・中学受験――受験を通じた社会的閉鎖、リスク回避、異質な他者への寛容性」『家族社会学研究』二一（一）、三〇――四四頁。
片瀬一男 二〇〇五、『夢の行方――高校生の教育・職業アスピレーションの変容』東北大学出版会。
鹿又伸夫 二〇〇六、「計量社会学における多重比較の同時分析――ロジットモデルによる教育達成分析」（特集「計量社会学の発展とその課題」）、『理論と方法』二一（一）、三三――四八頁。
鹿又伸夫 二〇一四、『何が進学格差を作るのか――社会階層研究の立場から』慶應義塾大学出版会。
苅谷剛彦 二〇〇一、『階層化日本と教育危機――不平等再生産から意欲格差社会《インセンティブ・ディバイド》へ』有信堂高文社。
小針誠 二〇〇四、「階層問題としての小学校受験志向――家族の経済的・人口的・文化的背景に着目して」（特集「少子社会と子ども・学校・家族」）、『教育学研究』七一（四）、四二二――四三四頁。
近藤博之 一九八八、「社会階層と教育の機会――一九五五年――一九八五年の趨勢」菊池城司編『一九八五年社会階層と社会移動全国調査報告書 第三巻 教育と社会移動』一九八五年社会階層と社会移動全国調査委員会、一二九――一五一頁。
近藤博之 一九九六、「地位達成と家族――キョウダイの教育達成を中心に」（特集一「社会階層と家族――家族社会学の新しい地平」）、『家族社会学研究』八(八)、一九―三一頁。
近藤博之　一九九七、「教育と社会移動の趨勢」『行動計量学』二四(一)、二八―三六頁。
近藤博之　一九九九、「メリトクラシー仮説と教育機会の趨勢」『社会学評論』五〇(二)、一八一―一九六頁。
近藤博之　二〇〇一、「高度経済成長期以降の大学教育機会――家庭の経済状態からみた趨勢」『大阪大学教育学年報』六、一―一一頁。
近藤博之　二〇一二、「社会空間と学力の階層差」『教育社会学研究』第九〇集、一〇一―一二一頁。
近藤博之・古田和久　二〇〇九、「教育達成の社会経済的格差――趨勢とメカニズムの分析」(特集「階層論の拡大する可能性」)、『社会学評論』五九(四)、六八二―六九八頁。
白川俊之　二〇一〇、「家族構成と子どもの読解力形成――ひとり親家族の影響に関する日米比較」(特集「学校教育と社会的不平等に関する国際比較研究」)、『理論と方法』二五(二)、二四九―二六六頁。
盛山和夫　一九九二、「階級への探求の構造と搾取理論」『現代社会学研究』五、一―三七頁。
多喜弘文　二〇一一、『学校教育と不平等の日本的特徴に関する実証研究――社会階層と学校トラックの関連を中心に』同志社大学大学院社会学研究科博士学位論文。
竹内洋　一九九五、『日本のメリトクラシー――構造と心性』東京大学出版会。
都村聞人・西丸良一・織田輝哉　二〇一一、「教育投資の規定要因と効果――学校外教育と私立中学進学を中心に」佐藤嘉倫・尾嶋史章編『現代の階層社会　一　格差と多様性』東京大学出版会、二六七―二八〇頁。
天童睦子・多賀太　二〇一六、「「家族と教育」の研究動向と課題――家庭教育・戦略・ペアレントクラシー」『家族社会学研究』二八(二)、二二四―二三三頁。
友田泰正　一九七〇、「都道府県別大学進学率格差とその規定要因」『教育社会学研究』二五、一八五―一九五頁。
中澤智恵・余田翔平　二〇一四、「〈家族と教育〉に関する研究動向」『教育社会学研究』第九五集、一七一―二〇五頁。
中澤渉　二〇一〇、「学歴の世代間移動の潜在構造分析」『社会学評論』六一(二)、一一二―一二九頁。
中澤渉・藤原翔　二〇一五、『格差社会の中の高校生――家族・学校・進路選択』勁草書房。
中西祐子・中村高康・大内裕和　一九九七、「戦後日本の高校間格差成立過程と社会階層――一九八五年ＳＳＭ調査データの分析を通じて」『教育社会学研究』第六〇集、六一―八二頁。
橋本健二　一九九九、『現代日本の階級構造――理論・方法・計量分析』東信堂。
濱名篤　一九九〇、「女性における学校利用層の分析」菊池城司編『現代日本の階層構造　三　教育と社会移動』東京大学出版会、八五―一〇六頁。

濱中義隆・米澤彰純 二〇一一、「高等教育の大衆化は何をもたらしたのか?――グレーゾーンとしての「専門学校」」尾嶋史章・佐藤嘉倫『現代の階層社会 一 格差と多様性』東京大学出版会、二八一―二九五頁。
原純輔・盛山和夫 一九九九、『社会階層――豊かさの中の不平等』東京大学出版会。
平沢和司 二〇一一a、「大学の学校歴を加味した教育・職業達成分析」石田浩・近藤博之・中尾啓子編『現代の階層社会 二 階層と移動の構造』東京大学出版会、一五五―一七〇頁。
平沢和司 二〇一一b、「きょうだい構成が教育達成に与える影響について――NFRJ08本人データときょうだいデータを用いて」稲葉昭英・保田時男編『第三回家族に関する全国調査(NFRJ08)第二次報告書 第四巻 階層・ネットワーク』日本家族社会学会全国家族調査委員会、二一―四三頁。
平沢和司・古田和久・藤原翔 二〇一三、「社会階層と教育研究の動向と課題――高学歴化社会における格差の構造」『教育社会学研究』第九三集、一五一―一九一頁。
藤田英典・宮島喬・秋永雄一・橋本健二・志水宏吉 一九八七、「文化の階層性と文化的再生産」『東京大学教育学部紀要』二七、五一―八九頁。
藤原翔 二〇一六、「中学生と母親パネル調査の設計と標本特性」『東京大学社会科学研究所パネル調査プロジェクトディスカッションペーパーシリーズ』九五、一―一四頁。
村澤昌崇 二〇〇八、「大学院の研究――大学院進学の規定要因と地位達成における大学院の効果」中村高康編『階層社会の中の教育現象(二〇〇五年SSM調査シリーズ6)』二〇〇五年SSM調査研究会、八七―一〇七頁。
保田時男 二〇〇八、「教育達成に対するきょうだい構成の影響の時代的変化」『大阪商業大学論集』四(二)、一一五―一二五頁。
余田翔平 二〇一四、「家族構造と中学生の教育期待」『社会学年報』四三、一三一―一四二頁。
Boudon, Raymond 1973, *L'Inégalité des Chances: La mobilité sociale dans les sociétés industrielles*, Paris: Librairie Armand Colin.(レイモン・ブードン、杉本一郎・山本剛郎・草壁八郎訳『機会の不平等――産業社会における教育と社会移動』新曜社、一九八三年)
Bourdieu, Pierre 1979, *La Distinction: Critique sociale du Jugement*, Minuit.(ピエール・ブルデュー、石井洋二郎訳『ディスタンクシオン――社会的判断力批判I・II』藤原書店、一九九〇年)
Breen, Richard and John H. Goldthorpe 1997, "Explaining Educational Differentials: Towards a Formal Rational Action Theory," *Rationality and Society*, 9(3): pp. 275-305.
Devine, Fiona 2004, *Class Practices: How Parents Help Their Children Get Good Jobs*, Cambridge University Press.
Mare, Robert D. 1981, "Change and Stability in Educational Stratification," *American Sociological Review*, 46(1): pp. 72-87.

Matsuoka, Ryoji 2014, "Disparities between Schools in Japanese Compulsory Education: Analyses of a Cohort Using TIMSS 2007 and 2011," *Educational Studies in Japan: International Yearbook* 8: pp. 77–92.
Morgan, Stephen, L. 2005, *On the Edge of Commitment: Educational Attainment and Race in the United States*, Stanford University Press.

▼ブックガイド▼

佐藤嘉倫・尾嶋史章編 二〇一一、『現代の階層社会 一 格差と多様性』東京大学出版会。

第六回(二〇〇五年)SSM調査のデータを用いて、職業・生活・教育における格差現象を解明しようとした論文で構成される。同シリーズには他に『階層と移動の構造』(第二巻)、『流動化のなかの社会意識』(第三巻)がある。

Boudon, Raymond 1973, *L' Inégalité des Chances: La mobilité sociale dans les sociétés industrielles*, Paris: Librairie Armand Colin.(レイモン・ブードン、杉本一郎・山本剛郎・草壁八郎訳『機会の不平等——産業社会における教育と社会移動』新曜社、一九八三年)

教育機会の不平等が生じるメカニズムについて、個別の要因から解明しようとするスタイルを批判するとともに、過去の諸研究から理論的に導出したモデルを用いて、演繹的に読み解くことを試みている。

2

能力観は変化したか
——学歴—実力意識からみるメリトクラシー

平沢和司

一　能力観をどう捉えるか

本章に与えられた課題は「学力・能力観の変容」である。広範なテーマなので、議論の方向性をはじめに示しておく必要があるだろう。ひとつは、たとえば学校で測定される学力や企業で求められる能力そのものではなく、それらに対する私たちの意識に焦点を絞ることである。もちろん両者は関連しており明確に切り分けられるわけではないものの、おもな関心はわれわれの認識である。もうひとつは、高度経済成長期から現在までの変化に照準を合わせることである。

より具体的には、能力主義の一画をなす学歴についての意識（以下、学歴意識という）の変化を論じる。能力主義は社会レベルでみれば、メリトクラシーと同義とみなしうる。メリトクラシーとはヤング（一九八二）の造語で、家柄や縁故ではなく知的能力によって選抜された者が社会を支配することを指す。彼によれば、知的能力を含意するメリットは「ＩＱ（知能指数）＋努力」で定義される。もっともそれを実際に測定することはできないので、個人レベルの出身階層—学歴—到達階層の関連から、メリトクラシーがどの程度実現されているかを判断することになる（図１参

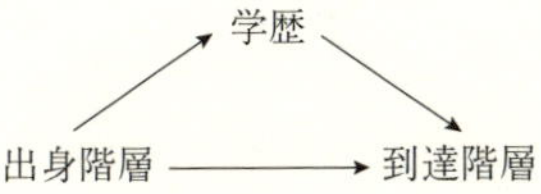

図１　出身階層・学歴・到達階層の関連図

照)。学歴取得や学卒後の就業に対して出身階層による影響が弱まれば、つまりIMS(Increasing Merit Selection)仮説の主張するように、学歴と到達階層の関連が相対的に強まれば、メリトクラティックな社会になったとみなされる。ここで学歴は、その達成過程で必要とされる学力と、学歴確定後の能力のシグナルとしての側面をあわせもっている。図1でも学歴は、出身階層と到達階層を媒介する位置にある。したがって学歴意識に着目すれば、学力や能力に対するわれわれの認識(の変化)を分析できるのではないか、というのが本章の基本的な視点である。

二　高度成長期における能力観としての学歴―実力意識とは

(1) 一九六四年調査の学歴―実力意識

ただし一口に学歴意識といっても多様である。ここでは高度経済成長期になされた学歴と実力に関する議論に着目したい。よく知られた議論かと思うが、本章の出発点となるので概観しておこう。その要点は、学歴主義の蔓延によって能力や実力のある者の活躍が制約されているという認識である。議論を主導した新堀編(一九六六、一六頁)によれば、「学歴主義とは、人間の能力の評価、判定、したがってその地位の割当てや待遇の基準として、形式、肩書、レッテルとしての学歴を過度に重視するという傾向や慣行や制度であって、いわゆる実力主義、能力主義の原理に対立するものと考えられ」る。つまり学歴と、実力や能力は似て非なるものだとされる。学歴が能力のすべてを表しているという保証はないから、両者を分けて考えるのは当然としても、そこに実力という概念を対置したことは興味深い。

この学歴と実力の関係に関して一般の人びとがどう評価していたか(以下、学歴意識の一側面としてとくに学歴―実力意識という)について、広島大学を中心とした研究グループが一九六四年に行った調査から知ることができる(1)。新堀編(一九六六、二八〇―二八一頁)は学歴主義の合理的根拠のひとつとして「上の学校やよい学校を出た人は平均して質が

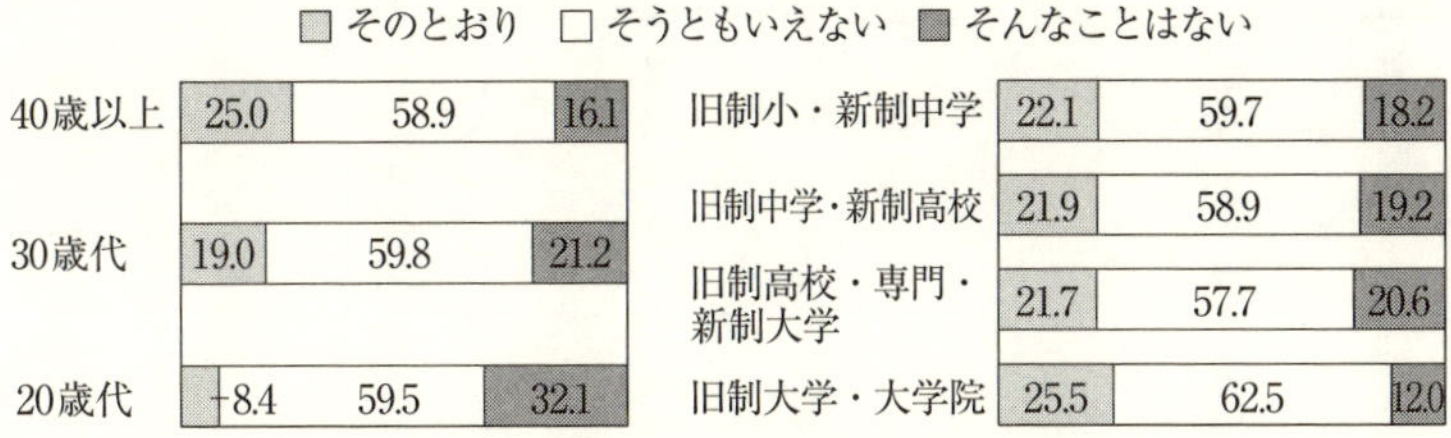

図2　質問Aに対する回答の年齢層別・学歴別分布（1964年）
注：数値は％，各区分の人数は原著に記載がないため不明．表記を一部改めた．
出典：新堀編 1966, 283頁．

高いから、この人たちを優先的に採用したり昇進させたりすることは、能率的でありまた合理的である」（質問A）をとりあげ、それに対する賛否を三段階で尋ねている。新堀によれば、学歴主義にはほかに必然的根拠と情緒的根拠があるが、この合理的根拠に関する質問から、学歴と実力の関係を分析している[2]。なお質問Aに「実力」ということばは出てこないが、新堀に倣って、以下では学歴が実力を反映しているかどうかを問う質問とみなす。

その結果、必然的根拠から学歴主義じたいを肯定する者は四五％、合理的根拠からは二二％、情緒的根拠からは三六％で、逆に必然的根拠から学歴主義を否定する者は一三％、合理的根拠と情緒的根拠からはいずれも一八％であった。ここから新堀編（一九六六、二八二頁）は、「実力主義と学歴主義が一致するという理由によって、学歴主義を肯定する人は合理的根拠を肯定するはずだが、この人たちが二割に過ぎないことは、やはり一般に学歴主義の原理は支持されていないと見るべきだろう」と判断している。

ここで注目されるのは、合理的根拠についての賛否が、回答者の年齢と学歴によって異なることである（**図2**）。年齢が高い層ほど、また「旧制大学」卒業者がそれ以外の者より、学歴と実力が対応しているとみなす比率が高い[3]。きわめて少数のエリートである「旧制大学」卒が、いわば自己肯定的にそう判断していたとしても不思議ではない。新堀編（一九六六、二八二頁）も「学歴で有利な評価を受けている人たちは学歴が能力と平行するから当然だとすることが多い」と述べている。

もっとも、さまざまな経験を通じて、高い学歴を有していても質が高いとは限らない(実力を伴わない)と考えるに至った人にとって、この年齢差は意外な結果であろう。むしろ高齢層ほど学歴と実力が対応しないと答える人が多いという結果のほうが自然かもしれない。また、旧制大学卒と圧倒的多数のそれ以外の者との賛否の差異はわずかで、全体として学歴差は明瞭ではない、と読み取ることも可能である。

(2) 問題関心

もちろんこの調査だけから判断するのは早計であるが、今となっては当時の人びとの思いを再調査することはできない。[4] そこで先の貴重な調査をふまえて、以下では学歴—実力意識のその後を後続の調査で確かめてみたい。大学進学率が上昇し社会における大卒者の比率が高まったにもかかわらず(高まったがゆえに)、学歴は実力を反映しているとみなされているのだろうか。そしてその認識にコーホートや学歴による差異はあるのか。[5] ここで学歴別の分布に着目するのは、質問の内容もさることながら、学歴が職業に代わって階層意識に影響を与える主要な変数であるとの知見が、吉川(二〇〇六、二〇一五)の一連の研究によって得られているからである。

三 学歴—実力意識は変化したか

(1) データと方法

さきの調査以降、学歴—実力意識を尋ねた全国規模の質問紙調査は三つある。①一九九五年SSM(社会階層と社会移動に関する全国調査)B票、②二〇〇二年JGSS(日本版総合的社会調査)留置票、および、③二〇一〇年SSP-P(格差と社会意識についての全国調査)である。[6] ①はバブル経済が崩壊した後に、②と③は格差社会論が一般化した後に実施されたので、高度成長期以降の近年の意識を考察するには好都合である。

ただし比較にはいくつか留意すべき点がある。第一に、三つの調査すべてに共通の質問項目が揃っているわけではない。①と③はまったく同じワーディングで「学歴は本人の実力をかなり反映している」(質問B)への賛否を尋ねているのに対して、②では「学歴は、本人の実力によってほぼ決まる」(質問C)を尋ねている。質問Cは学歴が決まるまでがおもに想起されるのに対して、質問Bはそれだけではなく、学卒後のさまざまな場面(たとえば就業先での評価)も視野に入っているように思える。つまり、両者は完全に同じことを尋ねているとは言い難い。そこで以下では質問Bをおもに分析し、質問Cは補助的に用いることとする。[7]

第二に、質問Bに限ってもさきの一九六四年調査の質問Aと異なるが、新堀編(一九六六)にある質問のなかではもっとも近いと判断し、比較可能とみなした。第三に、「学歴」は教育を受けた段階の違い(高卒・大卒などいわゆるタテの学歴)と同じ段階での卒業した学校の違い(有名大学かどうかといったヨコの学歴、学校歴)の双方を意味しており、時代や回答者によって受け取り方が異なる可能性があるが、それは考慮できない。第四に、調査①と②③で回答選択肢が異なる。[8] 第五に、調査モード(実査の方法)がすべて異なる。[9] したがって厳密な比較は難しいが、これらの点は如何ともし難く、また当該項目を尋ねた近年では類例のない調査なので、それぞれの特性に留意して分析に臨みたい。[10]

(2) 一九九五年調査の学歴―実力意識

いささか前置きが長くなったが、一九九五年SSM調査での質問Bの分布は、肯定が三八・六%、否定が三六・六%、「どちらともいえない」が二四・八%であった。賛否が完全に割れているといってよい。

男女別では女性のほうがやや肯定の比率が高いものの、有意な差ではない。コーホート別では男女とも若年ほど、とくに一九五一年以降生まれで否定の比率が有意に高い(図3)。それに対して肝心な学歴別では、一九六四年調査と

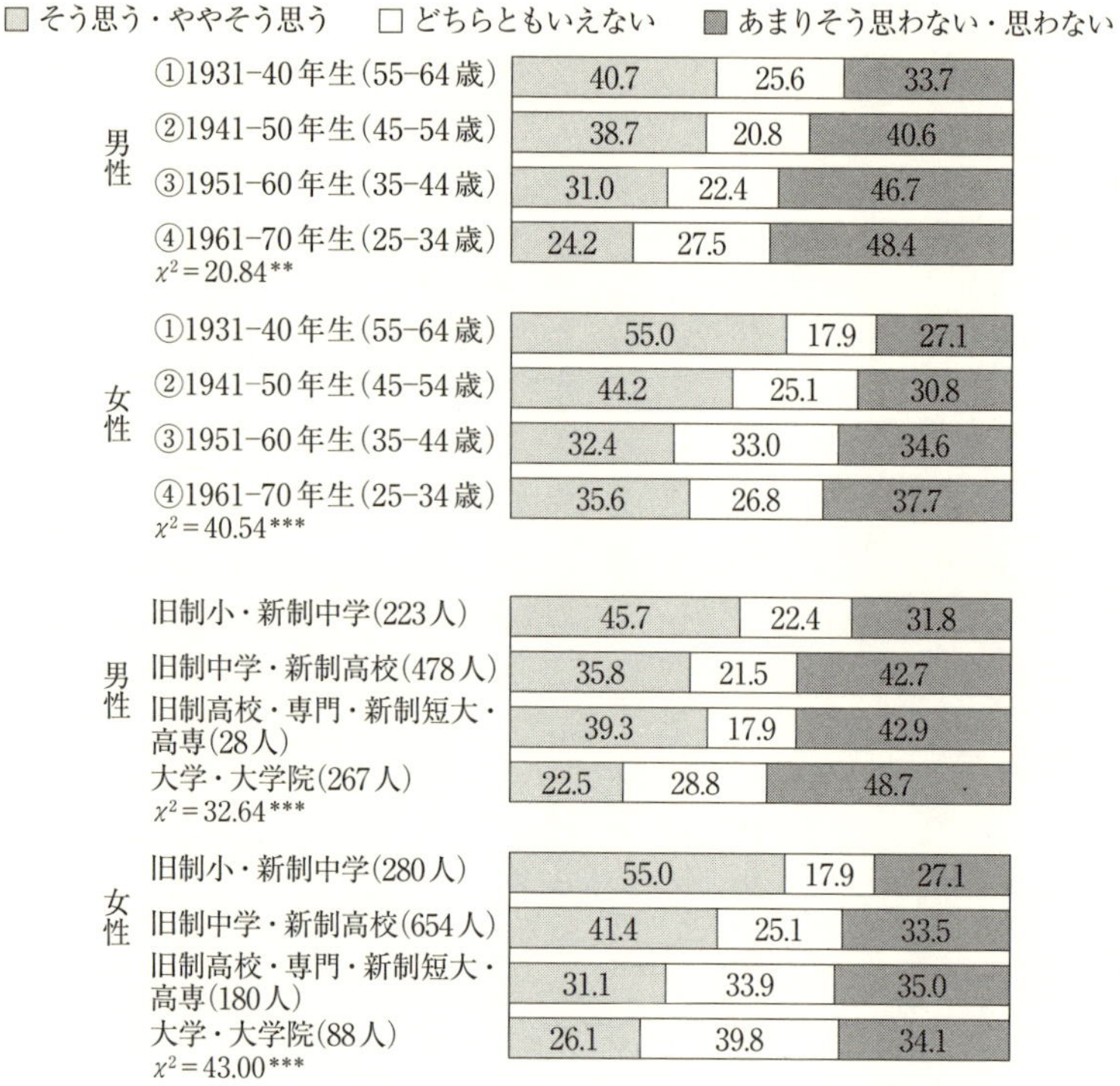

図3　質問Bに対する回答のコーホート別・学歴別分布(1995年)

注：数値は％，**：p<.01，***：p<.001.

出典：1995年SSMデータから筆者が作成.

異なって、男女とも学歴の高いほうが否定的である。男性の大卒は四八・七％が否定的で、肯定や「どちらともいえない」を凌駕している。他方で、中卒は男女とも肯定的な者が半数近くを占めている。

ただしコーホートと学歴には負の連関（高齢層ほど学歴が低い）があるので、このままではコーホートと学歴のいずれが賛否に影響しているか分からない。そこで学歴―実力意識（もとの五段階の回答）を従属変数に、性別・コーホート・学歴を独立変数に回帰分析を行うと、いずれも有意な直接効果が認められる（結果の表は省略）。しかもコーホートと学歴の交互作用は有意でない。つまりコーホートを問わず、中卒者や高卒者にくらべて大卒者のほうが「学歴は実力を反映している」と思っていないということである。[11] これは意外な結果である。大卒者は受験競争のいわば勝者であり、労働市場においても平均的には他の学歴の者より高い賃金を得ているのだから、学歴に実力が反映されていると認識する比率が高くてもおかしくない。[12] なぜこのような不思議な現象が生じるのだろうか。

この点に関連して同じデータを分析した村澤（二〇〇〇a、四八―五一頁）は興味深い指摘をしている。村澤は図1に示した三変数に加えて、学歴―実力意識と学歴重視意識（高い学歴を得ることを重要だと思うか）の二変数を組み込んだパス解析を、四〇―五九歳を対象に行った。[13] その結果、本人学歴から学歴―実力意識への直接的な効果は認められなかった一方で、本人現職（図1の到達階層に相当）から学歴―実力意識へのパスは弱いながらも、負の有意な影響があった。なぜか。上位階層が「学歴は実力ではない」という意思をたとえ建前であっても表明することで下位階層の心証がよくなり、今度は下位階層が上位階層へ向けてあえて「学歴は実力だ」と評価する。こうした循環によって、階層間の緊張を緩和する機能が生じるからだという。村澤のモデルで学歴は本人現職を通じて学歴―実力意識に負の影響を与えているので、この解釈を先の不思議な現象（高学歴ほど学歴―実力意識に否定的）に応用することも可能だろう。この点はのちに再考することにして、こうした傾向がその後も観察されるのかをさきに確かめておこう。

（3）二〇一〇年調査の学歴―実力意識

図4は二〇一〇年SSP-P調査での質問Bの分布を示したものである。図中の③などはコーホート固有の番号なので、図3の同じ番号と適宜、見比べてほしい。二〇一〇年は「どちらともいえない」の選択肢がないので直接は比べられないが、仮に一九九五年の「どちらともいえない」が肯定と否定に折半されたとすると、男性のコーホート③④の場合、両調査で分布がほとんど変化していないことが分かる。ただし二〇一〇年ではすべての男性の四二・〇%、女性の四六・八%が肯定的で、コーホートによる有意な違いは認められなかった。

さらに注目すべきなのは、学歴による差異もなくなっていることである。男女とも中卒者で否定の比率が高いように見えるが、有意水準五％のカイ二乗検定では有意にならない[14]。つまり標本が小さいこともあってこの程度の差異は標本抽出の偶然によって生じうるのであり、コーホートあるいは学歴と学歴—実力意識に関連があるとはいえない[15]。それでは職業別や年収別ではどうか。現在の職業を六カテゴリーに分けたうえで無職者を加えて同様の分析をしてみても、農業従事者で否定的な意見の比率が高いとはいえ、職業によって学歴—実力意識に有意な差異は認められない。昨今の格差論で注目される非正規雇用か否かによっても、また有職者の個人年収別でも、同意識に有意な差異があるとはいえない（いずれも結果の表は省略[16]）。

念のため二〇〇二年JGSS調査で、男女ごとにコーホート・学歴と質問Cとの関連を確かめてみた。その結果、約七割の者が肯定的で、その比率は二〇一〇年調査より高かったが、出生コーホートと学歴のいずれも、学歴—実力

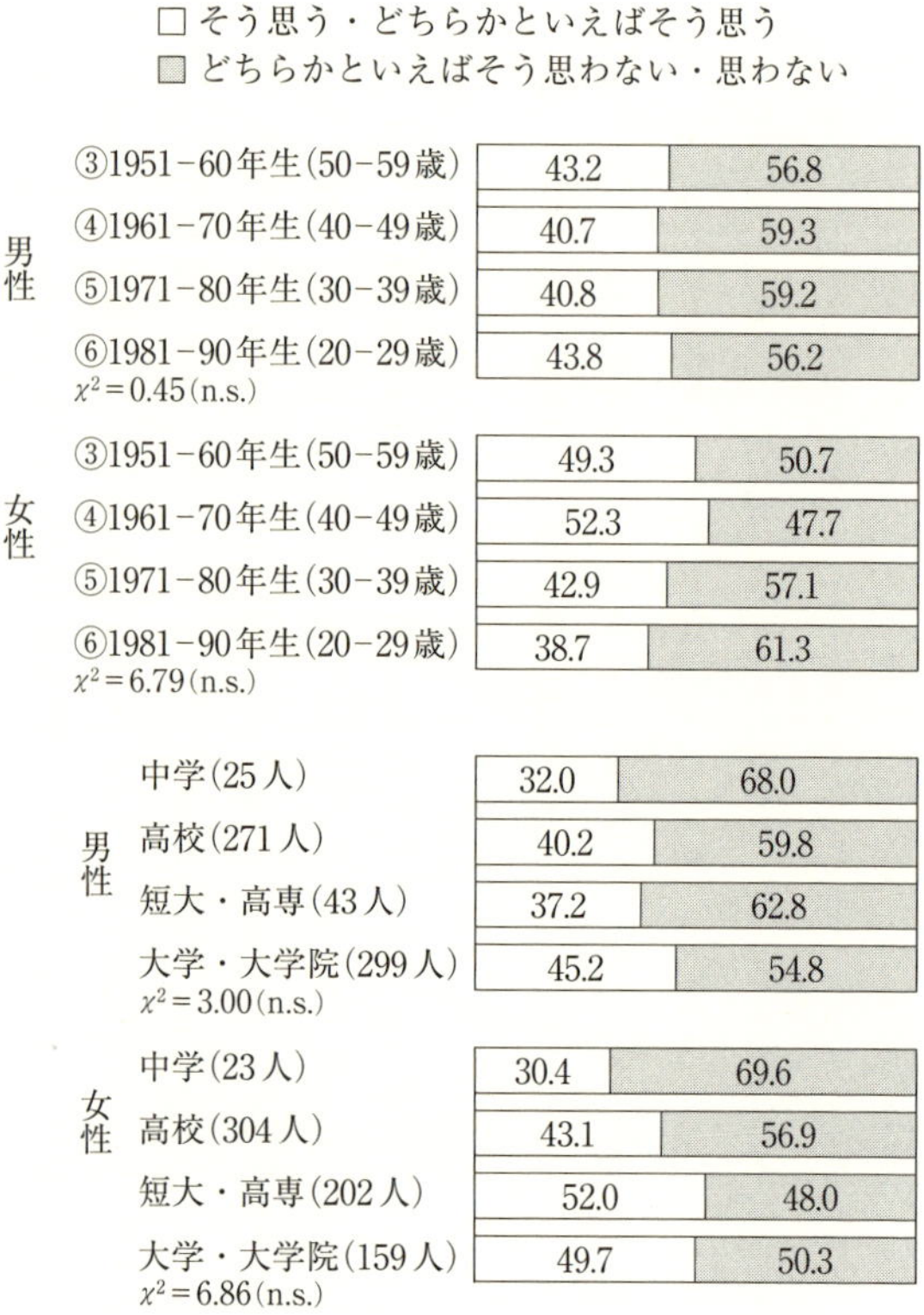

図4　質問Bに対する回答のコーホート別・学歴別分布（2010年）

注：数値は％，n.s.：有意でない．
出典：2010年SSP-Pデータから筆者が作成．

意識とは有意な関連がみられなかった。

結局こういうことであろう。一九九五年調査の対象者であった一九三一―五〇年生まれと、二〇〇二年調査の一九二一―五〇年生まれは、二〇一〇年調査の対象から外れた。これらのコーホートにはそれなりのボリュームで含まれていた中卒者は学歴―実力意識におしなべて肯定的であったが、その層が急減した結果、学歴間の違いが見えにくくなったということである。したがって若年層ほど、また高学歴者ほど学歴―実力意識に否定的という一九九五年に観察された傾向は、二〇一〇年でも継続的に確認されたわけではない。しかし、二〇一〇年ではなぜコーホートや学歴によって学歴―実力意識に差異が認められないのだろうか。

(4) 結果の整理

新たな謎が生まれたが、その解読の前に、ここまでの結果を整理しておこう。

① 一九六四年調査では、年齢層が高いほど学歴―実力意識に肯定的である。旧制大卒だけがやや肯定的だが、学歴間の差異は明瞭ではない。
② 一九九五年調査では、若年コーホートほど、学歴が高いほど学歴―実力意識に否定的である。
③ 二〇一〇年調査では、コーホート・学歴ともに、学歴―実力意識と関連があるとはいえない。

①(質問A)と②③(質問B)では質問が異なるので比較は難しいが、本人の学歴と学歴―実力意識の関連についてしいてまとめれば、①明瞭な関連なし→②負の関連→③関連なしで、元に戻った格好である。

四　学歴―実力意識の変化から何を読み取るか

(1) 一九六四年調査の背景

こうした学歴と学歴―実力意識との関連の変化は、なぜ生じたのだろうか。そしてその背景には能力観のどのような変化があったのか。それを読み解くカギは、三時点を統一的に理解することにある。

一九六四年調査を行った新堀らが、「実力」なる概念をもちだして学歴主義を批判した背景には、企業や官庁での過度な学歴偏重や学閥(どこの学校を卒業したか)による弊害を問題視する視点があった。本当はよい仕事をする力があるのに、中卒や高卒であるために、あるいはいわゆる有名大学の卒業でないために、主要なポストにつけない。そしていったん取得した業績としての学歴がいつのまにか属性と化し、職場以外の生活世界に漏出する。こんな理不尽なことはない、だから学歴と実力は区別するべきだ、と。

しかし彼らの問題関心はそこにとどまらなかった。それは、現在よりもはるかに稀少であるがゆえに高い価値を有していた(有名)大学に進学する機会が限られていた点である。一九六四年の大学・短大進学率は男子で二五%、女子で一〇%をようやく超えたばかりであった。そこには、折から大学進学の時期を迎えた第一次ベビーブーマーのコーホート・サイズに比べて高等教育進学機関の入学定員が少ないという絶対的な量の制約ばかりでなく、相対的な進学機会格差の問題があった。高い学力を有しながらも、家庭の経済力が十分でないために、きょうだいが多いために、あるいは近くに大学がないために進学できない者が無視できない規模で存在する。もちろんそれは今でも解消されていない格差であるが、その深刻さは今日の比ではなかった。新堀編(一九六六)や橋爪編(一九七六)はその点にも目配りしている。

そうした背景が当時は天野（一九八四）をはじめとする社会科学者のみならず、一般の市民にも実感できる状況にあったと思われる。そうだとすると、熾烈な受験競争を勝ち抜いて大学に進学し栄達を遂げた者も、自らの実力だけでここまで来られたのか、とまどいを感じることもあっただろう。そのため質問Aへの肯定的な意見が思いのほか少数で、学歴と実力が一致しないことを痛感していたと思われる中卒者との差異がわずかになったと考えられる。

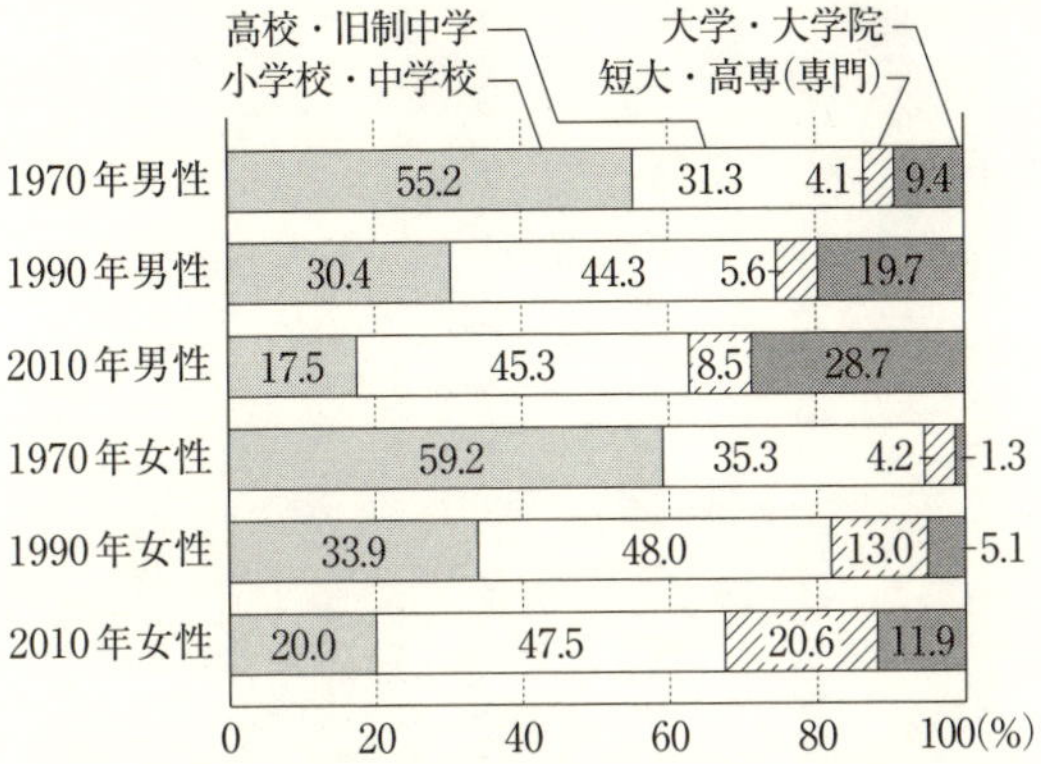

図5　時点別（1970年・1990年・2010年）の学歴分布
注：数値は，全年齢の卒業者のなかで，4つの学歴区分の合計に占める各区分の％．
出典：昭和45年・平成2年・平成22年「国勢調査」基本集計結果その1全国編の第9表から筆者が作成．

（2）一九九五年調査結果のふたつの解釈

ところがその後、大学・短大への進学率は上昇を遂げる。もちろんそれは一本調子ではなく、一九七五―九〇年頃は政策的な抑制もあって停滞していた時期もあった。それでも二〇一〇年には男女とも五五％を超えている。五〇年前の女子進学率が五％、男子でも一五％であったのと比較すると、まさに隔世の感を禁じ得ない。全体としては大学に進学しやすくなり、大卒者や短大卒者が社会に占める比率も上昇している（図5）。同時に、学歴が到達階層（現職）に与える効果は長期間安定している（今田 一九九九）。専門職の拡大もあって学歴インフレはあまり生じていないといってよい。

こうなると、学歴意識が変化すると予想される。その方向を一言でいえば、能力主義の肯定ないしは容認であろう。もちろん高等教育を受ける機会の格差は一九九〇年代に至っても解消しなかったが、バブル経済の頃は貧困などの経済的制約がいつのまにか背後に退き、大学に進学するかどうかは本人の選択の結果だとみなされやすくなっていた。

そのあと行われた一九九五年ＳＳＭ調査のデータを用いて近藤（二〇〇二、八〇―八三頁）は、学歴に不公平感が高い人と低い人とで、学歴―実力意識（質問Ｂ）にほとんど違いがないこと（いずれも約四〇％が肯定的）を指摘している。さらに理想の分配基準（「どのような人が高い地位や経済的豊かさを得るのがよいか」）は、若いほど、学歴が高い層ほど「実績」による配分を求める比率が高いことを示して、学歴の低い層など「学歴主義に不満をもつ人たちも「学歴＝実力」の認識を強いられているので」、（もし「学歴≠実力」の時代なら強調したであろう）実績による配分を理想としにくくなっているという。[17]

この説明じたいに異論はないが、もし「学歴＝実力」の認識が広範に浸透しているのであれば、質問Ｂに肯定的な者が多数を占め、しかも学歴による差異は観察されないか、学歴が高い者ほど肯定的と考えるのが素直であろう。しかし実際には先に指摘した通り賛否は割れており、学歴が高い者ほど学歴―実力意識に否定的である。この点をどう理解すればよいか。

その有力な手掛かりとなるのが、戦後日本社会に浸透したとされる状況的能力観と、それを下支えした平等志向のさまざまな制度である。[18]一九六六年にある大企業へ入社した大卒男子のキャリア・ツリーを分析した竹内（一九九一、四六―四八頁）は、日本的な選抜をローゼンバームのトーナメント移動からの逸脱と捉えて「御破算型選抜」（層別競争移動）と名付け、その背後要因として日本人の状況的能力観をあげている。状況的能力観とは、「必要とされる能力は状況ごとに異なっているという柔らかい能力観である。（中略）われわれが能力主義という言葉を避け、実力主義という言葉を好むのは固定した能力観ではなく、状況ごとに必要な能力は異なっている（実力）という考えがあるからである」。したがって「状況的能力観によれば、学歴という代理指標による能力主義はそもそも正当ではない」。代わりに

「過去の経歴や達成の利点蓄積をキャンセルしようとする純化した能力主義」が作動している。これを学歴意識に援用すれば、高学歴による過剰な利得を嫌い、学歴は実力とは別という考えに親和的な意識がわれわれに根付いていたことになる。

もしこうした意識が一九九〇年代まで（とくに高学歴者に）強かったとすると、高学歴者ほど学歴―実力意識に否定的という結果に得心がいく。もちろん状況的能力観がどの程度浸透していたかについてのデータはなく、また自己言及的な要素があって解釈が難しいが、学歴―実力意識をめぐっては一方向だけの流れがあるのではなく、近藤（二〇〇二）の指摘する能力主義に肯定的な潮流と、竹内（一九九二）の指摘する否定的な潮流がたえず共存しながら渦巻いており、一九九五年調査ではまだ否定的な潮流が肯定的なそれを上回っていた、ということではないだろうか。

（3）三つの調査からみえること

そう考えれば、二〇一〇年調査で、学歴―実力意識が学歴によって異ならないことにも、それほど違和感はない。一九九五年以降、今度はベクトルが逆転して（とくに大卒者では）能力主義に肯定的な潮流が強まり、二〇一〇年の時点で否定的な潮流に拮抗して学歴差がなくなったということである。もしこの見立てが正しければ、今後はより多くの（高学歴の）者が学歴―実力意識に肯定的になるはずであり、学歴意識が変化する兆候を示す屈曲点は、一九九五年調査ではなくむしろ二〇一〇年調査ということになる。

予測はともかく、矢野らが二〇一〇―一一年に行った調査によると、大学教育にかかる費用を社会が負担するか個人が負担するかに関して七三％が個人負担に賛成しており、しかもその意識が回答者の学歴によって違わなかった。つまり「非大卒者も「大学に行かなかった、行けなかった」のは自己（家族）責任だと判断していることになる」（矢野他 二〇一六、七五―七九頁）。学歴によって意識に差がない点は、学歴―実力意識と相同である。

気になるのは、これらの結果が象徴的に示すように、学歴を実力と見なす考え方が、自己責任の考え方と通底しているように思える点である。高い学歴を得たのは自らの実力の成果であり、それを実現できないのは自己責任だ、と。そこには能力主義に対する無邪気な信頼が感じとれる。もちろん新堀編（一九六六、二九六―三〇三頁）がいみじくも指摘しているとおり、「実力」なる概念も考えてみれば何なのか明確ではなく、どう測定するのか、実力ある人にふさわしい地位は有限ではないか、などの問題を内包している。しかしそれは「能力」でも同じである。時間をかけて社会的に構築された概念であり、その測定や扱いはことのほか難しい（近藤 二〇〇〇、広田 二〇一五、小方 二〇一六）。

その点をふまえてもなお、能力主義を完全に否定することは現実的ではないし、おそらく望ましくもないだろう。メリトクラシーの実態は考えられている以上に多様であり（中村 二〇一一）、変容し続けている（本田 二〇〇五）。他方、ヤング（一九八二）をあらためてもち出すまでもなく、メリトクラシーを全面的に首肯するのもためらわれる。その前提となる機会の平等も、さらなる実現が望まれるとはいえ、突き詰めていくと、結果の平等とどう異なるのかといった根源的な困難をかかえている[19]。

問われているのはそれらに対するわれわれの態度であり、見識である。先の近藤（二〇〇二、七八―八〇頁）によれば、戦後日本社会は高等教育を受ける機会は不平等だが、学歴による報酬差は小さい「機会不平等・結果平等」を特徴としていた。それは「機会平等・結果不平等」を含意するメリトクラシーとは異なり、いっけん時代遅れのようにみえるが、能力に基づいて地位を配分することに常に疑いの目を向けてきた。その意味で、能力と実力を区別する「ユニークな」（苅谷 一九九五、一二五頁）まなざしには、メリトクラシーに対するわれわれなりの智慧が含まれていると言ったら言い過ぎだろうか。もし学歴―実力意識という針の穴から見た能力観が、本章でたどった通り変化しているのであれば、その微妙なバランス感覚が失われつつあるように思えてならない。それが杞憂であればよいのだが。

注

(1)「学歴に関する意識調査」は、約三〇〇〇人を対象として東京・大阪・広島で実施された。「厳密にはサンプルの代表性に問題があるとしても、一応日本人の学歴意識の一般的傾向をつかむことはできる(調査対象は大部分が男性で、年齢的には三〇代が三割強、四〇歳以上が六割を占め、低年齢層がきわめて少ない。これは小・中学校生徒の父兄を対象にしたという調査方法の限界である)」(新堀編 一九六六、一一六頁、傍点は原著のまま)。

(2)新堀による学歴主義の必然的根拠とは、「現代の会社や官庁のように大きな組織では、能力や仕事を公正に評価するといってもなかなか難しいから、誰の目にも明らかな学歴が評価の基準になるのは止むをえない」、情緒的根拠とは、「同じような条件なら同窓の者を優先するというように、同窓の者が互いに助け合うのは自然であり、一種の美徳である」を指す。

(3)ただし「上の学校やよい学校を出ている人は、何といっても、難しい入学試験に合格し、高い教育を受けているのだから、元来能力がすぐれている」という質問では、学歴の低い者のほうが肯定的である(新堀編 一九六六、一五九―一六五頁)。

(4)このほか一九七四年に愛知県で「学歴意識調査」の一環として行われた従業員調査(六社の男子従業員一七五四人が対象)でも、学歴と実力の関係が尋ねられている(橋爪編 一九七六、まえがき、一三二頁)。ただしそこでは、学歴と実力の対応関係のほかに「高い学歴がトクか」という要素が入り込んでいるため、本章でとりあげる他の調査との比較は困難と考え、ここでは分析の対象としない。

(5)学歴意識の変化が出生コーホートによるのか年齢によるのかはここでは区別できないが、以下では第三節での分析に備えてコーホートと表記する。

(6)それぞれの有効回収数と有効回収率は①が四〇三二、六七・一%、②が二九五三、六二・三%、③が一三八五、五五・四%である。①の調査対象者は全国の二〇―六九歳から、②は二〇―八九歳から、いずれも層化二段抽出法で無作為抽出されているのに対して、③は実査を担当した調査会社の二〇―五九歳のマスターサンプル約六万人から対象者が抽出されている。マスターサンプルは全国から無作為抽出されて調査会社に登録されるので、Ｗｅｂ調査で一般的な回答者が自発的に登録するアクセスパネルとは異なるとはいえ、③は厳密には①②と調査方法が同じではない。しかしここでは③も同等の無作為抽出がなされたとみなして検定結果を記載してある。

(7)類似の意識項目が観測変数として複数ある場合、ひとつずつ分析する方法と、背後に共通の要素を潜在変数として想定して分析する方法がある。後者の方法としては、観測変数が量的変数であれば共分散構造分析、カテゴリカルな二値変数であれば潜在クラス分析を用いるのが定石である。共分散構造分析を行い、潜在変数と他の変数(学歴・年収など)との関連(パス係数)を求めたほうが、希薄化が修正されて、個々の変数との相関係数を求めるより絶対値が大きくなり、有意な関連を確認しやすいことが多い。しかし一九六四年データは再分析がそもそも不可能であり、それからの変化を論じるにはできるだけ近い具体的な項目ひとつに着目したほうが何を比較しているのか明瞭になると考え、潜在変数は用いなかった。

(8)調査①は「1 そう思う、2 ややそう思う、3 どちらともいえない、4 あまりそう思わない、5 思わない、6 わからない」の六件法、調査②と③は「1 そう思う、2 どちらかといえばそう思う、3 どちらかといえばそう思わない、4 思わない」の四件法で回答を求めている。①で6はきわめて少数なので分析から除外し、さらに「1と2」「4と5」をそれぞれ併合して3とともに三件法として、②③は「1と2」「3と4」を併合して二件法として結果を示した。

(9)調査モードは①が訪問面接法、②が留置法、③が郵送法である。①のように調査員と対面しない②や③のほうが、質問によっては社会的望ましさバイアスを低減させる(実態や本音を引き出しやすい)可能性がある(歸山他 二〇一五)。

(10)一九八七年以降、複数回にわたる「仙台高校生調査」データを用いて阿部(二〇〇八)が学歴意識の変容を論じている。

(11)三輪(二〇〇四)は本文と同じ一九九五年SSMデータを対象に、潜在クラス分析から学歴—実力意識を含む学歴に関わる八つの意識変数の背後に四つの潜在的な類型(向学歴層・準—向学歴層・脱学歴層・反学歴層)を措定できること、学歴—実力意識に肯定的な者は向学歴層に含まれる確率が高いこと、さらに多重対応分析から向学歴層に近いのは中卒や短大卒であって大卒ではないこと、などを明らかにした。最後の点は、本文で述べた学歴—実力意識に肯定的なのが中卒に多いことと矛盾しない。大前(一九九八)も同じデータを用いて学歴に関わる意識について多重対応分析を行い、学歴に関わる意識の布置連関を描いている。

(12)一九六四年調査から一九九五年調査までは間隔があいているので、男性しか対象になっていないが、一九八五年SSM調査B票の質問(「個人の地位は、その人の学歴とは関係なく実力によってきまっていることが多い」)に対する肯定的な比率を確認すると、中卒は七一・四%に対して大卒は六四・六%で、やはり学歴が高いほうがやや低い。

(13)村澤(二〇〇〇b)に関連する分析がある。

(14)男女とも質問Bをもとの四段階のままで学歴との関連をみても、カイ二乗検定は有意にならない。

(15)一般に帰無仮説(ここでは変数間に関連がない)を棄却できない場合は第二種の過誤(帰無仮説が正しくないにもかかわらずそれを棄却できない誤り)が大きい可能性があり、標本の大きさにも影響されるので、可能であればほかの情報で確認したほうがよい。しかし今回はそれが難しいので、ここでは一般的な統計的検定のルールに従ってひとまず「関連があるとはいえない」と判断した。

(16)質問B(四段階)を従属変数に、性別・コーホート・学歴・現職(無職を含む)を独立変数として回帰分析を行うと、有意な偏回帰係数は女性を基準に男性が−0.154、大卒を基準に高卒が−0.143、一九八一—九〇年生まれを基準に、一九五一—六〇年生まれが0.201だけであった(有意水準5%)。この結果からいえば性別、学歴とコーホートの一部は、学歴—実力意識に多少は影響していることになる。しかし偏回帰係数はダミー変数としてはそれほど大きくなく、モデルの調整済み決定係数も0.017と小さい。したがってクロス表のカイ二乗検定の結果も勘案すると、コーホート・学歴と学歴―実力意識は関連しないか、関連があってもきわめて弱いと判断するのが妥当であろう。

(17)中澤(二〇一四、五六―六〇頁)に近藤(二〇〇二)の解釈と、関連する分析がある。なお、二〇一〇年データには分配基準の質問がないため、残念ながら近藤と同様の分析はできない。

(18)たとえば苅谷(二〇〇九)は、どこに居住していても一定レベル以上の義務教育が受けられるさまざまな仕組みを「面の平等」と捉え分析している。

(19)この点に関しては盛山(二〇一一、二六七―二七九頁)を参照。初歩的な議論であるが平沢(二〇一四、一六〇―一六五頁)でも論じている。

参照文献

阿部晃士 二〇〇八、「社会意識はどのように変わったのか――満足感・不公平感の動態と学歴意識の変容」海野道郎・片瀬一男編『〈失われた時代〉の高校生の意識』有斐閣。
天野郁夫 一九八四、『「学習社会」への挑戦――学歴主義を超えて』日本経済新聞社。
今田高俊 一九九九、「平等社会の神話を超えて――戦後日本の産業化と社会階層」『日本労働研究雑誌』四七二巻。
大前敦巳 一九九八、「学歴獲得様式における意識構造」近藤博之編『教育と世代間移動(一九九五年SSM調査シリーズ10)』一九九五年SSM調査研究会。
小方直幸 二〇一六、「教育社会学研究における能力の飼いならし」『教育社会学研究』第九八集。
歸山亜紀・小林大祐・平沢和司 二〇一五、「コンピューター支援調査におけるモード効果の検証――実験的デザインにもとづくPAPI・CAPI・CASIの比較」『理論と方法』第三〇巻第二号。
苅谷剛彦 一九九五、『大衆教育社会のゆくえ――学歴主義と平等神話の戦後史』中公新書。
苅谷剛彦 二〇〇九、『教育と平等――大衆教育社会はいかに生成したか』中公新書。
吉川徹 二〇〇六、『学歴と格差・不平等――成熟する日本型学歴社会』東京大学出版会。
吉川徹 二〇一五、「階層意識の学歴差を考える――社会意識の再埋め込み」数土直紀編『社会意識からみた日本――階層意識の新次元』有斐閣。
近藤博之 二〇〇〇、「「知的階層性」の神話」近藤博之編『日本の階層システム 三 戦後日本の教育社会』東京大学出版会。

近藤博之 二〇〇二、「学歴主義と階層流動性」原純輔編著『講座　社会変動　五　流動化と社会格差』ミネルヴァ書房。
新堀通也編 一九六六、『学歴――実力主義を阻むもの』ダイヤモンド社。
盛山和夫 二〇一一、「平等の理念とメカニズム――実証を超えた階層研究に向けて」盛山和夫・片瀬一男・神林博史・三輪哲編著『日本の社会階層とそのメカニズム――不平等を問い直す』白桃書房。
竹内洋 一九九一、「日本型選抜の探求――御破算型選抜規範」『教育社会学研究』第四九集。
中澤渉 二〇一四、『なぜ日本の公教育費は少ないのか――教育の公的役割を問いなおす』勁草書房。
中村高康 二〇一一、『大衆化とメリトクラシー――教育選抜をめぐる試験と推薦のパラドクス』東京大学出版会。
橋爪貞雄編 一九七六、『学歴偏重とその功罪』第一法規出版。
平沢和司 二〇一四、『格差の社会学入門――学歴と階層から考える』北海道大学出版会。
広田照幸 二〇一五、『教育は何をなすべきか――能力・職業・市民』岩波書店。
本田由紀 二〇〇五、『多元化する「能力」と日本社会――ハイパー・メリトクラシー化のなかで』ＮＴＴ出版。
三輪哲 二〇〇四、「社会階層と学歴意識――学歴意識の潜在構造に関する経験的研究」東北社会学研究会『社会学研究』第七五号。
村澤昌崇 二〇〇〇ａ、「学歴・階層の関連構造と学歴意識――一九九五年ＳＳＭ調査データを用いた一試行」広島大学高等教育研究開発センター『大学論集』三〇巻。
村澤昌崇 二〇〇〇ｂ、「学歴の座標――人々の意識における学歴の位置」村澤昌崇・西本裕輝・作田良三編『地方拠点都市における学歴と学歴意識に関する調査研究』(高等教育研究叢書六三)、広島大学大学教育研究センター。
矢野眞和・濱中淳子・小川和孝 二〇一六、『教育劣位社会――教育費をめぐる世論の社会学』岩波書店。
マイケル・ヤング、窪田鎮夫・山元卯一郎訳 一九八二、『メリトクラシー』至誠堂。

▼ブックガイド▼

吉川徹 二〇一五、「階層意識の学歴差を考える――社会意識の再埋め込み」数土直紀編『社会意識からみた日本――階層意識の新次元』有斐閣。

ＳＳＰ調査を主導し社会意識について計量的な分析を精力的に進めてきた著者の論文を読めば、この分野の最先端にたどり着くことができる。

近藤博之 二〇〇〇、「「知的階層性」の神話」近藤博之編『日本の階層システム 三 戦後日本の教育社会』東京大学出版会。
本章で言及できなかった知能も視野に収めて、メリトクラシーの現況と論者による捉え方の違いを冷静に分析した、類書の追随を許さない論文である。
竹内洋 一九九一、「日本型選抜の探求――御破算型選抜規範」『教育社会学研究』第四九集。
同論文は『日本のメリトクラシー 増補版』(東京大学出版会、二〇一六年)の第五章にやや改変のうえ収録されている。どの章も著者独自の視点からの分析がなされていて示唆に富むだけでなく、読んでいて楽しい。

〔謝辞〕
本研究はJSPS科研費JP16H02045の助成を受けて、SSPプロジェクト(https://ssp.hus.osaka-u.ac.jp)の一環として行われたものである。SSP-P二〇一〇データの使用にあたってはSSPプロジェクトの許可を得た。SSMデータの使用にあたっては二〇一五年SSM調査管理委員会の許可を得た。二〇〇二年JGSSデータの二次分析にあたり東京大学社会科学研究所附属社会調査・データアーカイブ研究センターSSJデータアーカイブから二〇〇二年JGSSデータ(寄託者・大阪商業大学)の個票データの提供を受けた。記して感謝したい。

3
若者とトランジション
――学校から職業への移行研究の現在

堀　有喜衣

はじめに

本章の目的は、一九九〇年代半ば以降から今日における若者の学校から職業への移行研究の簡単な見取り図を示すことである。本論に先立って、学校から職業への移行というテーマが今日の教育社会学において重要性をもつようになった理由について確認しておきたい。

若者から成人への移行過程は複数の束から構成されていると一般には捉えられているが、メルクマールとなるのは、安定した職業的地位の獲得である。一九七〇年代の若年失業率の上昇に伴い、欧米では職業的な地位の獲得が困難化したが、日本では円滑に行われてきた。そのため、日本社会において移行という概念が重要性を帯び始めたのは、円滑な移行の範囲が狭まった九〇年代半ば以降のことである。学校卒業後に正社員になれない若者層が増加するに従い、若者が学校から安定した状態に至るまでのプロセスが、重要な研究対象として浮上したのである。学校から職業への移行という概念が意味するものは諸説あるが、ここでは学校から職業への移行を、学校が中心の生活から労働が中心の生活へ変化するプロセスと、広く捉える(堀 二〇一六)。

ところで九〇年代半ば以降の学校から職業への移行研究を担ったのは、教育社会学においては「教育と労働」「教育と職業」「経済と教育」（以下、「教育と労働」に代表させる）などと呼ばれてきた領域の研究者たちであった。[1] 九〇年代半ば以前の学会の要旨集録をいくつか遡ると、企業内訓練や新入社員教育に至るまで、きわめて多様なテーマが人知れずこの領域で展開されていた跡を確認できる。[2] かつてもそして今日も、「教育と労働」は教育社会学においては研究者も少ない、マイナーな領域として認識されている。

しかし、この領域が学会の七〇年記念論文集の研究テーマとして取り上げられるに至ったのは、教育社会学の「背景」でしかなかった新規学卒労働市場の状況が九〇年代半ば以降に大きく変化し、学校を揺るがし始めたからに他ならない。若者が安定した労働市場に入っていけるという前提があったために、この領域は教育社会学的な課題が発見されることはない「背景」と見なされ、教育社会学は学校内で生じる問題の解明に注力できてきたのだとも言えるだろう。しかし九〇年代半ば以降、この領域の研究は学会のなかで前景化され、かつ多様だった「教育と労働」研究は「学校から職業への移行」に焦点化していった。

多様であった「教育と労働」研究が学校から職業への移行研究（以下、原則として移行研究と呼ぶ）に重心を移していった要因は、二点考えられる。第一に、移行研究という枠組みが、従前の日本的な移行形態の量的変容に強い関心をもつ日本社会の問題意識にフィットしていたことである。九〇年代後半以降の、日本の学校から職業への移行の変化は主として従来型移行の適用範囲の縮小という形で生じており、景気変動によらず持続的という点で構造的な変化ではあったが、職業別労働市場の広がりのような従来の枠組みが崩壊するという意味での抜本的な変化が生じたわけではなかった。第二に、移行問題への社会的関心の高まりに伴い、課題を見出すだけでなく現実的な方向を指し示すタイプの研究が求められるようになったのだが、移行研究はこうした社会的要請に応えようとする志向を強くもっていた。社会科学系の研究において真理の追究だけでなく、社会的な貢献が求められるようになる過程と軌を一にしていたと言ってもよい。移行研究は現在の社会状況をおおむね肯定しながら、広い意味での政策を通じて漸進的に社会に働きかけようとするものである。従来のような政策の方向性を左右する研究会や審議会への参加だけでなく、マスメディアを通じた知見の発信による政策に対する回路がこの時期に形成され注目を浴びるようになったことは移行研究にとって追い風になった(3)。

なお若者の雇用の不安定化という観点においては、社会移動・社会階層研究の文脈における研究が蓄積されている(石田 二〇〇五、橋本 二〇〇六、太郎丸 二〇〇九、佐藤 二〇一一)(4)。移行研究と社会移動・社会階層研究は共通した関心をもつものの、移行研究は質的研究が多く、学校の指導や労働市場との接続により力点を置き、かつ政策的・実践的な関心が強いという特徴を指摘できる。他方で「教育と労働」領域の研究において移行研究がメインストリームとなっていったことにより、企業内のキャリアや職業能力形成についての研究は教育社会学においては手薄になった。

上述したような教育社会学における移行研究の心もとなさをふまえたうえで、九〇年代以降の学校から職業への移行研究を整理していく。移行研究が他の教育社会学のテーマと最も大きく異なるのは、移行の状況が景気動向によってほぼ規定されるため、研究動向も短期的な景気変動の影響から逃れられないという点である。そこで、ここでは研究の時期区分を短期的な景気変動との関連で、第一期(九〇年代半ばからフリーターの数が過去最大となった二〇〇三年まで)、第二期(二〇〇四年からリーマンショックまで)、第三期(リーマンショック以降、現在まで)とする。この領域は現状についての実証分析が大勢を占めているので、本章でも調査に基づく実証分析に限って扱うが、教育社会学分野の研究を網羅するものではないことをあらかじめお断りしておく。

次に、研究領域を限定する。学校から職業への移行研究は、学校という世界と職業の世界という少なくとも二つの研究領域にまたがるが、それぞれの世界は相当程度自律しており、異なるメカニズムから成り立っている。また研究の対象としては、若者(生徒・学生)、学校、企業、の三つの軸にそって主に進んできており、これまでは保護者(家庭)という変数の重要性は高くなかった。保護者(家庭)に重点を置いた研究も徐々に増えているが、学校から職業への移行研究というよりは、社会的排除や貧困の文脈に主に位置づいており(林 二〇一四など)[5]、重要なテーマではあるが、紙幅の制約からこれについては取り扱わない。

さて、学校という世界については教育社会学が得意とする領域であり研究領域も設定しやすいが、職業世界についての研究の蓄積は薄く、さらに職業世界のなかにおいてどこまでを教育社会学の研究領域とするかという課題がある。教育社会学における多くの研究は就職、すなわち初職が主たる守備範囲であったが、近年では「初期キャリア」、すなわち「一人前に仕事がこなせるようになり、経済的な自立を果たし家族形成ができるようになるまでの期間」(小杉 二〇一〇、一頁)にまで広がった。さしあたりは教育社会学における検討範囲はこのなかに収まるであろうが、実証上の課題は「初期キャリア」の期間が延長され、「初期キャリア」からずっと抜け出せない個人が出てくることであろう。これは「若者」概念の課題と通底しており、従来は二〇代前半までを意味していた「若者」というカテゴリーであったが、現在の労働政策では四〇歳未満までを「若者」として対象とするようになっている。四〇代であろうと、経済的に自立しておらず長期の正社員経験がなければ、「若者」と呼ばれかねない事態となっていると言ったほうがよいかもしれない。この背景には、移行が急激に困難化した「就職氷河期世代」が四〇代にさしかかったという現在特有の課題がある。「就職氷河期世代」という世代問題はコーホートのサイズが大きいだけに社会的な影響が大きく、今後も日本社会にとって看過しえない課題として残り続けるだろう。しかし、日本のように企業内に内部労働市場が発達しており「定年制」が広く普及した社会においては、長期の正社員経験がないという共通項によってまったく異なる年齢層の者が労働市場において同じカテゴリーで扱われることはない。今日においては「若者」についての研究と、年齢を重ねた「就職氷河期世代」についての研究とは切り離して考えたほうがよい。

また移行研究は、計量的なアプローチを用いた労働経済学(玄田 二〇〇一、太田 二〇一〇など)と重なりをもつ[6]。従来は同じような対象であっても異なる問題意識やアプローチにより接近しており(たとえば若者が就職できないという状況を、労働経済学では企業側の採用動向、教育社会学では若者・学生・生徒の就職状況や就職支援から把握するなど)、結果的に棲み分けていた。しかし教育社会学が牽引してきた学力研究において教育経済学が一定の社会的な影響力をもちつつあるように、将来の移行研究も同様の状況に至ることは想像に難くない(7)。教育社会学の量的なアプローチは経済学の最新の手法に比べると見劣りするため、同じ時期に似たような問題意識で同一の対象に量的調査で迫ったなら、教育社会学の貢献はひどく小さなものになる。しかし量的調査の手法が洗練されていないことが教育社会学の欠点だと筆者はまったく思わないし、洗練された手法を追究する方向に進むことにも疑問を覚える。移行研究における教育社会学のオリジナリティについては、最後の節において論述したい。

一 暗中模索の時期(第一期)——移行概念の広い適用と研究の拡大

若者の学校から職業への移行が変容し始めたのが九〇年代初頭であることは、現在においては意見の一致をみるところである。しかしこの認識はむろん後知恵にすぎない。当時は、現在生じている事象が一時的な就職難であるのか移行の構造的な変化であるのかについての判断は、まったくできなかったといってよい(8)。第一期においては、グローバル化に伴う産業構造の転換や知識社会化により日本の労働市場が大きく変動し、高等教育政策の転換と一八歳人口の減少による大学進学率の上昇が生じるなかで、九〇年代に生じた大きな変化を捉えようとする実証研究が暗中模索のなかで進展した。この時期は高卒就職の急激な悪化、およびフリーターの増加が注目を集めた。理論的には海外の若者の支援策に影響を受けつつ、政策的には二〇〇三年に「若者自立・挑戦プラン」が策定され、若者に対する初めての政策的な支援が開始された。この時期の研究の対象は主として高卒者であり、当初は高卒就職者に関心が集まったが、その後高卒無業者(高校を卒業しても進学も就職もしない者)に研究が展開した。

教育社会学において学校から職業への移行の変調が見出されたのは、まず高卒就職においてであった。九一年のバブル崩壊の影響を受け高卒求人数は大きく減少したが、高卒求人は量的に減少しただけでなく、質的に大きく変容していった。日本労働研究機構(一九九八)は高卒者の雇用がより高い学歴をもつ者や非正規求人に振り替えられたり、地域を越えた求人が減少していくさまをいち早くインタビュー調査から描き出している。マクロ的にはグローバル化、知識経済化などの大きな社会変動が生じ、高学歴者に対する需要が高まったが、それだけではなかった。供給側の要因としては、一八歳人口の減少と大学進学率の上昇により、一九九一年三月卒業者で六〇万人だった高卒就職者は、二〇〇三年三月卒業者においては二一万人と、三分の一にまで減少した。これとともに人材としての「質」のばらつきが生じるようになり、高卒者が配置業務の高度化に対応できないという判断をした企業においては高卒者の採用を停止し、より高い学歴の者へと採用を切り替えるようになった(筒井 二〇〇六)。需要と供給を調整してきた従来の高校就職指導は多くの求人・求職者を前提とした仕組みであり、求人ないし求職が減少した場合の有効性は高いとはいえず、機能不全が指摘されたのである。

続いて高卒無業者の漸増が強い関心を呼んだ。粒来(一九九七)、耳塚編(二〇〇〇)がその代表的なものであり、都市部の高校生調査を通じて、高校進路指導における進路保障と進路の枠付けが弱まったことが浮き彫りにされた。さらに教育社会学のアプローチを用いたフリーターについての調査研究が進み(日本労働研究機構 二〇〇〇、二〇〇一)、労働研究に接続する。生徒や学生ではない若者に関する調査が限られており印象論のみで語られていた社会状況のなかで、当事者である若者へのインタビューや量的調査を通じて先んじて実態を明らかにしようとした日本労働研究機構(当時)の一連の研究成果は、従来の教育社会学のように学校内にとどまらず、かつ一〇年に一度のSSM調査を中心とする社会移動・社会階層研究よりも機動的な調査が可能であったため、アカデミアを超え、日本社会の人々の関心を惹きつけた。しかし当時の教育社会学においてはフリーター等に代表される「新しい」移行問題は一時的で流行のテーマと見なされ、すぐに廃れる研究領域だとされていた。当時の筆者は日本労働研究機構の研究チームの一員ではあったものの経験の浅い研究者であり、先のことなど見通せなかったが、自分が関与する研究が政策を通じて社会に働きかけ現実を変えていく風景はこれまでに見たことがないものであり、教育社会学の社会的な存在意義を強く感じたものである。

二　楽観の時期(第二期)
——景気循環の中で見えてきたもの、見えなくなるもの

移行の狭隘化は二〇〇三年を底とし、好景気がリーマンショックまで続く。これを第二期と呼ぶとすると、第一期には未来永劫続くのではないかと悲観された状況は、景気回復により大きく変化した。なお二〇〇四年はキャリア教育元年とも言われており、キャリア教育の本格導入がスタートした。

二〇〇二年一月を景気の谷として「いざなぎ超え」と呼ばれた景気拡張期間は実に七三カ月に及んだが、景気回復に少し遅れて、若者の学校から職業への移行状況は急激な改善をみせた。この時期は若者の雇用問題などなくなるだろうという主張も散見されたが、景気回復があらわにした問題もあった。第二期の研究を彩るのは、「就職氷河期世代」の正社員への移行問題と若年無業者(ニート)である。一般に移行問題は新規学卒者の就職難として捉えられているが、この時期は新卒者の就職が改善したため浮かび上がってきたテーマである。

前者については、不安定な状態で年齢を重ねていた「就職氷河期世代」の正社員への移行が進まないという受け止めが主流であった。しかし、こうした解釈にはややミスリーディングがあったことを認めねばならない。まず「就職氷河期世代」については正社員への移行は全体として遅れたものの、一定程度は進んだ。ただしこの移行は労働条件

のよい労働市場への接続というわけではなく、景気の良い時期に労働市場に出た世代に比べると、その落差は小さくなかった（労働政策研究・研修機構 二〇一三）。この課題は第三期においても引き継がれることとなる。

若年無業者（ニート）の問題構成については多くの議論があり、ここでは紙幅のため詳しく触れないが、教育社会学者を含めた複数の研究者が関与する論争となり、関心を集めた。ただし若年無業者（ニート）研究の大半は二〇〇六年までに行われており、二〇〇七年以降から現在まで若年無業者の支援機関である地域若者サポートステーションを対象とした研究を除けば、教育社会学者の関心はほぼ失われているようである。(9) 対照的に、国際機関や海外の研究者の関心はむしろ増しており（たとえば OECD 2016）、現在ではNEETというカテゴリーは若年者雇用を論じる際に欠かせない分析道具となっている。大変残念なことであるが、教育社会学におけるNEET研究の停滞は、結果として教育社会学者らが絡んだ過去の論争が生みだしたと言わざるを得ない。過去のイメージに囚われない新しい世代の研究者による研究が期待される。

ところで第一期の中心テーマとなった高卒就職についての関心は、第一期に描かれたいくつかの事象が「戻り現象」を見せる一方で、景気回復においても九〇年代初めのようには戻らない事象もあることが明らかにされた（労働政策研究・研修機構 二〇〇八）。また景気回復期には、都市と地方の地域差が明らかになる。第一期の対象は都市部中心であったが、第二期には地域差に着目した研究が相次いで登場した。労働政策研究・研修機構（二〇〇九）、尾川（二〇一二）はそれぞれアプローチが異なるが、都市とは異なる学校から職業への移行の様相を描き出している。

こうした実証的な知見に力点を置く研究が数多く進められるのと並行して、主として教育社会学の外側で理論的な検討も進んだ。ギデンズ（Giddens 1991／邦訳二〇〇五）、ベック（Beck 1988／邦訳一九九八）らに依拠した研究がその代表的なものである。これら一連の研究は主として青年期のアイデンティティ研究と深く関わっているが、青年期のアイデンティティ形成は、言うまでもなく日本においても若者研究の中心を構成してきた古典的なテーマである。ただし浅野によれば、八〇年代には文化面からもっぱら論じられてきた若者のアイデンティティ論であったが、雇用が悪化した九〇年代後半以降には、労働との関係を問うようになったという[10]。また乾の一連の実証的な研究においては、後期近代において大人への移行過程が「個人化」するなかで、実証的なデータに基づき若者がどのようにアイデンティティを形成していくのかが論じられる(乾 二〇一〇)。その際に乾はギデンズ、ベックらの「後期近代理論」と実態の乖離や、「後期近代理論」が社会的制約を軽視している点についての警鐘を鳴らしている。実際に日本の学校から職業への移行過程においても「後期近代理論」があてはまる領域もあるが、そうでない領域もある。とりわけ日本のように新規学卒一括採用が存在する社会では、若者の移行過程に対する景気変動の影響は諸外国に比べてとりわけ大きく、いわゆる「後期近代理論」において描かれる移行過程の非構造化の程度は、景気変動に規定される部分がある。景気動向によって行きつ戻りつしながらも、かつてのような安定した状況には戻らないという認識が実態と整合的であろう(堀 二〇一七)。

ところでこの時期には、大卒者についての研究が広がりを見せた。「学歴社会論」の研究対象は銘柄大学に限られていたが、非銘柄大学から職業への移行研究が進むようになったのである。この背景には大卒者の就職が困難化し、大学ランクと企業規模の結びつきよりも、正社員として就職できるかどうかが焦点化されたことが背景にある。労働政策研究・研修機構(二〇〇五)は非銘柄大学にまで対象を広げた大規模調査を実施し、大学ランクや地域により学生の就職行動や大学との関わりが異なっていることを明らかにしている。居神(二〇〇五、二〇一〇)は大学進学率の上昇に伴って二〇〇〇年代に広がった非伝統的な大学群を「マージナル大学」と呼び、そこで学ぶ「ノンエリート学生」が社会で生き抜くことに貢献する大学の社会的意義を主張した。大学の変容についてはさまざまな論考が発表されているが、大学生の「質」の変化における課題は第三期まで引き継がれることになる。

三　諦念の時期(第三期)――リーマンショックより現在まで

第三期は、リーマンショックと呼ばれる世界的な金融危機の連鎖による雇用の急激な悪化で幕開けする。景気が暗転する前後の二〇〇八年から、景気回復により新卒者の移行が急激に改善した現在までを、第三期と呼ぶことにする。リーマンショック直後は派遣切り、ワーキングプア、「格差」などが世間の注目を集めた。二〇一五年には若者雇用促進法が制定され、これまで時限的な措置でしかなかった若者支援の法的根拠が整った。

第三期の研究は成熟化し多様化したため、一定の傾向を指摘するのは難しい。そのなかでいくつか特徴的な点を指摘すると、ニートへの着目をきっかけに、学校から職業へ円滑に入ることが難しいが福祉の対象とはなっていないタイプの若者層(就労困難者)の問題が、教育社会学においても広く認められるようになった(労働政策研究・研修機構 二〇一一、筒井他編 二〇一四)。さらに高校、大学等を中退した当事者の実態に関する研究も進んだが(古賀 二〇一五、労働政策研究・研修機構 二〇一五)、まだ未解明の部分も多い。

教育社会学に深く関わる領域としては、大学から職業への移行が前面に出てきたのがこの時期の特徴と言えるだろう。いわゆる大学の機能分化に関する議論は以前から進んでいたが、高等教育のあり方についての議論が社会的関心を集めたり(たとえばグローバル人材に関する議論)、中教審の答申において社会経済的な自立が謳われるなど(文部科学省 二〇一二)、学校教育と労働市場の接続の望ましいありようについての社会的認識は、かつてと比べると大きく様変わりした。その際に避けて通れないのが大卒者の「質」である。小杉(二〇一三)は大学ランクごとの未就職率を二時点比較し、景気が回復しているにもかかわらず大学ランクごとに未就職率の改善状況が異なることから、大学生の「質」についての議論が必要であることを示唆した。藤村(二〇一六)は新規大卒男性について、景気循環と大学生の

「質」の低下が、大学から職業への移行の不安定化に影響を与えた可能性を指摘する。ここで指摘される「質」とは労働力の需要側からみた採用に足る資質であり、広い意味での「職業能力」（仮にこう呼ぶが[11]）を意味している。これを選抜研究として主に展開してきた移行研究が職業能力形成という変数を取り込んで深化すると見るのか、あるいは「教育と労働」研究が移行研究に焦点化するなかで落とした論点が復活したと読むのか、議論の分かれるところであろう。いずれにしても職業能力形成を「社会化」の一要素と捉えるならば（これ自体論争的だが）、「教育と労働」研究は他の多くの教育社会学の研究領域のように、選抜と社会化のパラダイムのなかで揺れ動いているにすぎないのかもしれない。しかしそうであっても次節で述べるように、移行研究には解明すべき課題がまだかなり残っているのである。

おわりに――ポスト「学校から職業への移行」研究の展開

本節では「学校から職業への移行」研究の今後の展開について見通しを述べ、今後の研究動向および教育社会学のオリジナリティについて記述して結びとしたい。

学校から職業への移行の今後については、従来の学校を卒業してすぐに正社員になるという移行の範囲は景気変動により縮小と拡大を繰り返すが、かつてのような大きなボリュームを安定的に占めるには至らないであろう。他方で変化が見込まれるとするなら、「ジョブ型」職業への移行の広がりが考えられる。

かつて労働政策は、一九六〇年代に中卒者から高卒者に新卒者のメインストリームが移り変わった際、職業別労働市場の成立を構想した。しかし、人手不足かつ高卒者の「不遇」感による離職率の上昇に対応するために講じられた職能資格制度の導入などにより企業内労働市場は継続し（佐口 一九九〇）、石油ショック後は雇用維持のために、労働政策は企業内労働市場を肯定するような方向に転換する（濱口 二〇一一）。新卒者が高卒者から大卒者に移り変わった今日において、需要側においては職業別労働市場の拡大が見込まれているわけではないが、学部で専門教育を受け職業別労働市場に参入する高等教育修了者の増加により、新規大卒者の移行先として、職業別労働市場が一定の規模で輪郭を描くことはありうる。今のところは看護、保育等が典型である。仮に移行先として職業別労働市場のボリュームが広がってくるとするなら、移行研究は職業別労働市場への接続のありようについて問われるようになる。大卒者の移行過程＝学部で学んだ内容と無関係な仕事に就く社会科学系男性、という暗黙の想定を相対化し、多様な移行のありようについての実証研究が積み重ねられつつあるが、今後も継続するだろう。

さらに地域による移行過程の差異は現在においても小さくないが、今後はさらに大きくなるのではないかと推測される。全国採用を前提とした新卒採用のスムーズな移行の範囲がこれ以上大きくならないとすれば、従来とは異なるローカルな移行のありようが増加せざるをえない。とりわけ人口減少下においては、「地方創生」に見られるような若者を地域に残そうとする取り組みは継続するであろうから、地域による移行過程の差異への着目は社会的にも高まるであろう。

続いて重要であるにもかかわらず、研究の蓄積が少ないテーマとして、社会学系の研究領域に共通することであるが、研究が課題を抱えた若者に集中しがちであり、いわゆる「普通」の若者を対象とした研究がなされにくい傾向がある。だがメインストリームについて把握されていないなかで、重要ではあっても周辺的な事象のみに研究が集中する状況はバランスがとれているとは言えず、全体像を描く努力が必要である。さらに相変わらずジェンダー、特に女性の移行過程については今でも彼女らのリアリティはよくわかっていない。

次に、今後の研究動向について、当該研究の重要な特徴の一つである政策を常に参照する研究姿勢については、今後も継続すると考えられる。教育社会学は政策科学であることを期待された歴史があり、一九六〇年代の初めにおいて「教育計画論がそのまま教育社会学の教育政策論になりえた」(金子 一九九〇、二五頁)時代もあったが、その後は高等教育政策の一部を除くと基本的に、政策への関与は抑制された時期が長く続いた。しかし移行研究は国や自治体の政策に対して積極的に関わることでその存在意義を高めてきた。この領域の研究者は数少ないが、その関与のレベルや内容はさまざまであっても、政策形成に関与しようとする者が多い。もちろん移行研究において政策と無関係に研究を進める方向もありうるが、政策を通じて社会に貢献するタイプの研究がすでに存在し一定の力をもっているがゆえに、政策的な動向とは無関係な研究や、代替案を出さずに批判的検討のみを行う研究に対する視線は、他領域の研究に比べて厳しい。よって政策に距離を取ることを志向する研究であっても、結論として政策を通じた実践的な示唆が提示されることが多く、結局は研究が政策を中心に展開するという特徴は維持されることになる。筆者は移行研究の魅力は、教育社会学が社会に貢献できる一つの有効な回路となっている点にあると感じているが、今後も教育社会学の移行研究が政策に貢献し続けられる保証はない。この回路を失った場合、政策に対する批判のみでは移行研究の魅力は半減することになり、社会への貢献を重視する風潮のなかで、移行研究は忘れられた存在となっていくだろう。

最後に、教育社会学による移行研究のオリジナリティについて述べておきたい。まだ誰も問題だと認識していない事象についていちはやく問題を見出し、データがまだ不十分であっても実証的な研究を通じて問題の所在を明らかにするアプローチは、教育社会学が得意とするところであり、この姿勢こそが、教育社会学が政策科学として機能するうえで大きく貢献してきた。もちろんこうした手法は教育社会学のオリジナリティでもなんでもない。ただし今のところ、移行研究が対峙するところの労働経済学よりは「比較優位」にある。労働経済学は問題発見の新しさよりも精緻な分析を重んじるため、一定のデータが揃った段階にならないと課題へのアプローチが難しいからである。もし問題の発見を重視する方向を追求するのであれば、教育社会学は、「泥臭く」「あかぬけない」ものとして存続することになるのだが、筆者はこれが移行研究にとどまらない教育社会学らしさの一つだと考える。移行研究に限らず、他の学問との競争にますますさらされるなかで教育社会学が生き残っていくためには、スマートでなく、しかし粘り強い雑草のような研究を教育社会学会が積極的に評価できるかどうかにかかっているように思う。

注

(1)「学歴社会論」は教育社会学の中心テーマである選抜研究であるが、もし「教育と労働」の領域の研究に位置づけられるとするなら、広く学会に知られていたのは「学歴社会論」というテーマにほぼ尽きるであろう。

(2)個人的な事柄を述べることをお許し頂けるなら、筆者も九〇年代後半に専門職(弁護士)のキャリアと職業能力形成についての研究を行っていたが、その主たる目的は教育と職業のレリバンスが強いとされている専門職において、その職業能力形成上に果たす学校(大学)教育の役割の変容を解明したいというものであった。多様な研究テーマが存在していた当時においては特に珍しい問題意識でもなかったように思う。

(3)金子(一九九〇)において述べられているように、清水義弘が一九六〇年代初頭に教育政策だけでなく経済政策や労働政策にも関わった時期があったことは、周知のとおりである。

(4)出身階層(父職)と就業形態(正社員・非正規・失業)の関連についてはたびたび論じられているが、父職の直接的な効果が確認される場合は限られている。

(5)近年の「貧困」研究の隆盛は教育社会学にも及んでいる。

(6)ここで言う「労働経済学」は、過去に教育社会学で参照されたような社会政策的なアプローチとは異なり、応用計量経済学と呼ばれる、近代経済学に基づいた実証分析を行う学問である。現在の政策評価における主要なアプローチとなっている。

(7)労働経済学に限らず同じ対象を扱う他領域の研究動向は、学際的な研究へのモチベーションを一般には喚起するようであるが、筆者は移行研究において、共同で行うタイプの学際研究の進展については懐疑的である。教育社会学がその存在意義を示し続けるのは大変難しいことのように感じる。

(8)一九九四年に「就職氷河期」という言葉が流行語となったが、後から振り返ってみるなら、この時期はまだ「氷河期」の始まりであったことなどが思い起こされる。

(9)現在の状況を労働政策研究・研修機構の「就業構造基本調査」(総務省)の二次分析により簡単に記述するなら、近年は景気にかかわらず若年無業者数は六〇万人程度で推移しているが、学歴構成は高学歴化し、就業経験のある者の割合が増加する傾向がある(労働政策研究・研修機構 二〇一四)。

(10) 浅野は「労働論的」アイデンティティ(浅野 二〇〇九、一五頁)に関する議論がしばらく持続することを予測している。

(11) エンプロイアビリティ、コンピテンシー、社会人基礎力等、現在のところさまざまな用語が氾濫している。

参照文献

浅野智彦 二〇〇九、「若者とアイデンティティ 序論」浅野智彦編著『リーディングス 日本の教育と社会 一八 若者とアイデンティティ』日本図書センター、三―一九頁。
居神浩 二〇〇五、「「マージナル大学」における大卒フリーター問題」居神浩他『大卒フリーター問題を考える』ミネルヴァ書房。
居神浩 二〇一〇、「ノンエリート大学生に伝えるべきこと――「マージナル大学」の社会的意義」『日本労働研究雑誌』六〇二号。
石田浩 二〇〇五、「後期青年期と階層・労働市場」『教育社会学研究』第七六集、四一―五七頁。
乾彰夫 二〇一〇、『〈学校から仕事へ〉の変容と若者たち――個人化・アイデンティティ・コミュニティ』青木書店。
太田聰一 二〇一〇、『若年者就業の経済学』日本経済新聞出版社。
尾川満宏 二〇一一、「地方の若者による労働世界の再構築――ローカルな社会状況の変容と労働経験の相互連関」『教育社会学研究』第八八集、二五一―二七一頁。
金子元久 一九九〇、「政策科学としての教育社会学」『教育社会学研究』第四七集。
玄田有史 二〇〇一、『仕事のなかの曖昧な不安――揺れる若年の現在』中央公論新社。
古賀正義 二〇一五、「高校中退者の排除と包摂――中退後の進路選択とその要因に関する調査から」『教育社会学研究』第九六集。
小杉礼子 二〇一〇、『若者と初期キャリア――「非典型」からの出発のために』勁草書房。
小杉礼子 二〇一三、「新規大卒労働市場の変化」小杉礼子・堀有喜衣編著『高校・大学の未就職者への支援』勁草書房。
佐口和郎 一九九〇、「日本の内部労働市場――一九六〇年代末の変容を中心として」吉川洋・岡崎哲二編著『経済理論への歴史的パースペクティブ』東京大学出版会、二〇七―二三四頁。
佐藤香 二〇一一、「学校から職業への移行とライフチャンス」佐藤嘉倫・尾嶋史章『現代の階層社会 一 格差と多様性』東京大学出版会。
太郎丸博 二〇〇九、『若年非正規雇用の社会学――階層・ジェンダー・グローバル化』大阪大学出版会。
筒井美紀 二〇〇六、『高卒労働市場の変貌と高校進路指導・就職斡旋における構造と認識の不一致――高卒就職を切り拓く』東洋館出版社。

筒井美紀・櫻井純理・本田由紀編著 二〇一四、『就労支援を問い直す――自治体と地域の取り組み』勁草書房。
粒来香 一九九七、「高卒無業者層の研究」『教育社会学研究』第六一集、一八五―二〇八頁。
日本労働研究機構 一九九八、『新規高卒労働市場の変化と職業への移行の支援』調査研究報告書No.一一四。
日本労働研究機構 二〇〇〇、『フリーターの意識と実態――九七人へのヒアリング結果より』調査研究報告書No.一三六。
日本労働研究機構 二〇〇一、『大都市の若者の就業行動と意識――広がるフリーター経験と共感』調査研究報告書No.一四六。
橋本健二 二〇〇六、『階級社会――現代日本の格差を問う』講談社選書メチエ。
濱口桂一郎 二〇一三、「雇用ミスマッチと法政策」『日本労働研究雑誌』六二六号。
林明子 二〇一四、「生活保護世帯に育つ子どもの中卒後の移行経験に関する研究」『教育社会学研究』第九五集。
藤村正司 二〇一六、「大学教育と労働市場の接続――機会の罠」『教育学研究』第八三巻二号、二九―四二頁。
堀有喜衣 二〇一六、『高校就職指導の社会学――「日本型」移行を再考する』勁草書房。
堀有喜衣 二〇一七、「若者のキャリア――学校から職業への移行における変化」労働政策研究・研修機構編『日本的雇用システムのゆくえ』労働政策研究・研修機構。
耳塚寛明編 二〇〇〇、『高卒無業者の教育社会学的研究』文部科学省科学研究費補助金研究成果報告書。
文部科学省 二〇一一、「今後の学校におけるキャリア教育・職業教育の在り方について」中央教育審議会(平成二三年一月三一日答申)。
労働政策研究・研修機構 二〇〇五、『大学生と就職――職業への移行支援と人材育成の視点からの検討』労働政策研究報告書No.七八。
労働政策研究・研修機構 二〇〇八、『「日本的高卒就職システム」の変容と模索』労働政策研究報告書No.九七。
労働政策研究・研修機構 二〇〇九、『地方の若者の就業行動と移行過程』労働政策研究報告書No.一〇八。
労働政策研究・研修機構 二〇一一、『「若者統合型社会的企業」の可能性と課題』労働政策研究報告書No.一二九。
労働政策研究・研修機構 二〇一三、『大都市における三〇代の働き方と意識――「ワークスタイル調査」による二〇代との比較から』労働政策研究報告書No.一五四。
労働政策研究・研修機構 二〇一四、『若年者の就業状況・キャリア・職業能力開発の現状②――平成二四年版「就業構造基本調査」より』JILPT資料シリーズNo.一四四。
労働政策研究・研修機構 二〇一五、『大学等中退者の就労と意識に関する研究』JILPT調査シリーズNo.一三八。
Beck, Ulrich 1988, *Risikogesellschaft Auf dem Weg in eine andere Moderne*, Suhrkamp Verlag.(U・ベック、東廉・伊藤美登里訳『危険社会――新しい近代への道』法政大学出版局、一九九八年)
Giddens, Anthony 1991, *Modernity and Self-Identity: Self and Society in the Late Modern Age*, Polity Press.(A・ギデンズ、秋吉美都・安

藤太郎・筒井淳也訳『モダニティと自己アイデンティティ――後期近代における自己と社会』ハーベスト社、二〇〇五年）
OECD 2016 , *Employment Outlook,* OECD Publishing.

▼ブックガイド▼

乾彰夫 一九九〇、『日本の教育と企業社会――一元的能力主義と現代の教育＝社会構造』大月書店。

本書は教育学の著作として分類されるのだろうが、移行をとりまく状況について明らかにしようとしている点で現代的な関心をもっている。当時の教育学の研究状況を踏まえたうえで「教育と労働」研究に関心をもつ読者にお勧めしたい。

小杉礼子 二〇〇三、『フリーターという生き方』勁草書房。

本稿で言う「第一期」を飾る著作である。現在からふり返れば本書が描き出した「フリーター」は過渡的な存在であったと見なせるかもしれないが、この時期に広く受容された「フリーター」という概念は今日においても我々の移行に関する認識に強い影響を及ぼしているように思われる。

堀有喜衣 二〇一六、『高校就職指導の社会学――「日本型」移行を再考する』勁草書房。

拙著で恐縮だが、選抜研究としての移行研究の前提を疑い検証することを試みた著作。移行研究にはまだ論じられるべき仮説が多数存在することの一例である。

4

知の変容とアカデミズム
——講座制・教養部・師弟関係

井上義和

一　「知」はどこで語られるか？

知の旅、知のジャングル

「知」とは何か。辞書的には「事物を認識し、是非・善悪を判断する能力」(『日本国語大辞典』第二版)を意味するが、本章で取り上げるのはその「知」ではない。知識や知性ではなく、あえて「知」という場合、そこには個人の能力や資質を超えた含意がある。

教育社会学を学んでいる読者なら、『知の考古学』(原題 *L'archéologie du savoir*)のミシェル・フーコーの名前とともに、エピステーメー(épistémè)というギリシャ語由来の用語を想い起こすかもしれない。すなわち、「ある時代における諸々の学問の成立を可能にする、その時代に固有の知の全体的配置」(『現代社会学事典』弘文堂)という場合の「知」である。こちらは、冒頭にあげた「認識・判断する能力」の働き方や学問の成り立ちを規定する、メタ的な水準のほうに焦点を当てている。しかし、本章が掲げる「知」は、こうした時代そのものを問い直すような大掛かりな哲学用語でもない。

それは、たとえば次に引用するような文章で言及される「知」である(傍点引用者)。

【A】私たち人間の知の営みは、冒険を含んだ〈旅〉にたいへんよく似ている。(略)ただ書斎に閉じこもって観念を操作していればできるものではなくて、足で歩き身体で感じることを本来不可欠な前提としている。

【B】せっかく受験勉強というインスタント公害食品から解放されたのだ、知のジャングルをさまよって、毒でも薬でもどんどんツマミ食いしてみればいい。「ジャングルでは学問なんてできませんから」(京大前総長)という横槍には、「ジャングルでないと学問なんてできませんから」と応じておくことにする。

ここでの「知」の意味は前出のどれとも異なるが、「知」の語りが前提とする構図は共通している。「書斎に閉じこもってする観念の操作」や「ジャングルではできない学問」、すなわち制度化された学問研究や評価の定まった理論体系、方法が標準化された通常科学(normal science)、といった仮想敵に対する、根源的な批判である。これら既存の学問研究の世界を、アカデミズムと呼んでおこう。アカデミズムの対概念といえばジャーナリズムが思い浮かぶが、「知」はアカデミズムの否定ではない。むしろ学問の(忘れられた)本来性を主張する点が、通常のジャーナリズムとの違いである。そのうえで、「知」とジャーナリズムの相性はよい。

こうした意味での「知」は、歴史的・社会的に特殊な文脈のうえで定着してきた。逆にいえば、ある時代のある業界にあっては、説明抜きに通じてしまう言葉でもあった(今でも通じる)。

先に引用した二つの文章は、ほぼ同じ時期に、別々の人間によって書かれたものである。【A】は中村雄二郎・山口昌男『知の旅への誘い』(岩波新書、一九八一年)の序文「旅のはじめに」(中村)から、【B】は浅田彰『構造と力』(勁草書房、一九八三年)所収の序文「《知への漸進的横滑り》を開始するための準備運動の試み――千の否のあと大学の可能性を問う」(初出『中央公論』一九八一年五月号)からの引用である。どちらも発表されたのは一九八一年。このとき中村と山口は一九二五年・一九三一年生まれ(五六歳と五〇歳)、浅田は一九五七年生まれ(二四歳)であり、両者は親子ほども年が離れている。つまりこれは世代ではなく、時代の言葉ということである。このような「知」の語りはニュー・アカデミズム(ニューアカ)と呼ばれた知的世界の流行現象を通じて広まった。

そこでは内容や文体の難解さにもかかわらず、アカデミズムへの態度はひとしく明快であった。「冒険の旅」としての知とは「「迷う」ための技術」「配置転換の技術」でもある、と山口昌男はいう。既存の学問的秩序のなかで見慣れた事物も、別の環境に置き換えることで異なる相貌を示し、可能態としての世界が開かれる、と。だとすれば、知のジャングルでのツマミ食いも、そこから脱出することが目的ではない。「整然たる外見の背後に知のジャングルを作り出すこと。地下茎を絡み合わせ、リゾームを作り出すこと」(浅田)、つまり既存の学問的秩序の大胆な組み換えこそが奨励される。

誤解してはならないが、書を捨てて学問の外に出よ、といっているのではない。学問が生成する現場に戻れ、という呼びかけなのである。彼らにとって、学問本来の冒険的な現場を忘却して既存の秩序に安住するアカデミズムは、端的に、堕落している。原点回帰を志向するという意味で、「知」とはアカデミズムに対する原理主義的な態度であるといってよい。

「知」を語るのはだれか?

ところで、そうした「知」の語りは、どのような立場から、誰に向けて発信されたメッセージだったのだろうか。専門分野で蓄積・洗練されてきた知識や方法を体系的に学ばせる学部教育で、こうした「知」が教師の口から語られることは、ありそうにない。大学院での研究指導の場面では、なおさらありそうにない。問いの設定、先行研究のレビュー、対象と方法の検討などの一連のプロセスを、限られた時間内に着実に遂行して、結果を出すこと。そのような弟子(disciple)を厳しく躾ける規律訓練(discipline)によって学問分野は成り立っているからである。だとすれば、その自らの営みを疑い、揺さぶるような「知」のコミュニケーションの余地など、はたしてありうるのだろうか。

あるとすれば、ただひとつ。かつて存在した、旧教養部である。結論を先取りしていえば、講座制に範をとる専門学部とのあいだで、学問の本来性をめぐってせめぎあう旧教養部的な身振り――これこそ私たちが問題にすべき「知」なのである。

一九九〇年代前半に大学に入学した筆者は、生協書籍部に平積みしてあった浅田彰『構造と力』と出会い、その挑発的な序文に乗せられて、人文社会系の書物を手当たり次第ツマミ食いする「遅れてきた青年」だった。そうして読んだ本の奥付の著者略歴から、たとえば廣松渉や大森荘蔵、見田宗介や蓮實重彥らの所属が東京大学であることは知っていたが、当時は彼らが文学部の哲学や社会学や仏文の教授だとばかり思い込んでいた。ところが事実はそうではなく、いずれも教養学部の所属であり、駒場キャンパスで一般教育を担当していた。

あらためて見渡してみると、この類の、所属をめぐる意外性は枚挙に暇がない。先に引用したニューアカの伝道師たち、中村雄二郎は明治大学法学部教授(法哲学担当)、山口昌男は東京外国語大学アジア・アフリカ言語文化研究所教授、浅田彰は京都大学人文科学研究所助手(その後、経済研究所助教授)である。彼らは一般教育の担当ではないが、アカデミズムの中心である講座制の学部・大学院ポストには就いていない。

それから文学研究者は文学部にいる、というのも、多くの人が犯す勘違いである。実際には数多くの人文系の学者が、昔の教養部にいたり、今なら各学部の一般教養の教師をしていたりするものだ。(小谷野 二〇一〇、五九頁)

こう指摘して、意外な所属の具体例を多数列挙するのは小谷野敦(二〇一〇)である。小谷野自身、東京大学文学部英文科を卒業しているが、大学院時代を教養学部のある駒場の比較文学比較文化研究室で過ごして、大阪大学言語文化部(教養部から語学教師が独立してできた部署)で助教授を務めた経歴の持ち主であるだけに、所属へのまなざしは鋭い。さらに「研究者の世界では、「研究所勤務＝貴族」「学部勤務＝平民」「教養課程＝奴隷」と言われていて、学生を教えなくてもいいのが貴族、自分の専攻を教えるのが平民で、語学教師というのは、この奴隷に当る」(同前、五頁)とも。ただしこれは専任教員に限定した話で、小谷野もすぐ後で注意を促しているように、専業非常勤講師や任期付特任教員からみれば、専任というだけで平民以上というべきだろう(1)。

しかし、本章でやろうとしているのは「意外な所属あばき」ではない。特殊日本的な「知」の語りを可能にした社会的条件として、昭和的な高等教育システムのあり方をとらえ直してみたいのである。

二　二極構造——講座制と教養部

高等教育システムに着目したアプローチ

こうした知的世界の流行現象を扱う際にオーソドックスなのは、知識社会学的ないしメディア史なアプローチである。先述のような「知」の語りが、いつ頃・どのメディアで・誰によって生み出され、どのように普及・定着・変容していくのか。それを同時代の言説を分析することで明らかにする。さらに特定のメディアを取り上げて編集者や出版文化を分析する、特定の書き手を取り上げて思想内容を分析する、受容過程に着目して読者共同体の文化やコミュニケーションを分析する、など。教育社会学であれば、『教養主義の没落』(二〇〇三年)や『丸山眞男の時代』(二〇〇五年)といった竹内洋の一連の研究が群を抜いている[2]。

それに対して、本章で試みるのは、高等教育システムの観点からのアプローチである。ただし、高等教育システムですべてを説明できるということではない。それ自体が固有の論理をもち、出版文化や知識人、教養主義なども密接に関連しながらも、相対的に自律した領域を形作っているので、従来の知識社会学やメディア史の研究成果と接続することで、相互に研究のフロンティアを拓いていけるのではないかと考える。

また高等教育システムに着目するならば、大学教員の出自(学閥)と業績と地位の関連を丹念に調査分析した先駆的な研究として、新堀通也の『日本の大学教授市場』(一九六五)をはじめ新堀編『学者の世界』(一九八一)などの労作を忘れてはならない。本章のテーマも、フロンティアを切り拓いていくためには、先人の手法に学びつつ実証的なデータ分析をおこなう必要があることはいうまでもない[3]。本章は紙幅と力量と時間の都合で、実証編は割愛し、今後検証されるべき仮説の提示に力点を置いている。

さて、知とアカデミズムの関係を分析するために、まず注目するのは、講座制と教養部からなる二極構造である。講座制は、帝国大学に由来する教育研究組織の基本単位であり、教養部は、戦後の新制大学に置かれた一般教育担当教員の組織である。どちらも教員組織に関する制度であるが、歴史的には別個の起源と経緯をもつので、通常並べて語られることはない。しかし、両者はあたかも磁石のN極とS極のように相対して、昭和期の大学に強力な磁場を発生させた。どちらも一九九〇年代を境に大きく変貌(最終的には消滅)していくが、知とアカデミズムの関係において「何がどう変化したのか」を測定するためにも、両者が果たした歴史的役割をおさえておく必要がある。

この高等教育史の埋蔵文化財を、改めて掘り起こし、二極構造モデルとして彫琢するために以下で呼び出すのは、天野郁夫、吉田文、稲垣恭子という三人の教育社会学者である。

帝国大学と講座制——格差の起源

> 〔学問の〕共和国の政治に参加できる教授の第一級市民たる資格は、彼が講座担当者、すなわち独立した学問分野の権威者であることに由来する。各学問分野の第一人者が一堂に会する教授会において、真理はおのずから顕現されるはずであって、あえて他の介入や助力を必要としないと考えられた。その意味で、教授団は秘儀的知力を売り物にする一種のギルドであり、教授たちは学問の親方衆であった。(市川 二〇〇一、一六六頁、傍点引用者)

学問の世界における貴族であり領主であり親方であり家元である、というのが講座制の教授の古典的なイメージである。それは第一義には、彼が○○学という学問分野(discipline)の正統な伝承者として、当該分野を発展させ後継者(弟子=disciple)を育成する責任を負っていることに由来するが、それゆえに、学問に携わる者にとっては欲望と反発という両義的な感情の対象にもなった。高等教育史のなかで講座制は数あるトピックのひとつにすぎないが、「格差の起源」という一貫した視点から、その構造と機能に注目してきたひとりが天野郁夫である。もともと高等教育機関における格差問題への関心が強かった天野にとって、講座制の問題もその延長線上に位置づけられる(一九六八、二〇〇六他)。近著『帝国大学』(二〇一七)を参照しながら、なぜ講座制が格差の起源となったのかをみておこう。

講座制が帝国大学に導入されたのは一八九三(明治二六)年である。当時の帝大教授は担当する専門分野が必ずしも定まっておらず、また欧米の最新の学問動向に通じていたことから官民各界からは引く手あまただった。そこでヨーロッパの伝統的な大学機構を参考に、専門分化した学問分野ごとに講座(chair)を設け、そこに教授を配置して教育と研究の責任体制を明確にすることにした。これが日本の講座制のはじまりであり、各講座に職務俸を付けることで待遇を改善して人材の定着を図った。歴史の浅い帝国大学の教授が、たんなる「国家の官吏」を超えて学問の世界で権威と権力をもつにいたった秘密は、この講座制にあった、と天野はみる(二〇一七、一六二頁)。また同時に、各分科大学に教授会の設置も認められ、講座制とあわせて大学の自治と学問の自由の制度的基盤となった。

講座制は、その後次第に、導入当初の想定を超える機能を備えるようになる。一九二〇年代には、講座制を単位とする教官定数(教授―助教授―助手)と予算配分の仕組み(積算校費制)が出来上がり(同前、一九九頁)、研究機能だけでなく研究者(後継者)養成機能をあわせもつようになった。

講座制は帝国大学に特有の制度だった。それ以外の大学・専門学校は学科目制であり、教授や助教授のポストは教育課程を構成する授業科目に応じて置かれた。つまり講座制が研究と研究者(後継者)養成を前提とした組織であり、当該学問分野の発展・継承にまで責任をもっていたのに対して、学科目制はあくまでも教育のための組織であり、担当する授業科目に責任をもつだけであった。帝国大学とそれ以外の高等教育機関の最大の違いは、講座制の有無にあったとさえいえる。

講座制と学科目制という二つの組織原理の区別は、戦後、帝国大学が廃止されたあとも厳格に温存された。新制移行時に講座制を認められたのは、旧帝国大学のほかには、旧官立大学を継承した大学・学部と、六年制の医学部・歯学部のみ。旧帝国大学や旧官立大学に統合された場合でも、旧制の高等学校や専門学校を母体とする学部や教養部には講座制が認められなかった。博士学位授与権をもつ大学院研究科の設置(一九五三年)が講座制をとる大学・学部だけに限られたのも、研究中心大学＝講座制大学と、教育中心大学＝学科目制大学という区別が徹底されていたからである。私立大学においても、新制移行時に選択できたにもかかわらず「講座制をとる大学・学部は事実上皆無であった」という(同前、二五二―二五三頁)。

これほどまでに講座制と学科目制の制度上の区別は厳格であったが、それゆえに、かえって学科目制の大学・学部にも講座制的なあり方を理想とするような規範文化が浸透したのではないか、という仮説も成り立つ。大学教員の多くは講座制大学から供給される。講座制をとらない大学でも大学院研究科をもてば講座制と同じ研究機能を期待されるし、大学院担当とは関係なく「ゼミ」「教室」「研究室」の主宰者として弟子を育てる親方の役割を買って出ることもある。しかし、次に述べるように、それを「したくてもできない」のが教養部だった。

新制大学と教養部――もうひとつの格差の起源

旧時代には、専門教育は大学、普通教育は高等学校と、別個の機関で実施されていたのが、新制になって両者が同じ大学内で実施されることになった。そのため、同一機関内部に所属や身分が異なる教員がおり、給与や研究費あるいは授業負担などに差があり、一般教育担当が大学内部で第二級市民として扱われるという問題が生じていた。(市川 二〇〇一、六八頁、傍点引用者)

講座制が学問の世界に第一級市民を生み出す上方向の「格差の起源」だとすれば、第二級市民を生み出す下方向の「格差の起源」となったのが、教養部である。教養部とは新制大学の発足とともに置かれた一般教育担当の教員組織である。アメリカの general education の訳語として大学設置基準でも用いられてきた「一般教育」は、一九九一年の大綱化以降は教養教育と呼ばれている。ここでは教養教育も含めて「一般教育」を用いる。

講座制の対概念が学科目制であるのに対して、教養部の対概念は専門学部である。教養部の格差問題とは、一般教育担当者(教養部所属)と専門教育担当者(学部所属)のあいだの諸々の格差に由来する。この格差は、講座制と同じく学生からは見えないが、大学の外からは講座制よりももっと見えにくい。しかし大学教員のあいだでは暗黙の了解事項であり、表立っては口にしないものの、一般教育をめぐる問題の通奏低音として、つねにこれがあった。

竹内洋の知識人研究では官立（帝大）対私立の構図に、また新堀通也の学閥研究では講座制が果たした役割に、それぞれ注目していたが、もうひとつの「格差の起源」である教養部の問題については、じゅうぶんに主題化されることはなかった。それが彼らが京都大学や広島大学の講座制教授だったからかどうかは、ここでは問うまい。

筆者は教養部を経験したギリギリ最後の世代であるが（大学入学の翌年に教養部が廃止）、教養部生の当時はもちろん、大学教員になってからも教養部の格差問題について知らずにすごしてきた。それを初めて明確に意識するようになったのは、吉田文の『大学と教養教育』（二〇一三）を読んでからであった。

この本は、戦後にアメリカ教育使節団によって日本の新制大学に導入された一般教育（general education）という新たなカリキュラムについて、導入期から制度上の廃止（一九九一年）を経て、二〇〇〇年代に至るまでの変容の過程を多角的に分析し、日本の高等教育システムに対して果たした役割を考察するものである。なかでも本章にとって重要なのは、一般教育担当の教員組織（教養部）をめぐる格差問題であり、しかもそれが導入期から制度上の廃止に至るまで、一度も解消されなかった事実である。

戦後の新制大学の発足にあたっては、次の二つの要請を同時に満たす解が求められた。すなわち、目的も機能も異なる旧制の高等教育機関を再編して、四年制大学として一元化すること。そして民主化を担う市民の育成のために、二年間の一般教育課程を導入すること。しかし旧制大学には専門教育の本丸という自負があり、守備範囲を一般教育にまで広げるという発想は最初からなかった。では自分たち以外の、誰に、一般教育を担わせたらよいか。教養部の格差問題はここからはじまっていた。

教養部差別の歴史

国立大学の場合、旧制大学が、「格下の組織」である旧制高校や師範学校を吸収・統合するかわりに、「低度の教育」とみなされていた一般教育をその組織の教員に担わせることにした（吉田 二〇一三、二七二頁）。「文系・理系の多様な専門をもつ教員から構成される旧制高校や師範学校は、教育内容面においても好都合であった」（同前）という事情もあったにせよ、困難な制約条件のもとでは絶妙な落とし所だったのかもしれない。しかし、それは裏を返せば「新組織は差別的な扱いをされ、大学の学部からは排除され」「当初よりゲットーのなかに入れられた」ことを意味する（同前、一〇六頁、傍点引用者）。旧制時代における機能の違いが、新制時代には身分の違いへと読み替えられたのである。

たとえば新制東京大学は、第一高等学校・東京高等学校を母体として教養学部を作った。ここは他の国立大学のような一般教育のみを担当する「教養部」ではなく、例外的に、最初から専門課程（教養学科）を備えた「学部」としてスタートしている。それでも、発足当初は学科目制であり、講座の設置が認められるのは一九五五年以降である。こうした歴史的経緯からも容易に想像されるように、駒場（教養学部）と本郷（専門学部）のあいだには互いをライバル視する緊張関係があり、それに由来するドラマも少なくない（本章にとって駒場の歴史は格好の事例研究となるはずだ）。

私立大学の場合、旧制の予科や専門部を教養部として独立した組織にできるほどの規模をもっていなかったので、学部に一般教育の担当者を配置するところが多かった。そのため、格差問題も国立大学ほどには顕在化しなかったという（同前、一一〇頁）。ただ、専門教育担当者と一般教育担当者がはっきり区別されていることにはかわりなく、教員間の身分差別はどの大学にもあった。「教員が学部に分属すれば責任が曖昧になり、教員を（独立部局として）組織化すれば差別問題が生じる。一般教育専任制は、どこにも解を見出せない袋小路のような制度」（同前、一五九頁）とみなされた。一般教育科目を多くの非常勤講師に依存するのには、人件費や雇用調整上の都合という以外に、差別問題の学外化、という意味合いもあった。

学内措置としてスタートした国立大学教養部は（公式には「分校」扱い）、一般教育の責任の所在を明確化するために、一九六三年に法制化された。教養部は専門学部に準ずる独立部局に昇格し、一般教育担当の専任教員によって組織される教授会が置かれることになった。ところが、この措置は、「学部になれない教養部」と専門学部のあいだの格差を固定化させただけだった(同前、二七五頁)。さらに、大学紛争後の改革論議のなかで、教養部の学部化構想が検討されたりもしたが、既存学部が反対してかなわなかった。教養部は「多様な専門分野の教員を擁しているために、どの領域をとってもいずれかの既存学部と抵触する」から、という理由だった(同前、二〇六頁)。

こうなると、格差問題を解消するには、もはや教養部そのものを廃止するしかない。

大学設置基準の大綱化(一九九一年)により教養部は「解体された」とされるが、本来の政策意図は規制緩和であり、一般教育と専門教育の科目区分を廃止して、各大学の特色にあわせてカリキュラム編成を自由化するためだった。決して教養部解体が目的なのではなかったが、格差問題の解消という観点からは、意図どおりの結果というほかはない。国立大学の教養部は、東京医科歯科大学を除き、一九九七年までに全廃された。教養部の廃止と同時に、一般教育担当/専門教育担当という教員間の種別も廃止され、旧教養部の教員は新設された学部や大学院、既存学部に配属されることになった。規制緩和によって可視化されたのは、「専門学部・大学院で専門科目を教えたい」という欲望の根深さであった。

なお、講座制は国立大学法人化(二〇〇四年)とともに廃止されたが、一九九〇年代からの大学院拡充政策により、すでにその中身が大きく様変わりしていたのも事実である。とりわけ、研究者(後継者)養成機能に関していえば、後述するように大学院生数の増加(アカデミック・ポストをめぐる競争激化)は、講座制教授の統制力を著しく弱めることになった。その意味では、講座制も教養部と同じく、実質的には一九九〇年代に終わりを迎えたといえる。

三 講座制的なアカデミズムと教養部的な知

師弟関係から捉え直す

実際に大学で行われている授業のことを念頭に置いて考えればすぐわかるように、教養教育とは、学術の専門家（教員）と、その授業のテーマに関して専門家になる可能性のほとんどない学生、という組み合わせでなされる教育のことである。（中略）二者の関係はその授業が行われている数か月限りのものである。（高橋 二〇一三、五三頁、傍点引用者）

講座制と教養部からなる二極構造は、マクロな環境条件である。この条件のもとで、学問に携わる人びとはどのように振る舞うだろうか。研究環境の優劣という点だけでみると、教養部より専門学部、学科目制より講座制のほうが有利なように思われるが、ことはそう単純ではない。アカデミズムから逸脱する「知」が、講座制よりも教養部の近くで生まれるのだとすれば、それはなぜなのか。すぐ思いつくのは、身分差を乗り越える下克上や、正統に対する異端といった意識である。しかし、外在的な基準への執着だけで持続的な知的活動を説明するのは無理がある。

そこで、師弟関係というミクロな枠組みを補助線として導入してみたい。教育社会学における師弟関係論としては、稲垣恭子の研究がある[4]。最近の成果としては、雑誌『内外教育』に連載された「「師弟関係」の社会史」（全四〇回、二〇一五―一七年、六三八六―六五七二号）および近著『教育文化の社会学』（二〇一七）があるが、そのエッセンスは論文「アカデミック・コミュニティのゆくえ」（二〇一一）に簡潔に示されている。ここでは主に後者を参照しながら、師弟関係の枠組みから講座制と教養部の関係を捉え直してみよう。それによって、教養部的な知が、講座制的なアカデミズムに逆襲し、ときには逆転しさえする、というダイナミックな構図が浮かび上がってくるだろう。

教師と学生の関係は、大学という制度のもとで互いの位置関係があらかじめ決まっている、という意味では制度的なものであるが、一方で、そうした制度的な役割期待を超えた人格的なつながりが生まれることがある。たんに個人的に親しくなる、というのではない。それは「伝達される内容だけでなく、教えられる文脈を含めたトータルな経験」であり、「体系化された知識や技術の伝達という限定された関係を超えて、師のパーソナリティと一体化した世界との出会いとして経験されるような包括的な関係」(稲垣 二〇一一、二四八頁)である。師弟関係の「原型」には、このように、とくに制度的な要素を捨象して人格的な要素に純化したものが想定されている(同前、二四九頁)。

実際の指導関係においては、制度的／人格的な要素の両方が補完しあいながら効果を発揮するとしても、両者を理念的に区別することで、さまざまな関係性を比較したり歴史的な変化を説明したりすることが可能になる。たとえば、「原型」を、あらためて直接的・人格的な関係と位置づけるならば、直接的―間接的、人格的―没人格的という二つの軸により、師弟関係は四つの類型に整理される(同前、二六一頁)。お互いの目的のために割り切って利用しあう「ツール」(直接的・没人格的)。書物などのメディアを通じて心の師をもつ「私淑」(間接的・人格的)。以上のどれにも当てはまらず関係性の希薄な「疎遠」(間接的・没人格的)。稲垣によれば、師弟関係のトレンドは「原型」から「疎遠」へと衰退の途を辿っているが、師弟関係に備わっていた特質は、制度的には「ツール」、実質的には「私淑」へと機能分化して引き継がれていく。

さて、師弟関係論の枠組みから、講座制と教養部はどのように捉え直されるだろうか。前節で述べたように、講座制の教師は特定の学問分野(discipline)を発展させ、その分野の後継者(弟子＝disciple)を育成するという二重の責任を負っている。つまり「弟子をもつ教師」である。他方、そうした責任を免除された学科目制の教師は、厳密には「弟子をもつ教師」とはいえない。しかし、それでも専門学部にいれば、同じ所属の学生に専門教育を系統的に施して、卒業生の専門性の質を保証する責任があるので、実際には「弟子をもつ教師」に準じた振る舞いが期待される。その教え子は学問上の後継者とはいえないかもしれない。しかし学部の専門課程において特定の教師の継続的な指導のもと卒業論文を仕上げる、というカリキュラムは、講座制に限りなく近い濃密な関係性を生み出すのである。つまり専門学部には——講座制的なあり方を模範として——師弟関係を支える制度的基盤がある。

それに対して、一般教育担当である教養部の教師は、指導学生の専門性の質を保証する責任も免除されている。師弟関係を支える制度的基盤がないという意味で、文字通り「弟子をもてない教師」である。そして制度的基盤がないことは、逆説的に、師弟関係の「原型」が生まれやすい条件にもなっているのである。その理由は、そこでの関係を、弟子の目線とあわせて、「弟子をもてない教師」の目線からも考えてみることで明らかになる。

しがらみのない自由な関係

本節の冒頭にも引用したように、一般教育というのは、その授業形態に着目すると、特定の学問分野の専門家と、その専門性には縁のない、所属学部も目的意識もバラバラな学生とのあいだで行われ、両者の制度的な関係は授業が行われている数カ月だけの限定されたものである。京都大学で三〇年余りも一般教育を担当してきた社会学者の高橋由典(二〇一三)は、この「疎遠」にみえる二者関係を、「しがらみのない「自由」な関係」と捉え直し、そこに「意外な教育効果」の可能性を見出している。「専門家になるために必要だから我慢して聴きなさい」という強制力が通用しない相手と向き合うためには、教師の側に次のような心の構えが要請されるという。

「私の保有する専門知識(ないし学術の世界)にはこんなにおいしいところ、面白いところがある。とても面白いものだから、専門家だけに占有させるのはもったいない。何とか君たちとシェアしたい。だから君らに届く言葉を探している次第だ。」この条件に見合う態度をもった教員が、実際に学生の心に届く言葉で自らの専門知識を語ったとすると、その話は聴く側にとって実に興味深い話として響くにちがいない。(同前、五四頁)

講座制の教師でも、学生の心に届く言葉を用いて、知的な触発をうながすことができる者はいるだろう。しかしこれは能力の問題ではない。専門性習得の規範に訴えることができない教養部の教師は、学生の心に届く言葉を研ぎ澄ますことができなければ、彼らとの教育的なコミュニケーションが成り立たないのだ。もちろん、教養部の教師がみな、つねにこれを実践できていたわけではなかろう。とはいえ、このように制度的なしがらみから自由な関係が、学生にとっても「知的関心が全面展開するのにふさわしい環境」であるとすれば、これは「その外観にもかかわらず実にアカデミックな空間」であり、「学問一般の原点をそのまま体現している」とさえいえる(同前、五六頁)。

教養部では教師と学生は制度の外で出会う。出会いの多く(ほとんど)は「疎遠」なスレ違いと幻滅で終わるかもしれない。しかし、この制度的なしがらみから自由な場所で、ごく稀にではあるにせよ、いったん知的な触発が起これば、そこに師弟関係の「原型」が生まれるのはたやすい。(制度的な)弟子をもてない教師だからこそ、(知に純化した)制外の弟子を引き寄せる、という逆説が成り立つ所以である。

本当にそんなことが起こりうるのか?——と一般教育を「パンキョー」と呼んでいた世代の読者は疑問に思うかもしれない。それが起こりえたのである。社会学でいうと、東京大学教養学部の見田宗介や、京都大学教養部の作田啓一が、講座制の枠外で「原型」的な師弟関係を多く生み出したことで知られている。本章を執筆中にちょうど奥村隆編『作田啓一 vs. 見田宗介』(二〇一六)が刊行されたのでチェックしてみると、作田と見田の共通点について「京都大学と東京大学という旧帝大に属する大学で(しかもどちらも教養(学)部に所属して)研究教育に従事し、次世代を担う社会学者を数多く育てている」(三一頁、傍点引用者)と述べている。例として、作田のもとで「京都大学で教えを受けた社会学者には、井上俊、亀山佳明、高橋由典、岡崎宏樹など」(二二頁)、また見田のもとで「東京大学で教えを受けた社会学者には、内田隆三、江原由美子、佐藤健二、吉見俊哉、大澤真幸、浅野智彦など」(二六頁)の名前が挙げられている。ただ、本章の問題意識からすれば、なぜ教養(学)部で独創的な社会学を構築できたのか、また一般教育を担当しながらどのように「次世代を担う社会学者を数多く育て」ることが可能だったのか、が問われねばならない。

そこで生まれた制外の弟子たちは、講座制の学部・大学院で指導を受けた制度上の師がいるにもかかわらず、見田や作田との師弟関係を公言してはばからない(先の高橋も教養部時代に出会った作田を師と仰いでいる)。もっとも、これには当時の東大や京大の大学院が自由放任だったからという事情が作用しているかもしれない。先回りしていえば、一九九〇年代の大学院重点化以降、一般教育担当者もみな制度上の弟子をもち、研究指導をしっかりするようになれば、制外の弟子は生まれにくくなるということでもある。

制度的な関係を前提としない弟子に対して、教師はその育成(知的な触発の帰結)にも責任をもたない。その意味で、講座制的な弟子が学問や専門性というイエを継承する嫡子だとすれば、教養部的な制外の弟子は継承するイエをもたない——純粋に知的な触発のみによってつながる——庶子(私生児)ということになる。「しがらみのない自由な関係」とはそういうことでもある。こうして、教養部的な知は「弟子をもてない教師」とその「私生児」たちのあいだで生み出される。

「弟子をもてない教師」と「私生児」たち——弟子への欲望の行方

コミュニケーションを考えるうえで「教える・学ぶ」関係はたしかに重要だけど、もっと重要なのは、そこにはつねに第三項がありうるということ、デリダ風に言えば「私生児」が生まれうるということです。私生児というのは、父子関係に入らずに、父子の関係をずっと横で見ているような存在です。にもかかわらず、その私生児こそが、父や子の欲望をいちばん強く受け継いでしまったりする。（市川他 二〇一五、五九頁、発言は東浩紀）

「弟子をもてない教師」は決して弟子をもつことに無関心だったり、もたないことに信念をもっていたりするわけではない。それどころか、自分の実践する学問が、自分以外の誰かに知的触発を引き起こし、何らかの形で継承・発展してほしいとさえ願っている。そもそも学問が自己完結した思索や単なる知識の切り売りなどではなく、先人の蓄積を受け継ぎ、発展させ、未来に引き渡していく営みであるならば、「弟子をもつこと」は学問に携わる者が普遍的かつ潜在的にもっている欲望、すなわち学問そのものに内在する欲望といえる。

弟子への欲望は、制度的基盤のもとでは正統な弟子（嫡子）の育成というかたちをとるが、制度的基盤がなければ——つまり「弟子をもてない教師」のもとでは——「私生児」を生み出すことになる。「私生児」は「弟子をもてない教師」による純粋に知的な触発によって、産み落とされる。しかしその子を自分の手で育てることは叶わない。彼は専門学部に進級すればそこで正統な弟子として育てられるからである。

「弟子をもてない教師」が弟子への欲望をどのように昇華（sublimate）させるかは、旧制時代にまで遡ると二つのタイプを見出すことができる。ひとつは人文書や芸術作品に沈潜する孤高の教養人タイプであり、もうひとつは論壇や文壇などメディアを舞台に独創的かつ越境的な知的生産をおこなう知識人タイプである。前者は旧制高等学校の教師によくみられ、著作を残さない「偉大なる暗闇」（夏目漱石『三四郎』の広田先生のモデルとされた旧制一高の岩元禎教授）を崇拝する生徒とのあいだに「原型」的な師弟関係が生まれた。

後者の知識人タイプはしばしば私立大学の教師であったが、教師よりは批評家としてのアイデンティティのほうが強く、一九二〇年代以降の総合雑誌を舞台に活躍して、教養ある読者層から「私淑」が生まれた。「私淑」とは東＝デリダ的な意味での「私生児」に他ならない。

三木清や羽仁五郎、谷川徹三、小林秀雄などは、昭和戦前期のメディア知識人の代表だった。かれらは官学教授ではなかったが、大学に籍をおいていなかったわけではない。三木清は法政大学文学部哲学科教授、羽仁五郎は日本大学日本史学科教授（中略）、林達夫は東洋大学文化科教授、小林秀雄は明治大学文芸科教授、谷川徹三は法政大学文学部哲学科教授。しかし、当時は、大学といえば帝国大学であり、私立大学は、名前は大学でも、帝大との差は今日の東大と専門学校くらいあった。だから、かれらのアイデンティティは「（私立）大学教授」ではなく、「哲学者」や「文芸評論家」にあった。かれらは帝大の学問や帝大教授を軽くみており、それを随所で吐露していた。（竹内 二〇一二、一〇八頁）

彼らが体現するのは、帝国大学―講座制（「弟子をもつ教師」）が独占するアカデミズムへの対抗的な「知」であった。教養部的な知は、これら二つのタイプの混合形態ともいえる。ただしこの「混合」にも屈折がある。孤高の教養人とメディア知識人はどちらも「弟子をもてない教師」であるが、非常に相性が悪く、互いに反目しあってきた歴史がある（高田 二〇〇五）。ふだんは潜在的なこの対立関係が顕在化した稀有な例が、一九八〇年代末の東京大学教養学部で中沢新一（山口昌男の制外の弟子で、ニューアカの代表格のひとり）の採用人事をめぐって引き起こされた「東大駒場騒動」である。本章では詳述する余裕はないが、これは講座制と教養部からなる二極構造の最末期を飾る象徴的な出来事といえる。このあとの一九九〇年代には、駒場も本格的な改革期を迎えることになる。

二極構造の解消のあとで、「知」はどこで語られるか？

各国立大学で教養部改革のプロセスが紆余曲折を経ながらも、[5] 結果として教養部解体へと収斂していった背景には、教養部の格差問題解消と大学院拡充のための数合わせという事情があったが、それは弟子への欲望に制度的基盤を与えることを意味した。もしも「しがらみのない自由な関係」のもとでの知的触発の可能性を、当事者たちが優先順位の最上位に置いていたのなら、学部化や大学院化ではなく、つまり「弟子をもつこと」を禁欲して、教養部の存続を前提とした地位向上策を訴えることもありえた。実際、教養部存続派の教師たちもいたが、しかしその方向性は、集団的には選択されなかった。

「弟子をもてない教師」が「弟子をもつ教師並み」へと昇格するとき、これまで抑圧され屈折していた弟子への欲望はどうなるか。一般教育科目を担当しつつも、新たに、学部での専門教育や、大学院での研究指導、自分自身の研究活動など、弟子への欲望に制度的な昇華回路が与えられる。その結果、かつての制外の弟子（私生児）を生み出した力は著しく減退する。講座制と教養部のあいだの緊張関係が失われて、教師たちの志向が専門主義へと一元化していけば、教養部的な「知」は、その毒を抜かれてアカデミズムのもとで体制内化していくだろう。[6]

その一方で、前節の終わりでもふれたように、一九九〇年代の大学院生数の増加は、「弟子をもつ教師」の統制力をも減退させ、師弟関係の希薄化（ツール化）、ひいては制度上の弟子（嫡子）の私生児化をもたらしたのではないか。それは研究指導ができなくなったという意味ではない。逆である。博士学位取得とアカデミック・ポストへの就職のために業績主義的な圧力が高まれば、制度上の師弟関係に占める研究指導の割合はますます増える。しかし同時にライバルが増えて指導のエネルギーも分散されるから、研究や就職における自己責任の比重が大きくなり、指導教授への依存度は低下する。彼らに「嫡子」の自覚は希薄である。

新しい「知」の語り手が出てくるとすれば、ここからだろう。講座制的な統制力が弱まり、アカデミズムそのものの権威や秩序が揺らぐとき、「弟子をもつこと」への欲望は、ふたたびメディアへと向かう。昭和期のメディア知識人との違いは、講座制的なアカデミズムへの対抗心はもはやなく、弟子への欲望にのみ忠実である点である。二〇〇〇年代以降の新書ブームや、出版文化の衰退が叫ばれるなかでのソーシャル・メディアの積極的な活用なども、こうした観点から捉え直すことができるのではないだろうか。

以上、高等教育システムに着目することで、教養主義の没落(一九六〇年代末)や出版文化の衰退(一九九〇年代末)やインターネットの普及(二〇〇〇年代)とは相対的に自律した水準で、教養部的な「知」の変容の説明を試みた。講座制と教養部からなる二極構造を歴史から掘り起こし、師弟関係という枠組みを通してそれを観察するとき、「弟子をもてない教師」の逆説がみえてくる。この試みが、私たちにとっての知の旅、知のジャングルとなりうるかどうかは、今後、アカデミックな検証と対決させてみなければならない。

注

(1)二〇〇〇年代以降増加している任期付ポストに関して「新しい専門職」という切り口からの現状を概観・整理した研究として二宮他(二〇一七)、また実体験に基づく事例研究として大島他(二〇一三)がある。

(2)ほかにも雑誌『現代思想』の受容のされ方についてメディア史的にアプローチした若手教育社会学者の研究として、佐々木(二〇一五)がある。一九八七年生まれの彼の世代にとっての「知」の代表選手は東浩紀であるという。東の学問上の出自は、東京大学教養学部卒業、同大学院総合文化研究科修了という生粋の駒場育ちである。

(3)新堀がやったように、大学教員全体を対象に所属と業績の関連を分析する方向と、批評や思想など「知」の世界で活躍する書き手を対象に分析する方向がある。前者は標本抽出を工夫するにしても、データベース構築作業の労力が膨大であるのに対して、後者は『ゲンロン』(1・2・4)誌上に掲載された「現代日本の批評」年表(大澤聡作成)などを使ってうまく対象を絞り込むことができれば、まだ着手しやすい。

(4)竹内洋(二〇一二)もメディア知識人を論じる際の補助線として師弟関係に着目している(第二章)。

(5)それは実際にも戦後大学改革の最も苛烈なプロセスのひとつであり、各大学に固有の事情に応じて大変な苦労とドラマを生み出した。いまだ歴史化されていない時期の生々しい証言は、九州大学の加藤(一九九七)や千葉大学の河西(一九九九)などを参照。

(6)東浩紀はこれを指して批評の「大学化」と呼んでいる(東・佐々木 二〇一六、一四頁)。関連して、「大学制度のほうが雑誌文化よりサステナビリティが高かったということで、当然と言えば当然の帰結です。けれど、それによってかつての緊張感や自由度は失われたんじゃないか」(市川他 二〇一六、一七七頁)とも述べている。

参照文献

東浩紀・佐々木敦 二〇一六、「批評を再起動するために」『小説トリッパー』二〇一六年夏季号。
天野郁夫 一九六八、「国立大学」清水義弘編『日本の高等教育』第一法規出版。
天野郁夫 二〇〇六、「国立大学論――格差構造と法人化」『大学財務経営研究』三号。
天野郁夫 二〇一七、『帝国大学』中公新書。
市川昭午 二〇〇一、『未来形の大学』玉川大学出版部。
市川真人・大澤聡・福嶋亮大・東浩紀 二〇一五、「共同討議 昭和批評の諸問題 1975–1989」『ゲンロン1』。
市川真人・大澤聡・福嶋亮大・東浩紀 二〇一六、「共同討議 平成批評の諸問題 1989–2001」『ゲンロン2』。
稲垣恭子 二〇一一、「アカデミック・コミュニティのゆくえ」稲垣恭子編『教育文化を学ぶ人のために』世界思想社。
稲垣恭子 二〇一七、『教育文化の社会学』放送大学教育振興会。
大島勇人・浜島浩司・清野雄多 二〇一三、『学生支援に求められる条件』東信堂。
奥村隆編 二〇一六、『作田啓一vs.見田宗介』弘文堂。
加藤博和 一九九七、『大学・教養部の解体的終焉』葦書房。
河西宏祐 一九九九、『大学教育春秋』ノンブル社。
小谷野敦 二〇〇九、『東大駒場学派物語』新書館。
小谷野敦 二〇一〇、『文学研究という不幸』ベスト新書。
佐々木基裕 二〇一五、「『現代思想』――大学院生の教養主義雑誌」佐藤卓己編『青年と雑誌の黄金時代』岩波書店。
新堀通也 一九六五、『日本の大学教授市場』東洋館出版社。
新堀通也編 一九八一、『学者の世界』福村出版。

高田里恵子 二〇〇五、『グロテスクな教養』ちくま新書。
高橋由典 二〇一三、「教養教育について今考えること」安達千李他編『ゆとり京大生の大学論』ナカニシヤ出版。
竹内洋 二〇一二、『メディアと知識人』中央公論新社。
二宮祐・小島佐恵子・児島功和・小山治・濱嶋浩司 二〇一七、「高等教育機関における新しい「専門職」――政策・市場・職能の観点から」『大学教育研究ジャーナル』一四号。
吉田文 二〇〇二、「教養部の形成と解体――教員の配属の視点から」『国立学校財務センター研究報告』六号。
吉田文 二〇一三、『大学と教養教育』岩波書店。

▼ブックガイド▼

小谷野敦 二〇〇九、『東大駒場学派物語』新書館。

駒場学派はあるが本郷学派はない。駒場の大学院の比較文学比較文化研究室が生み出した華麗なる系譜の秘密は、本郷との屈折した緊張関係にあった。この人にしか書けない本。

高田里恵子 二〇〇五、『グロテスクな教養』ちくま新書。

第三章「出版社、この教養の敵」で展開される教養・ニューアカ・業績の三角関係論など、「知」の生態系を考えるヒントに満ちている。小谷野と並んでこの人も敵が多そう。

竹内洋 二〇一二、『メディアと知識人』中央公論新社。

主人公の清水幾太郎は帝大の講座制の後継者になれず、「弟子をもてない」私立大学教師となりメディア知識人として活躍。出版を通じて「私淑＝私生児」を多く生み出した。

II

学校のゆらぎと再編

5

「学校問題」の再構築

――インストルメンタル／コンサマトリーに着目して

伊藤茂樹

一 「学校問題」の前景化

「学校問題」と呼べるような問題群が前景化したのは概ね一九七〇年代後半のことである。第二次大戦後、それまで教育問題といえば「五五年体制」を背景に、例えば教員への勤務評定や教科書検定の是非など、文部省対日教組という対立図式に立脚して政治性を帯びたイシューが支配的だったが、全国どこにでもある「ふつうの学校」で日常的に起こっている事柄に対して批判的なまなざしが向けられるようになり、より身近な事象が「学校問題」として社会的関心を集めることが一般化した(広田 一九九八)。こうした変化をもたらした契機としては、直接的には新聞をはじめとするマスメディアが学校内で起こっていることに目を向けて問題提起的な報道を行うことが一般化したという事情が挙げられるが(1)、以後、教育問題はほぼイコール学校問題のことになり、学校での経験は誰もが有しているため、この種の手軽に話題にできるイシューが相次いで顕在化するようになった。

二　学校の意味の変化

このようなメディアの影響は、学校問題の前景化のいわば十分条件であり、それ自体も検討すべき主題ではあるが、教育社会学にとってより重要なのはその必要条件や前提となった事態であろう。

ここで重要なのは、より長期的に見たときの学校の意味の変化である。近代になって新たに生まれた制度である学校教育は、国家や産業にとっての人材育成という機能と、国民にとっての上昇移動の機会という機能を担わされ、両者はある時期まで調和していた。すなわち、近代的な知識や労働者として求められる態度を身につけさせること（＝国家や産業にとってのニーズ）と、それらを身につけることで社会的地位を獲得すること（＝国民にとってのニーズ）が矛盾なく両立、合致していたのである。そこでは学校教育は善きもの、ありがたいものという大前提が共有されていたため、教育の方法や形が社会的に問題になるようなことは一般的でなかった。つまり、これらの目的の遂行のためには、少々荒っぽかったり人権を無視したような指導も許容されたし、生徒同士の間に生じる諍いや争いが学校の外で問題視されるようなこともなかったのである。

今や想起することすら困難になった過去のこうした学校のあり方を、インストルメンタルな機能の遂行が課題、目標として卓越し、コンサマトリーな機能に焦点が当てられることはなかったと形容しておきたい。職業に直結する知識や技能、さらには社会的地位などを将来獲得させる／するための手段として学校教育は位置づけられ、即時的な充足、すなわち、今学校で居心地良く過ごすことは重視されなかったのである。こうした学校観は教育をする側／される側の双方に共有され、特に疑問も向けられていなかった。

しかし、高度経済成長期が過ぎて日本が先進国の一角を占めるようになり、多数の国民に一定の豊かさが行き渡ると、学校教育のインストルメンタルな機能は等閑視されるようになった。近代的な生活や豊かさは追い求める目標ではなく所与のものになると同時に、学校がそうした望ましいものを与えてくれる場として独占的な地位を占めることもなくなった。

これと入れ替わるように、インストルメンタルな機能を果たす過程において「必要悪」のような形で生じていたコンサマトリーな機能の阻害が問題視され始めた。集団的に教育を行う場である学校がもともと持っている強制的な性格や、社会化や選抜・配分という機能を果たすうえで避け難く起こっていた効率の追求、さらには社会的公正のために可能な限り平等な条件で行われる指導や接し方までもが、個を抑圧し、権利を侵害するものとして批判的に見られるようになったのである。

ここでいうコンサマトリーな機能とは、即時的な充足というもともとの意味だけでなく、「存在の意味や自己実現などの実存的問題への関心の高まりが、社会の編制や政治までをも巻きこむきわめて重要な社会的課題になる」という状況下での「意味への希求」のあらわれとして、その阻害が問題視されるようになっていると見るべきであろう（酒井 二〇〇四）。コンサマトリーの浮上にはそうした文化的な必然性があり、本章は学校のインストルメンタル／コンサマトリー両機能に優先順位をつける意図はないことを断っておきたい。

三　学校の位置の変化

コンサマトリーの次元の問題が浮上した背景としてもうひとつ考えておくべきは、学校や教師が占める社会的位置が変化したことである。近代化が始まった明治期以降、概ね第二次大戦後の高度経済成長期までは、学校や教師と一般国民の間には少なからぬ文化的な「落差」があった。これは学校が伝えようとする近代的な知識や態度、生活習慣などを身につけている度合いの差と見ることができる。しかし、学校教育の普及によってこの差が縮小した結果、両者は同一平面上に並び立つようになり、国民が学校に批判的なまなざしを向けたり(これを代弁ないし媒介し、高揚させたのがマスディアである)、堂々と要求を突きつけたりするようになった。これは、かつて両者の間の文化的な落差ゆえに存在し得ていた学校、教師の「権威」が成り立たなくなったと表現することもできる。

この事実も、学校内の様々な事象が学校問題として顕在化することにつながった。近年学校問題として浮上した諸現象の多くは、この時期に初めて生起するようになったのではなく、多かれ少なかれ以前から起こっていたと考えることができる。にもかかわらずそれらが問題として顕在化していなかったのは、先述したように学校に求めるものが違っていただけではなく、こうした現象を批判的に見る基盤が存在しなかったことも背景としてある。学校内で起こっている望ましくない事象について責任を帰属させるとすれば、教師という人々や組織としての学校がまず想起されるだろうが、それらは近代化の途上にあった日本社会において先行、先導していた者たちであり、批判を向けるのは困難だった。それは、不満はあるが批判できないというより、むしろ不満すら抱けない、感じないという心性であったと思われる。このことは、よく言われる「昔の教師は立派だった」という言説にもつながる。過去の学校や教師も様々な問題性のある行為をしたり、非難されて然るべきこともしばしば起こっていたと思われるが、それを問題視するまなざしや関係性が国民との間に存在しなかったため、あたかも道徳性が高かったかのように「錯覚」されるのである。

このように成り立っていた学校、教師の権威や正当性が低下するという事態は、生徒が教師に従わないなどの形で学校内の秩序維持が困難になり、実際に問題現象が起こりやすくなるという実態レベルでの変化をもたらした。さらに、学校内で起こっている事柄に関して保護者をはじめ国民が学校や教師を批判、非難することが容易になり、問題化しやすくなるという言説レベルでの変化も生じ、双方から学校問題が顕在化しやすくなったのである。

四 モラルパニックとしての学校問題

こうして七〇年代後半以降、相次いで問題化していったのが、校内暴力やいじめ、体罰や管理教育、不登校、学級崩壊などと名づけられた諸現象である。これらはいずれも、ショッキングな事件（典型的には死亡事故や自殺）が報道されると一挙に広範な社会的関心を集め、対策や類似の事象が報じられるなどの動きが連続しながら、これといった解決を見ることのないまま、しばらくすると関心が遠のいていくというパターンが繰り返されて今日に至っている。

これらの問題群はさしあたり、

① 生徒の学校内での問題行動や不適応―校内暴力、いじめ（自殺）、学級崩壊、不登校など
② 教師らによる問題性をはらんだ教育や指導―体罰、管理教育、学校事故など

の二つに分けることができよう。

これらの現象が社会問題化していったとき、多くは「モラルパニック」的な様相を帯びることになった。ここでいうモラルパニックとは、ある有害な現象が増加したり、その危険性が高まっているという前提のもとに危機感や道徳的な憤りが広い範囲で高まり、にもかかわらず対策が不十分であるとして、即効性のある対策の必要性が叫ばれているような事態を指す。ここで最も懸念されているのは、客観的な危険性よりも道徳的価値を脅かすような害がもたらされることであり、これがモラルパニックと呼ばれる所以である。具体的には、学校という場やそこでの教育という公共性や「聖性」を持った営みが、一部の生徒の問題行動によって危機に瀕するとか、子どもの権利や安心、安全、尊厳などが教師らによる不適切な教育、指導によって脅かされるといったことへの危機感である。

ここでは、問題とされる根拠は主として道徳的な、すなわち善／悪という次元にあり、藤田英典（一九九七）が教育

問題を分類する際の「当為問題」にあたる。学校や教育、教師、生徒についての当為(あるべき姿)がアプリオリに前提されており、現状がそこから乖離していることこそが問題とされる。このように問題が立てられるため、言説の多くは「特定の悪者を名指しして、その道徳的欠陥が問題の原因であるとして非難する」「単純化された善/悪の二分法を採用し、自身を善、特定の他者を悪に位置づける」「何らかの強制力による解決を訴える」といった特徴を持つことになる。これらを訴える主張は、訴える者自身が道徳的に優位であることを疑わないため、論理の飛躍や過度な一般化、非現実的な要求や過激な断罪などには無頓着であり、しばしばエスカレートする。

しかしながら、当為は相対性を免れない。例えば上述の例でも、子どもの権利や尊厳を守ることと教育という場の聖性を守ることとの間には、衝突があり得る。いずれも価値としては誤っているとは言えず、一方を守ることを主張する言説は「正しい」が、二つの「正しい」価値が対立するとき、双方を充たして解決することはしばしば不可能である。そうしたときに問題を解決するためには、いずれの価値も相対的なものと前提したうえで相互の調整を図るという方法があり得る(藤田によれば「調整問題」)が、こうした議論に展開することは稀である。それぞれの主張が普遍的に正しいものであるという前提のもとに問題性や危機が訴えられるため、互いに自説の正しさを確信するだけで、対話や歩み寄り、妥協は行われず、現状の改善にはつながらないのである。

五　学校問題と教育社会学

このようにモラルパニックに陥りがちな学校問題に対して、教育社会学はどのような貢献をしてきたのであろうか。こうした問題にアプローチする際に立脚する方法的な立場としては、主に質問紙調査によって得られた量的データを統計的に解析して仮説検証を行う実証主義、問題の社会的構築プロセスの記述を主な課題とする構築主義、臨床研究をはじめ、問題の当事者に近い位置に立って主に質的データを得る当事者へのアプローチの三つを挙げることができよう(2)。

これらはいずれも他の教育諸科学とは異なる、教育社会学に独自の技法や視点を導入してきた。実証主義は量的データの解析において学業成績をはじめ階層や文化資本など社会的な諸変数をも重視し、こうした変数と問題行動等の関係を明らかにしてきたし、構築主義は問題カテゴリーを批判的に相対化し、利害関心を有する諸エージェントのクレーム申し立てやそれを通じた問題構築のあり方を分析対象とした。臨床研究や当事者へのアプローチは他の教育諸科学においても行われることはあるが、教育社会学では多かれ少なかれ実証主義や構築主義の視点を取り入れ、それらを当事者の理解や実践への貢献に活用しようとする点で独自性を発揮してきた。

こうした研究は、他領域におけるそれ以上に客観的根拠を有していたり、常識や通念を相対化して別の角度から問題に切り込んだり、対象やテーマに応じて多様な方法を駆使したりといった長所を持ってきたことは確かである。こうして、教育社会学における学校問題研究は隆盛を見て、社会的、政策的にも少なからぬアピールをしてきた。そこで得られた知見は既に多くの蓄積を生んでおり、詳細なレビューもある(白松他 二〇一四)が、ここで検討しておきたいのは、教育社会学における学校問題研究全体に関わる課題である。

それは、学校問題として社会的に関心を集める現象がなぜ問題であるのか、研究や対策、政策によってどのような状態をめざすのかという課題である。学校問題研究では、既に社会的に問題化していたり、古くから問題とされてきたカテゴリーやロジックをそのまま用いる形で調査や研究を進めることが多く、その限りにおいては知見や対策案を提示してきたものの、そもそもその現象がなぜ問題であるのか、どうすることをめざす(べきである)のかはしばしば明示されない。もちろん、現象によって生じている被害や苦難(例えば、いじめに苦しんだり命を絶つ子どもがいること)が根拠として挙げられることは多いし、これらが根拠として意味がないわけではないが、ではいじめの「根絶」を可能と考えて目標とするのか、といったことは不明確である。より一般的、抽象的に、こうした現象が起こっていることが学校教育の失敗であるとか子どもや教師を苦しめているといったことは言われるが、これらは当為や道徳の次元での言明であり、問題とされる現象がどのように失敗や苦しみにつながっているのか具体的に示されることは少ない。

こうした問題が当てはまるのは主にコンサマトリーの次元での機能不全である。つまり、コンサマトリーが阻害されていることをただ指摘、批判したり、その原因やメカニズムを挙げるに留まり、コンサマトリーの阻害がそれ自体として問題であることがアプリオリに前提されている。これは結局のところ、問題の社会的な認知のされ方と同次元であり、その問題設定に「乗ってしまって」いる。こうしたあり方は、ラベリング理論が登場する前の「社会問題の社会学」についてミルズ(一九四二＝一九七一)やスペクターら(一九七七＝一九九〇)が批判したように、社会的な通念に依拠しながら、専門家としての判断を「僭称」して現象の問題性や「病理性」を判定していたことと共通する。

問題とされている現象についてまずは記述し、基本的な理解をめざすという立場は可能である。しかし、研究が単なる実態調査にとどまらないのであれば、なぜ問題であるのかという問いは最終的には避けて通れない。にもかかわらず、これを回避したまま、常識化している問題性を前提し、社会通念として共有されている価値判断を忍ばせている。それでも、既に社会的に問題とされている現象の研究は共感や支持を得て社会的に価値を認められるという現実の上に安住しているように見えるのである。

コンサマトリーとは、何か別の価値や目的のための手段としてではなく、それ自体での充足を意味する。従って、その阻害もやはりそれ自体として問題であると言ってしまうことになりやすく、それは常識的には説得力を持つ。しかし教育社会学にとっては、この次元にとどまって問題現象にアプローチするだけでは不十分であるし、問題の改善、解決という目的に照らしても得策とは言えまい。コンサマトリーの阻害という問題を、学校教育という営み、制度の全体に位置づけ、もうひとつの重要な機能であるインストルメンタルと関連づけることは不可欠である。

六　インストルメンタルの次元の学校問題

一方、二〇世紀末からインストルメンタルの次元における現象が問題化することになった。学力問題である。戦後日本社会において、学校教育のインストルメンタルな機能をめぐって広く社会的に議論されるようなことはあまりなかった。この機能がさしたる問題もなく果たされているという認識が支配的だったためであろう。しかし、実際には階層と学力や教育達成は少なからず結びついており、インストルメンタルの機能が誰に対しても十分に果たされているとは言えない状況があったが、日本社会はそれを見ないようにしてきたのである（苅谷 一九九五）。

この次元の問題が戦後ほぼ初めて広く社会的なイシューとなったのが、二〇世紀末からの「学力低下問題」である。難関大学の教員らが著した『分数ができない大学生』（岡部他 一九九九）などにより、大学生の学力がいつの間にか信じられないほど低下しているとしてセンセーショナルな形で注目されたこの問題は、七〇年代後半以降コンサマトリーの次元の学校問題に特化していた観のある教育問題の布置を少なからず変えることになった。

この問題も当初はモラルパニック的な様相を示した。大学生をはじめとする若い世代の学力の低下は、戦後の日本において当然のように達成されていた高い学力水準や、それを前提とした人材育成が立ちゆかなくなるかもしれないといった形で危機感を高め、その原因が悪者探しのように求められたのである。

こうして槍玉に挙げられたのが「ゆとり教育」である。従来の詰め込み的な教育のあり方への批判から、一九八〇年代以降、学習指導要領の改訂や臨時教育審議会の提言において「ゆとり」や「新学力観」という形でうたわれた教育内容、目標に関する政策が学力低下の原因として非難された。そして、この問題が顕在化した直後の二〇〇二年から施行された学習指導要領が「ゆとり」を前面に打ち出し、教育内容を大幅に削減したことから、学力低下に拍車をかけるものとしてさらに批判されることになった。

しかし、その後この問題は違った形の展開を見る。学力は全体が均一に低下しているのではなく、上位層はそれほど低下していないのに対して下位層では低下が顕著で、むしろ二極化しつつあることが教育社会学の実証研究によって明らかにされた(苅谷 二〇〇一など)。これは主に家庭の状況に起因する学習環境や学習時間、意欲などの格差の拡大によるものであり、問題の背景も「ゆとり教育→学力低下」といった単純な因果ではなく、新自由主義的な政策や貧富の差の拡大が関係するマクロな社会構造の問題であることが指摘された。問題のこのような再定義が社会的に広く浸透したかどうかは微妙であるが、こうした次元の問題では単純な悪者探しは起こりにくく、モラルパニック化していた学力低下問題を軌道修正することにつながった。そして、以後この問題は格差の解消という、将来的に達成すべき状態への道筋を検討する「計画問題」(藤田 一九九七)としての様相を強めつつある。

七 コンサマトリー/インストルメンタルの関連

ここまでに見たような問題の経緯を踏まえたうえで考えるべきは、コンサマトリーな次元の問題とインストルメンタルな次元の問題の関連である。

従来この両者が関連づけてとらえられることは一般的でなく、それぞれの次元の問題はその枠内でのみ語られてきた。すなわち、コンサマトリーの次元の問題においては、例えば不登校の原因としていじめなどの友人関係、教師との関係、親子関係などが主に取り沙汰されてきたし、いじめの原因としても加害者が抱えるストレスや学校、学級という集団の風土などとの関係が挙げられてきた。また不登校やいじめがもたらすものとしても、「いじめ→不登校」や「不登校→ひきこもり」など、こうした問題の枠内でのとらえ方が主流であった。これは、コンサマトリーの機能不全としてあらわれる問題を「心の問題」として位置づけてきたということでもある。一方インストルメンタルの次元の問題では、学力低下の原因としてゆとり教育などの教育政策や教師の質の低下などが指摘され、その帰結としても国際競争力の低下など、専ら手段的な次元のことが憂慮された。

とはいえ、両次元の関連について全く指摘されてこなかったわけでもない。まず、不登校についての研究にはこれに光を当てたものがあり、保坂亨(二〇〇〇、二〇〇九)や酒井朗・川畑俊一(二〇一一)らが指摘する「脱落型不登校」が挙げられる。彼らは従来「心の問題」とされてきた不登校について、その少なからぬケースに家庭が直面する社会経済的な困難や非行、怠学との関連があること、これらを就学の機会の保障という観点からとらえる必要性などを指摘した。これはすなわち、従来支配的であった「心の問題」としてのとらえ方が、学校に行くことによって子どもにコンサマトリーな次元で問題が生じることを前提し、そこから子どもを救うことをめざすのに対して、学校に行かないことで生じるインストルメンタルな次元での不利益に目を向け、いかにしてその不利益をなくすか、あるいはコンサマトリーを確保しつつ学校に行けるように支援するかという方向での検討を試みるものである。

また、不登校問題についての代表的論者である森田洋司らは、不登校を経験した生徒の追跡調査を行い、義務教育終了後の就学や就業の状況に光を当てた。それによると、義務教育が終了して形式上「不登校」は終了しても就学や就業が続けられていない者が少なくないという。一度不登校を経験すると、就学や就労など社会とのつながり(ボンド)を持てなくなることが多いが、従来不登校に関して支配的な見方であった「心の問題」(コンサマトリー)の背後にはむしろこうした「進路形成の問題」(インストルメンタル)があり、その次元での支援が重要であることが指摘される(森田編 二〇〇三)。

不登校が学校問題として浮上して以来、不登校はコンサマトリーの次元の問題であり、生徒のコンサマトリーを阻害し苦痛を与えている学校から離れれば問題は解決するという「背後仮説」が力を持ち、学力や進路といったインストルメンタルな側面については等閑視された。しかし上述の研究は、それだけでは問題は解決しないことを指摘し、問題のもう片面としてのインストルメンタルな機能に光を当てたと言える。

また、困難な条件を背負った公立学校のフィールドワークを長く続け、学力問題の代表的論者の一人でもある志水宏吉は、学力の高低は「つながり格差」に起因することを指摘する（志水 二〇一四）。現代日本において地域の学力水準は単なる経済的指標よりも離婚率、持ち家率、不登校率と大きく関連しており、それはすなわち子どもの家庭、地域、学校における「つながり」の豊かさが学力を押し上げることを示しているという。学校における「つながり」とは、教師やクラスメイトとの信頼関係があって安心して学べることであり、まさにコンサマトリーな場となっていることである。こうした場としての学校は、志水らが見出してきた「力のある学校」の姿に重なる。

大規模な計量研究においても両機能の関連に光を当てたものがある。中村高康（二〇一五）は階層と教育に関する全国調査のデータを用いて、出身階層及び到達階層の双方において、階層帰属、特に主観的なそれの低さといじめられた経験の間に相関があることを見出しており、コンサマトリー／インストルメンタル両機能の非充足が結びついていることが示唆される。同様のことは保護者の経験を問うた調査でも確認できる。厚生労働省によるパネル調査では、一四歳の子どもを持つ親の悩みとして、子どもがいじめられていたり、学校に行きたがらないことを挙げる者は父母の収入が低いほど多くなっている(3)。

いじめや不登校は直接的には「心の問題」として経験されたり、「心の問題」を「併発」することが多く、そちらが目立つ。心理学や精神医学の用語や概念でこれらを記述することが一般化し、そうした発言をする専門家が社会的に影響力を増している状況もある。しかし、「心の問題」が生じていてもその背景に社会経済的な要因が存在している場合は多く、このような事実に光を当てることは、質問紙調査や既存の調査データの再分析によっても可能になる。

前掲の中村によれば、いじめを受けた経験は客観的な階層帰属よりも主観的なそれとの間の関連が明瞭である。一方、出身階層及び学業成績といじめられた経験の関連は線形ではなく、いずれも上下の各層において高い。前者は、いじめの被害が身体に傷を受けたり金品を奪われるといった客観的なものに限らず、主観的に「傷つく」ことが大きな意味を持つことと関連していると思われる。また、いじめられた経験が中間層で少なく上下で多いのは、平均や標準から離れた者がいじめのターゲットになりやすいことのあらわれであろうが、このことは、客観的、社会的な指標といじめの被害経験の関係を見えにくくしていると思われる。

これらが示すように、いじめというコンサマトリーの次元における問題と階層や学力などインストルメンタルな要因との関連は、単純で見えやすい形を必ずしもとらない。しかし、なにがしか関連していることは限られた分析からも明らかであり、こうした諸相について解明していくことが必要である。学校の内部にアプローチした膨大な先行研究を、コンサマトリーとインストルメンタルの関連という視点から読み直したりデータを再検討する作業により、見えてくることは少なくないはずである。

八　コンサマトリーとインストルメンタルの両立の困難

ここまで見てきたように、学校におけるコンサマトリーな機能とインストルメンタルな機能は、七〇年代後半以降に前者の不全が様々な学校問題として顕在化したが、二〇〇〇年代以降は後者についても不全が問題化して今に至っている。両者はいずれも学校教育がすべからく果たすべき重要な機能であるが、日本の学校教育の歴史では、まずインストルメンタルな機能が優先されコンサマトリーは等閑視される時代が続いた後、コンサマトリーの次元の問題が続いて両者の優先順位が「逆転」したと見ることができよう。しかし、インストルメンタルの機能不全はおそらく一貫して起こっており、久しく忘れ去られていたそのことが顕在化したのが学力問題である。

前節では二つの機能不全の関連について検討したが、これらは両立すべきであるにもかかわらず、現実にはそれが困難である。学力をはじめ知識や技能、定型化しやすい態度などを身につけさせるためには厳しく有無を言わせぬような指導が成果を出しやすいし、逆に生徒の心地よさを追求すると教育的な指導が困難になりがちである。結果として、学校や指導のあり方は多くの場合コンサマトリー／インストルメンタルのいずれかに偏ることになる。

二つの機能の両立が困難であり、なおかつそのことがあまり問題視されていない（すなわち、インストルメンタルな機能が劣位に置かれたまま「放置」されている）ことの背景としては以下のような事情が考えられる。

まず、両機能の関係の時系列的な推移に関して。七〇年代後半以降、インストルメンタルな機能を優先する学校において子ども、生徒が抑圧されていることが学校問題として相次いで表面化したが、その時期に定着した学校観は今のところ大きくは変わっていない。いじめをはじめ、コンサマトリーな次元での問題は現在も最も重要な学校問題と位置づけられており、コンサマトリーをインストルメンタルより重視する学校観が根本的に変化する兆しは見えない。学力問題もこうした支配的なまなざしを変えることにはつながっていないと見るべきであろう。

次に、それぞれの機能を果たす諸空間における学校の位置に関して。両機能は学校だけが果たせるわけではない。インストルメンタルな機能、すなわち知識や技能を身につけたり学力を上げたりすることは、塾をはじめとする学校外の教育機関でも様々に可能であり、それらによって私的に代替させる傾向が目立ちつつある。近代化の途上においては、学校はこの機能を独占していたと言ってもよいほどの存在であったが、こうした「準独占」的な状況は大きく変化した。すなわち、より効率的に学力を向上させるなどの目的で学校外の教育機関を利用することが一般化したのである。しかし、それにはコストがかかるため、これを利用するか否かはそのコストを負担できるか、負担する意志があるかによって左右され、経済的、文化的に豊かな層ほどこれらにインストルメンタルな機能を委ねている。ということは、学校におけるインストルメンタルな機能がコンサマトリーの陰に隠れつつある状況は、こうした層にとっては特段問題と見なされていない可能性がある。インストルメンタルな機能を他で代替させている彼らは、学校が「コンサマトリー第一」になっても痛痒を感じない。発言力の大きい彼らが問題と感じていないのであれば、これが社会的に問題とされにくいのは自然なことであろう。

またこれと関連して、二つの機能が両立できている学校も存在するという事実がある。一部の進学校などでは、厳しい指導や抑圧によらずに学力の向上や受験準備に成果を上げており、「両立が困難」というのはすべての学校に同じように当てはまるわけではない。そして、こうした学校を利用するのは主に社会的発言力のある層であり、両立がなされていないという事実にはやはり光が当たりにくくなる。

このように、インストルメンタルな機能は学校以外での代替が行われているが、コンサマトリーについては事情が異なる。生徒たちにとってコンサマトリーな機能を果たし得る場は学校以外にもある。メディア空間や消費的な都市空間、「地元」つながりなど、そのような場は情報化や消費社会化の進展に伴って、リアル／バーチャルともに増えてきた。しかし、これらの場において即時的に充足される経験は、学校における充足を代替するというよりも、学校において充足されないことをあらためて実感させると思われる。コンサマトリーは「今ここ」での充足を意味し、そもそも他の場所や時間では代替できないものである。その一方、中等教育段階までは学校で過ごす時間が家庭に次いで多くを占めるという事実は変わっておらず、学校で充足されないことへの不満が募るのである。

また、コンサマトリーの充足はその「絶対量」によるというより相対的なものである。物理的な制約がもともと大きいような環境(例えば矯正施設に拘禁されている場合)では、わずかな憩いが貴重なものとして大きな意味を持ったりするが、現代社会は充足を得られる機会や場が増えたため、それへの要求水準や期待水準が上がっている。消費社会と地続きになっている現代の学校では、仮に充足の「絶対量」が以前より上がっていたとしても、そこで充たされることは容易でなくなっているのである。

こうした事情により、コンサマトリーとインストルメンタルの両立は困難であるにもかかわらず、そのことは必ずしも問題視されていないが、両者は本質的に両立困難なのではなく、むしろ結びついていると見るべきである。インストルメンタルな機能はコンサマトリーが充実していた方がより果たされるであろうし(例えば、学校生活をそれ自体として肯定できれば、勉学にも力が入り、学力が上がる)、コンサマトリーな機能はインストルメンタルの見通しがあればより果たされる(将来について希望を持っている方が現在の生活により意味を見出せる)。むしろ、どちらか一方が過剰に重視されるのは、もう一方が絶望的であるがゆえではなかろうか。学校教育が「将来には役立たない」と思われ始めてからコンサマトリーが重視されるようになったし、昔は現在の生活に希望が見出せなかったからこそインストルメンタルに大きな期待が向けられたのである。

このような両者の結びつきは事実というより当為である。とはいえ、両者を結びつける回路を見出すことは可能なはずであり、それこそが課題である。将来のために今を犠牲にするような学校生活や、将来をあえて見ずに今の充足に耽るような学校生活は、現実にはよくあるが、いずれも望ましいものとは言えず、いずれかを強いるような学校や指導のあり方は歪みを生む。ただし、現在の社会において両者を両立させる方途を私たちはまだ見出していないし、その実現が容易でないことも確かであろう。

九　教育社会学の課題

では、学校教育が二つの機能を両立することを可能にするために、教育社会学はどのような貢献ができるであろうか。

まず実証主義においては、従来行われてきた調査、分析の多くがコンサマトリー／インストルメンタルいずれかの枠内におけるものだったが、双方の変数を取り入れ、関連を見るような研究が望まれる。前掲の中村は両者を関連づけた分析を行ったが、このように既存の調査データにおいて両機能に関わる変数の関係を見る分析は他にも可能であろう。しかしこれのみならず、当初から両機能、両領域を関連づけて仮説を設定し、より掘り下げた分析を行うことも必要である。両機能の不全が関連している状況については上述したように知見もあり、それらの計量的な検証も求められる。

次に当事者へのアプローチは、本章での関心に最も近いところにある。コンサマトリー／インストルメンタルいずれかの枠内における問題カテゴリーを予め設定するのではなく、学校や、それ以外も含めた生徒の生活の全体性にアプローチすることで、両機能に関連する問題や経験それぞれと相互の関係の諸相を明らかにしていくことができるはずであり、後述するようにこうした研究は既に現れている。

構築主義はどうであろうか。構築主義は通常、生徒の学校内外での生活に直接アプローチするわけではないが、実践的な貢献も不可能ではない。例えば、二つの機能の関連に社会的な視線が向けられることなく、専らコンサマトリーの次元の問題が注目されてきた近年の状況を批判的にとらえ、これを通じて問題の形を変えていくことを期待したい。こうした文脈で、学校問題のモラルパニック的なあり方に対してオルタナティブを提案することはできないだろうか。現象が当為問題として立てられるとき、問題は道徳の次元に見出され、モラルパニックになりやすいが、そこでの言説は自らの道徳的優位性を前提している。ということは、この前提に立たなければ当為問題からモラルパニックへという流れは防げるのではないか。具体的には、自らの道徳的優位性を前提せず否定ないし留保する、問題を訴えるにあたって普遍的な前提を置かない、道徳ではなく功利の次元で考える、訴える際に「勝つ」ことを目的とせず、問題に関して何らかの「落ち度」がある者も含めて「敗者」が生まれないように配慮するといったことが考えられる。

ただし、訴え方や語り方についてのこうした提案も、結局のところ道徳的な次元にあり、モラルパニック的な言説を道徳的に批判していることに他ならない。従ってモラルパニック化を避ける普遍的な方策とはなり得ず、こうしたことに自覚的な者に対して道徳的に実践することを呼びかけるという域を出ない。こうした実践によってモラルパニック化に対してなにがしか抗したり、少しでも「まし」な問題化につなぐ可能性を模索するための提案ということになろう。

一〇　学校像の模索へ

上述したような教育社会学にとっての課題は、今後あるべき学校像の模索へと収斂する。コンサマトリーとインストルメンタルの双方を満たす学校とはどのようにあり得るのか。

二つの機能を満たす学校とは、様々なリスクを負った生徒も排除せず居場所を提供し(コンサマトリー)、なおかつ将来の自立や自己実現へ向けて援助やエンパワーメントを行う(インストルメンタル)という意味で、既に一般的になっている概念を使えば「社会的包摂のための学校」ということになろう。

酒井朗(二〇一五)は、教育を社会的包摂における重要な戦略的拠点と位置づけたうえで、そうした志向性を持って行われている政策や実践、提案について検討している。ここで取り上げられるスクールソーシャルワーカーの配置や高校中退を防ぐためのネットワーク、排除されるリスクの高い子どもについての情報収集、共有といった取り組みは、学校教育における社会的排除に抗する動きとして重要性を増している。とはいえ、こうした試みにおいては学校に「来させる」、ないしは学校が「捕捉する」ことがめざされており、それが包摂の前提となることは間違いないものの、来させる学校をどのような場とし、生徒にどのような生活や経験を提供し、包摂していくかについての検討は今後に委ねられているように見える。その意味で、インストルメンタルに再度目を向けたという意義を持つものの、コンサマトリーについては等閑視する古い学校観に立脚した取り組みが中心を占める。

一方、伊藤秀樹による非主流の後期中等教育機関についての一連の研究(二〇一〇、二〇一七)からは、社会的包摂のための学校像の模索という意義をより明確に読み取れることができる。彼がフィールドとする高等専修学校などでは、不本意就学で向学校的でない生徒を学校に留め置くために、衝突を避けて生徒指導から「撤退」する(樋田 一九九九、樋田他編 二〇〇〇)のではなく、生徒とより密接に関わったり、生徒間の関係にも介入することで指導の効果を上げているという。これはコンサマトリー(=短期的目標としての登校継続)とインストルメンタル(=長期的目標としての社会的自立)の両立という課題に対してひとつの解答となる可能性を感じさせる。ある高等専修学校では、在学中から就学と就業の継続を促す「辞めないための指導」を行うばかりか、卒業後も教師がつながり続けることで早期離職を防ぎ、社会的自立につなごうとしている。とはいえ、このように在学中/卒業後における適応や、登校継続/社会的自立という課題の両立をめざす指導はしばしばジレンマを生む。例えば、手厚くケアして今いる学校に適応させることは、一方で本人を弱いままでいさせることになる。コンサマトリーを徹底する教育や指導は、子どもを大人にすることなく、自立や社会における立ち位置の確保という課題を先送りしてしまうといった具合である。ここから、課題を先送りせず、かといって課題を一時に集中させて失敗や挫折を生みやすくするのでもない成長の支援とはどのように可能かという問いが導かれるが、その答えはなかなか見えそうにない。[4]

教育社会学は学校の機能不全や、それが社会的排除と関わっている事実を指摘することに大きな成果を上げてきた。しかし、コンサマトリーな機能の不全を批判するだけでは、そのことをもって学校に対する社会的な期待や信頼をいたずらに低下させ、果たせるはずのインストルメンタルな機能の不全にもつながるおそれがある。そうなれば、余裕のある層がインストルメンタルを他の機関に代替させることを正当化する一方で、それができない層を置き去りにすることになりかねない。批判の鋭さゆえに持つこうした危険を自覚したうえで、機能不全とそのメカニズムをふまえた学校教育全体のデザインという課題が課せられている。

これまで学校問題がモラルパニックになってきた背景のひとつとして、単眼的な学校観が前提され、すなわちコンサマトリーというひとつの機能しか期待されなくなってきたことがある。この学校観に立てば、即時的充足をもたらさない学校は存在価値のない、道徳的に否定されるべきものとなる。私たちはこうした学校観を脱却し、コンサマトリーとインストルメンタルという、両立し難いが、子どもの現在と将来にとって不可欠な機能を果たす学校をいかに実現するかという調整問題として、学校問題を構築していく必要がある。

注

(1)阿部耕也(一九九二)によれば、一九七二年に『朝日新聞』で長期連載が始まった「いま学校で」が嚆矢であるという。
(2)白松他(二〇一四)では「実証主義的アプローチによる系譜」「社会的構成論の系譜」「当事者をめぐる系譜」と分類されている。
(3)厚生労働省「第一四回二一世紀出生児縦断調査(平成一三年出生児)」による。
(4)学校段階の移行期に課題が集中し、そのため「小一プロブレム」「中一ギャップ」が深刻化したり、中学一年生でいじめや不登校が急増するといった状況を生んでいると考えられる。

参照文献

阿部耕也 一九九二、「高等学校をみる社会的視線の変容」門脇厚司・飯田浩之編『高等学校の社会史』東信堂。
伊藤秀樹 二〇一〇、「高等専修学校における密着型教師―生徒関係――生徒の登校継続と社会的自立に向けたストラテジー」『東京大学大学院教育学研究科紀要』五〇。
伊藤秀樹 二〇一七、『高等専修学校における適応と進路――後期中等教育のセーフティネット』東信堂。
岡部恒治・西村和雄・戸瀬信之編 一九九九、『分数ができない大学生――二一世紀の日本が危ない』東洋経済新報社。
苅谷剛彦 一九九五、『大衆教育社会のゆくえ――学歴主義と平等神話の戦後史』中公新書。

苅谷剛彦 二〇〇一、『階層化日本と教育危機――不平等再生産から意欲格差社会へ』有信堂高文社。
J・I・キッセ、M・B・スペクター、村上直之他訳 一九七七＝一九九〇、『社会問題の構築』マルジュ社。
酒井朗 二〇〇四、「教育臨床の社会学――特集にあたって」『教育社会学研究』七四集。
酒井朗 二〇一五、「教育における排除と包摂」『教育社会学研究』九六集。
酒井朗・川畑俊一 二〇一一、「不登校問題の批判的検討――脱落型不登校の顕在化と支援体制の変化に基づいて」『大妻女子大学家政系研究紀要』四七号。
志水宏吉 二〇一四、『「つながり格差」が学力格差を生む』亜紀書房。
白松賢・久保田真功・間山広朗 二〇一四、「逸脱から教育問題へ――実証主義・当事者・社会的構成論」『教育社会学研究』九五集。
中村高康 二〇一五、「被いじめ体験と社会階層――見落とされた分析課題のための試験的分析」中村高康(研究代表)『全国無作為抽出調査による「教育体験と社会階層の関連性」に関する実証的研究』科学研究費補助金研究成果報告書。
樋田大二郎 一九九九、「高校逸脱統制の内容・方法およびパラダイムの変容――画一的・外面的な行動統制から個別的・内面的な適応指導へ」『犯罪社会学研究』二四号。
樋田大二郎・耳塚寛明・岩木秀夫・苅谷剛彦編 二〇〇〇、『高校生文化と進路形成の変容』学事出版。
広田照幸 一九九八、「学校像の変容と〈教育問題〉」佐伯胖他編『岩波講座 現代の教育 第二巻 学校像の模索』岩波書店。
藤田英典 一九九七、『教育改革――共生時代の学校づくり』岩波新書。
保坂亨 二〇〇〇、『学校を欠席する子どもたち』東京大学出版会。
保坂亨 二〇〇九、『〝学校を休む〟児童生徒の欠席と教員の休職』学事出版。
C・W・ミルズ、一九四二＝一九七一、「社会病理学者の職業的イデオロギー」I・L・ホロビッツ編、青井和夫・本間康平監訳『権力・政治・民衆』みすず書房。
森田洋司編 二〇〇三、『不登校――その後』教育開発研究所。

▼ブックガイド▼

志水宏吉 二〇一四、『「つながり格差」が学力格差を生む』亜紀書房。

大阪の公立学校でのフィールドワークと全国規模の学力調査を行ってきた著者が、家庭、地域社会、学校それぞれにおける

「つながり」の強弱が集団間の学力の格差を生んでいる実情について解説し、その克服の道筋を提示する。

伊藤秀樹 二〇一七、『高等専修学校における適応と進路——後期中等教育のセーフティネット』東信堂。

全日制高校への進学が困難な者に対して「非主流」の後期中等教育機関が登校のみならず卒業後の就学・就業までも支え、セーフティネットとなっていることを、高等専修学校でのフィールドワークに基づいて明らかにする。

6 教師という仕事

山田哲也

一 制度的指導者としての教師

教育社会学による教師研究の関心の焦点は、W・ウォーラーがその古典的著作『教えることの社会学』(*The Sociology of Teaching*:邦題『学校集団』)で指摘するように、「制度的指導者」としての教師にある。

ウォーラーは人格的なリーダーシップと制度的なリーダーシップとを対比しつつ、近代学校制度の担い手である教師たちがおかれた社会的位置の特質を論じている。

人格的なリーダーシップとは、指導者の人柄を基盤に教授・学習過程を成立させる関係性を意味する。他方で、学校のように特定の目標を掲げて意図的な教育活動を行う組織で働く教師たちの多くは、教育制度が付与する社会的な役割や権威が生み出す制度的なリーダーシップを支えに、日々の教育活動を遂行する。近代的な学校教育制度の担い手である教師たちは、「制度的指導者」として期待される役割を果たさなければならない(ウォーラー 一九五七、二四〇―二四四頁)。

学校制度に支えられた存在として教師を把握する視座は、他の社会学者たちにも共有されている。P・ブルデューとJ・C・パスロンは、教育的な働きかけ一般と、制度化された教育システムのそれとを区別し、後者は「教育的権威」の制度化された形態である「学校的権威」に支えられていると述べる。学校では教え手の権威が制度化されることで、象徴的暴力としての教育的な働きかけが誤認＝承認されるのである（ブルデュー・パスロン 一九九一、九二―九三頁）。

同様に、社会システム理論を構想したN・ルーマンも、教育がひとつの機能システムとして分出し、固有なコミュニケーションが自律的に展開するためには、組織化と専門職化の双方が不可欠だと主張する。近代的な教育制度の確立とは、教育を行う組織としての学校の普及・拡大を意味する。組織的な意思決定を通じてカリキュラムを編成することで、教育する意図にもとづくコミュニケーションはその対象範囲を拡げつつ、安定した形式を得る。学校方式による教育の組織化は、教育がひとつの機能システムとして分出する手助けとなる。

他方で、教育的なコミュニケーションがそのねらいを達成するためには、授業という相互行為を媒介しなければならない。型と偶然の双方の影響を受けつつ、どのように展開するか分からない不確実なやりとりのなかで教育意図を達成する、こうした困難な仕事を遂行するためには学校組織の整備だけでは不十分で、相互行為としての授業を担う教師の仕事を専門職として確立してゆくことが必要になる（ルーマン 二〇〇四、二一七―二二二頁）。

教育システムにおける組織化と専門職化の相互協力関係を本章の論脈に則して位置づけなおすと、近代的な学校教育制度の特質を把握する有力なアプローチのひとつは、組織の活動を担う教育の専門家、すなわち「制度的指導者」としての教師に着目し、その実態を探究する作業だということになるだろう。

二　制度的基盤から教育行為それ自体の探究へ

「制度的指導者」としての教師という観点から、日本の教育社会学領域で展開してきた教師研究を概括すると、以下のようにおおむね三つの時期に区分できる(ただしこの時期区分は、それぞれの時代でどのような研究テーマが焦点化されたのかを示すもので、過去に重視された主題が後の時期にも引き継がれ、研究が深化してゆくプロセスを否定するものではない)。

第一期は一九五〇—七〇年代半ばまでの時期で、この時期の研究は、教師の社会的な地位や、それを支える制度的な基盤に着目する傾向が強い。この時期になされた文献レビューでは、教職の社会学の主要テーマを、①教師の社会的地位、②教職意識と教師役割、③教育組織と教師集団、④教育団体の職能の四点に整理し、最も多くの研究がなされてきた領域として①をあげている(伊藤 一九七三)。

近代的な学校教育制度を普及・拡大してゆくためには、制度の担い手である教師を数多く効率的に養成・配置しなければならない。この課題は明治期以来今日に至るまで連綿と続くが、戦後六・三制の導入で義務教育期間が延び、その後の高度成長のなかで高校に進学する人びとが急増するなかで、教師たちの社会的地位のあり方が改めて問われることになった。また、戦後の改革で大学における開放制の教員養成制度が導入されることで、教師の社会的な出自や供給源が戦前とは大きく変化し、その影響を検討する課題も浮上した。

このような時代状況で、七〇年代半ばまでの教師研究の焦点は主に、教師の社会的な地位と制度的基盤に向けられた。戦後の改革期から「大衆教育社会」(苅谷 一九九五)が確立する過程のなかで、誰が教師になるのか、そこで学閥がどのような役割を果たすのか、教師たちの社会経済上の地位はいかなるものなのか、専門職としての位置づけはどの程度確立しているのか、職業的な社会化過程で何が生じているのか、組合等の教育団体がこれらにいかなる影響を及ぼしているのか等々の問いが探究されたのである。

第二期(七〇年代後半—九〇年代後半)は、いわゆる「新しい教育社会学」の興隆に触発され、それまで自明視されてきた教育行為そのものを問う研究が展開した時期である。

一九七〇年代の英国で展開した「新しい教育社会学」は、学校の内部過程に着目し、カリキュラムの編成や教授・

学習行為の諸相を明らかにする作業を通じて、教育と外部社会との動態的な関係を問い直すことを目指していた（カラベル・ハルゼー編　一九八〇）。その影響を受け、日本においても、インタビューや観察などのさまざまな手法を用いて学校の日常をまずはありのままに把握し、そこから教師―生徒関係の特質や、学校独自の秩序のあり方を問う研究が展開してゆく。耳塚らが八〇年代末にまとめたレビューでは、教師たちの日常的な対処戦略に関する研究、教師たちが進路指導や生徒指導などの場面で使用するカテゴリーや判断枠に関する研究などが、当時の新たな潮流に位置づく研究として総括されている（耳塚他　一九八八）。

「新しい教育社会学」が与えたインパクトの他に、教師研究の焦点変化を促した要因としては、次の諸点があげられるだろう。①七〇年代半ばに高校・大学進学率が頭打ちになり、学校教育制度の拡大傾向が一つの区切りを迎えたこと、②学業成績や進学をめぐる競争の性格が変質し、いじめや不登校など、学校内部でさまざまな問題を生み出す「閉じられた競争」（久冨　一九九三）が多くの子ども・若者を巻き込んで展開したこと、③この問題を捉える理論的な枠組みとして、学校教育とそこでなされる教育行為が人びとに及ぼすネガティブな影響を主題化した諸研究（I・イリッチの脱学校論やM・フーコーの規律訓練論など）が着目されたこと（イリッチ　一九七七、フーコー　一九七七）。

高度成長を経て、学校教育の制度的な基盤は一定の安定性を獲得した。他方でそのことは、近代学校の特質に起因する諸問題が学校内部で生じることを意味する。教育行為そのものに着目した研究が展開する背景には、一九七〇年代半ばに、「仕事・家族・学校という三つの社会領域の間が、①極めて太く堅牢で、②一方向的な矢印によって結合されていた」特殊な社会統合様式である「戦後日本型循環モデル」（本田　二〇一四、一四頁）の不可欠な構成要素として学校教育が位置づき、他の社会制度と緊密に結びつくことによって確固たる基盤を得る一方で、いじめや不登校など、今なお続く現代的な学校問題が登場する（別言すれば、子ども・若者をめぐる諸問題を学校が一手に引き受けてゆく）状況があったといえよう。

一九九〇年代頃からは、それまでの理論的な次元における検討や試行的な実証研究を経て、教育行為そのものを問う研究が本格的に展開・深化してゆく。現場に密着した実証研究の遂行を妨げていた「学校のカベ」(志水 一九八五、一九八頁)を地道な努力で乗り越え、日本でも学校エスノグラフィーが一定の蓄積を見るようになった(志水編 一九九八、清水 一九九八、伊佐 二〇一〇、盛満 二〇一一など)。さらに、人びとが日常生活を遂行する方法に着目する独自のアプローチから教育領域で生起する諸実践の(再)記述を試みるエスノメソドロジー・会話分析による業績も、山村(一九八二)による先駆的な理論的検討を皮切りに、その後も着実に進展していった(石飛 一九九五、秋葉 二〇〇一、大辻 二〇〇六、森 二〇一四など)。これらの研究とは系統がやや異なるが、教員文化の解明を試みる一連の研究も、教育行為それ自体を探究する有力なアプローチのひとつに位置づけることができる(久冨編 一九八八、一九九四、二〇〇三、二〇〇八、川村 二〇〇九など)。

三 教育改革の進展と教職の再定義

教師研究の第三期は、一九九〇年代末頃から始まった。この時期はこれまで紹介したような問いを継承し深めてゆく研究に加え、「教育改革と教師」という新たなテーマを掲げる研究が登場・展開する。戦後の学校教育制度のあり方が根底から見直されるなかで、「制度的指導者」としての教師の仕事がどのように再定義されてゆくのか。こうした問いが、第三期から前景化してゆく。

九〇年代の後半は、日本の学校教育が抱えてきた課題とされる「画一性、硬直性、閉鎖性」への対応が本格的に展開した時代であった(臨時教育審議会編 一九八七、一〇頁)。学校選択制を導入する自治体の登場や「総合的な学習の時間」の創設に象徴されるように、日々の教育実践の改善にとどまらず、準市場的なメカニズムの導入やさらなる分権化を通じて、これまでの学校教育制度のあり方を変えようとする改革の動きが大きく進展したのである。

久冨善之によれば、一九九〇年代半ば以降の教育改革は、①従来型の官僚統制を維持・強化する、②規制緩和・市場化を進めてゆく、③地域住民や保護者などによる学校運営への参加・自治を拡大する、という三つの方向に向かう力がせめぎあうなかで展開した。これらは対立する立場にあると同時に、三極のうちいずれかの立場を批判するために、残りの二つの方向をめざすアクターが妥協的に協力しうる関係にもある(久冨 一九九九)。

戦後日本の教育行政は、形式上は地方分権の仕組みを採用しつつも、実質的な中央統制と規格化を推し進めていった点に特徴があるが(荻原 一九九六)、九〇年代半ば以降の教育改革は、こうした中央集権的な学校教育制度のあり方を問い直す形で出発した。二〇〇〇年代以降の教育改革も、従来の学校のあり方を強化する方向への揺り戻しも含め、三つの方向性が併存または相互に牽制しあいながら展開し、今日に至っている。

教育改革のこうした動向を概括したうえで現時点から振り返ると、第二期の教員研究が取り組んできた「教育行為それ自体の探究」という課題は、本田が示す「戦後日本型循環モデル」が確立し、学校教育の制度的基盤がまだ相対的に安定していた時代状況を背景になされたといえるだろう。

もちろん、一九八〇—九〇年代も、いじめや不登校を典型とするさまざまな教育問題が顕在化し、学校内外の社会的な秩序が揺らぐ事態がすでに生じていた。しかしながら、今日のように、動揺する秩序に対処すべく、制度的基盤そのものの大幅な組み替えが進行していたわけではない。戦後日本型循環モデルがうまく機能しなくなった後に展開する今日の教育改革においては、雇用政策や家族政策などの他の社会領域における制度の組み替えと連動しつつ、新たな学校教育のあり方を展望することが要請されている。学校が果たすべき社会的役割と、そのために必要とされる教師の仕事のあり方が、根底から問い直される状況が到来しているのである。

教育行為の特質は何か、いかにしてそれが可能になるのかという問いの重要性が無くなったわけではない。他方で第三期以降の研究では、新たな社会統合のあり方を模索しつつ教職の制度的基盤を再編するという、より大きな文脈のなかに自らの知見を位置づける課題が浮上する。「学校教育を取り巻く状況が刻々と変化を続け（中略）かつての教師研究が共有し得た、教師を問う基底的な視座がもはや普遍ではなくなった」（越智・紅林 二〇一〇、一一四頁）状況で、教師という存在とその仕事のあり方を解明し、今日の教師たちがいかなる意味で制度的指導者たりうるのか、新たな図式のもとに位置づけなおす必要性が高まっているのである。

こうした課題意識のもとでなされた研究の例としては、教育問題が噴出し、改革による対応が模索されるなかで、教師がおかれた現状を詳細に検討し、ありうる未来を予測する油布らの取り組み（油布編 一九九九）、転換期を迎えた学校における教師の仕事の変容を把握し、今後を展望する永井らの成果（永井・古賀編 二〇〇〇）、評価という観点から、教育改革が児童・生徒や教員の思考行動様式に与える影響を検討した金子の一連の研究（金子 一九九九、二〇〇三、二〇一〇）、学校にこれまで以上の説明責任が求められる状況下で、「お世話モード」という教育困難校における新しいサバイバル・ストラテジーの登場を指摘した吉田（二〇〇七）の研究などがある。

二〇〇〇年代半ば以降には、教育改革に力を入れる地方自治体を対象にした調査の成果が公刊され、改革が学校現場に与えた影響を検証する事例研究が蓄積されてゆく。具体的には、学力政策への対応（鹿児島県）、民間人校長の導入（東京都杉並区）、教員評価制度の改革（宮崎県）、「学び合い」を核にした学校改革（愛知県犬山市）の帰趨が検討された（苅谷他 二〇〇五、二〇〇八、苅谷・金子編 二〇一〇、苅谷他編 二〇一一）。

これらのモノグラフは、トップダウン／ボトムアップの二分法では把握できない錯綜した状況下で教育改革が進展していることを明らかにするとともに、教育改革が掲げる理念を学校関係者がさまざまな形で読み替え、現場の論理やかれらが重視する価値観と接合しようと試みる姿を描き出している。

制度的な基盤が再編されるなかで、教師たちはこれまで果たしてきた役割の何を継承し、何を新しい文脈に合う形で変えようとしているのか。関係者たちの取り組みは、学校の組織体制や教師の働き方に結局のところ何をもたらすのか。事例研究を通じて、これらの問いに応答する試みがなされている。

四　今、教職の何が問われているのか

二〇一〇年代以降の教育改革は、学校・教師の役割や責任の範囲を従来のそれから大きく組み替えるべく、より急速な展開を遂げつつある。これを端的に示す政策文書が、教育再生実行会議の提言を受け、中央教育審議会が二〇一五年一二月に出した三つの答申、具体的には①「これからの学校教育を担う教員の資質能力の向上について」(中教審答申第一八四号)、②「チームとしての学校の在り方と今後の改善方策について」(中教審答申第一八五号)、③「新しい時代の教育や地方創生の実現に向けた学校と地域の連携・協働の在り方と今後の推進方策について」(中教審答申第一八六号)である(中央教育審議会 二〇一五)。

それぞれの答申の概要を確認してみよう。①では、社会の進歩や変化に対応できる教員の資質能力向上を企図した教員養成・採用・研修の一体改革が構想され、②では「チームとしての学校」というコンセプトのもとで「社会に開かれた教育課程」を実現し、複雑化・多様化した課題の解決を目指す新しい学校組織のあり方が示されている。③では、教育改革をさらに進め、地方創生の結節点として学校が機能するためには地域とのさらなる連携・協働が必要との認識のもとで、コミュニティ・スクールの拡充と、地域社会と学校との新たな協働体制の構築が提言されている。

これらの答申が出た直後の二〇一六年一月に、文部科学省は提言の内容を具体化すべく「「次世代の学校・地域」創生プラン」を公表し、三答申を一体のものとして受けとめつつ、今後取り組むべき具体的な施策と改革工程を提示する。同プランでは「「社会に開かれた教育課程」の実現や学校の指導体制の質・量両面での充実、「地域とともにあ

る学校」への転換」を、学校に関わる改革の主要な方向性として提示している(文部科学省 二〇一六、一頁)。一見すると、先に整理した教育改革の三つの方向性のうち「参加・自治」の拡大を強調する印象があるが、具体的な取組施策を検討すると、残りの二つの方向性も書き込まれていることが分かる。たとえば、教員養成・採用・研修の一体改革では「教職課程コアカリキュラム」の作成や、文部科学大臣による「教員育成指標の整備のための大綱的指針」の提示など、運用次第では官僚統制の強化につながりうる施策が盛り込まれている。さらに、学校が地域と連携・協働する際に想定されているアクターには民間企業が含まれており、学校の組織運営改革においても教員以外の専門スタッフの配置、学校のマネジメント機能の強化が謳われている。教員が業務を独占し、その専門性に立脚し合議によって意思決定する組織から、管理職による経営判断のもとで多職種が連携する組織へ。学校をそのような組織に組み替え、各学校の判断や地域の実情に応じて、企業とも連携しうるように制度を変えてゆく方向性を読み取ることができる。ここで示されたプランがどのように具現化してゆくのか、実際の運用がどうなるのか定かではない点もあるが、学校組織の再編と教職の再定義に関わる近年の施策でも、先に述べた三つの異なる改革の方向性が併存しているのである。

この点を確認したうえで、教職のあり方がどのように問われているのかという観点から現在進行している教育改革を整理すると、次のような論点が浮かび上がる。

- 教師の専門性は何か、教師の仕事はどこまでの裁量が認められるのか
- 教師は子ども・若者に関わる他の専門職とどのように連携するか
- 教師と学校教育に関わる利害関係者(子ども、保護者、地域住民)との関係をどう調整するか
- 教師の多忙化状況をどのように改善するか

これらの論点は、D・ハーグリーブスが指摘するように、関係・能力・地位に関わる近代学校の教師が対処すべき三つの課題と結びついている。教師たちは、仕事を行う基盤となる社会的関係を子どもや保護者、同僚との間に構築し、教職を遂行する能力があることを証明し、専門家としての地位を外部の人びとに認めさせる必要がある(Hargreaves 1980)。その意味では、すでに指摘されていた課題が再び登場しただけとみることもできるが、むしろここで重要な点は、これらの論点が浮上した文脈の新しさにある。以下では、グローバルな次元で進行している状況と日本に固有のそれとを区別しつつ整理を試みる。

五　学校・教師は知識基盤社会にどう対処すべきか

学校や教師の社会的な地位に関して、グローバルな次元で進行している新しい状況として第一に指摘できるのは、知識基盤社会への対応である。OECDが実施する国際比較学力調査、PISAの隆盛に象徴されるように、これまでの学校が伝達してきたとされる能力よりも、人格と不可分に結びつき、汎用性が高い(すなわち、垂直軸・水平軸の両者で従来型学力よりも拡張した)「〈新しい能力〉」(松下編 二〇一〇)を学校で育成する社会的要請が高まっている。

近年の改革を主導する「「次世代の学校・地域」創生プラン」の鍵概念のひとつである「社会に開かれた教育課程」とは、具体的には二〇一七年に告示された次期学習指導要領を主導する理念を指し示す。この新しい指導要領は、二一世紀に知識基盤社会が到来したとの認識のもとで、二〇三〇年の未来社会が学校に何を求めるのかを見据えて構想されている(中央教育審議会 二〇一六)。

中教審のこの答申を受けて改訂・告示された新しい指導要領では、「生きる力」の育成というこれまでの理念を継承しつつ、学校教育が児童・生徒に身につけさせるべき「資質・能力」を明記し、「主体的・対話的で深い学び」の実現によって、これらを育成するよう学校現場へ要請している点が特徴である。〈新しい能力〉育成のためには、子どもたちに創造性や主体性を発揮するよう求めるだけでなく、時代の要請に応答しうる教育実践を創造するための裁量を学校や教師に与える必要がある。しかしながら、新しい学習指導要領では、学校が育成すべき「資質・能力」がそれぞれの教科等の目標に書き込まれ、カリキュラム・マネジメントを通じて各学校がその実現に努めるよう規定しており、教育実践の規格化・標準化を推し進めて学校現場が試行錯誤する余地を狭めかねない内容になっている。

「学びのすすめ」アピール(二〇〇二年)以降、文科省の学力政策は一貫して「確かな学力」の向上・定着を重視し、多くの教育委員会・学校は自発的に、あるいはテスト政策によるプレッシャーを受けた結果として、国の方針に棹さす動きを見せている(志水・高田編 二〇一二)が、こうした傾向は今日まで継続しているようである。ベネッセ教育総合研究所が全国の小・中・高校を対象にこれまで六回にわたって実施してきた「学習指導基本調査」(高校調査は第五回から実施)によれば、指導要領が改訂される前から新しい方向を先取りする形で、アクティブ・ラーニングに対応した授業スタイルを心がける割合が、どの学校段階においても増加している。また、小・中学校では宿題を増やし反復学習による基礎の定着をあわせて図ることで、学習の量を維持しつつ、学校に要請された新たな課題への応答を試みている(ベネッセ教育総合研究所 二〇一七)。これらの動向を見る限り、「社会に開かれた教育課程」という理念は、あくまでも文科省の定めた枠内で不断の改善に取り組む姿勢として、それぞれの学校や教師に受けとめられる可能性が高い。

社会学的な教師研究を牽引してきたA・ハーグリーブスは、新しい知識の産出と経済活動が密接に結びつく経済のグローバル化の進行が教育の標準化を推し進め、学校教育の創造性を損ねてしまう危険性を指摘している。日本においても同様の事態が進行し、かれが危惧した状況が到来するおそれがある。「教師の専門性は何か、教師の仕事はどこまでの裁量が認められるのか」という、先に述べた論点を問う際には、学校や教師が標準化された職務遂行を強いられ、不安と不信に苛まれる「知識社会の犠牲者」になるのか、そうではなく「知識社会に備える触媒者」あるいは「知識社会を乗り越える対抗者」として、知識(基盤)社会がもたらす可能性とリスクに適切に対処できる位置を与えられるのかが問われることになる(ハーグリーブス 二〇一五)。

これまでの議論とも密接に関連するが、第二に指摘できる新しい変化は、教師の専門職性の問い直しである。教師の専門職性(professionalism)、すなわち、教職が専門職として社会に受容されるそのあり方をめぐる問題は、教師の裁量をめぐる論点に加え、学校教育に関わる利害関係者、あるいは他の専門職と教師がどのような関係を取り結ぶのかという論点と密接に関わっている。G・ウィッティーは、学校や教師への信頼低下を背景に展開した英国型の教育改革が、学校関係者の専横を正すという構図のもとで国家と市場による統制を強め、教師の専門職性の再編を促した過程を分析している。かれの整理によれば、学校外からの統制 vs.専門職の自律性確保という論争において、異なる三つのタイプの専門職性が提示されることになった(ウィッティー 二〇〇四)。

第一の方向性は「伝統的な専門職性」である。これは改革で奪われた権限を取り戻し、専門家としての地位を回復させようとする試みのなかで提示されている。第二の方向性は「ポストモダン的な専門職性」であり、国家と市場による規制のもとで、経営者主義的な専門職性・起業家的な専門職性など多様で局所的な専門職性を、それぞれの教師が選び取る状況を指し示すものである。

これらに対してウィッティー自身がコミットする第三の方向性が、「民主主義的な専門職性」を掲げる立場である。この立場は、これまで「専門職からも国家からも充分なサービスを受けてこなかったグループ」(前掲書、一一〇頁)の声に耳を傾け、かれらとの間に新しい連携をつくりあげる専門職へと教職を組み替える方向性を展望する。

先に触れたA・ハーグリーブスの議論とも関連するが、過剰な規格化・標準化を避け、創造的な教育実践を展開する余地を学校現場に確保したとしても、それが「伝統的な専門職性」に回帰するならば、教職の再編を促す契機のひとつであった、教師たちの内向きの姿勢は変わらないことになってしまう。専門職の自律性を担保する際に、この点をどう回避するかが今日問われているのである。

学校教育が知識を伝達する主要な制度である限り、学校へのアクセスを万人に保障することは、知識基盤社会で公正さを維持するために必要不可欠な課題でありつづける。そのためには学校がこれまで排除してきた人びとの声に耳を傾け、近代学校が掲げてきた四つの理念(志水 二〇一〇)のうち、統合主義と民主主義をラディカルに問い直し、能力主義と平等主義をバージョンアップする試みが肝要になる(山田 二〇一六)。ハーグリーブスも、知識(基盤)社会が生み出すリスクに対処し、社会の分断を回避するためには、学校教育を通じて民主主義を支え、地球市民を育てる必要があると主張する(ハーグリーブス 二〇一五、八二頁)。

PISAが〈新しい能力〉の測定を試みる際に卓越性(excellence)と公正さ(equity)の双方を重視し、近年は国連が掲げる「持続可能な開発目標(SDGs)」への貢献を打ち出していることに象徴されるように(OECD 2016, pp. 3–4)、知識基盤社会が進展するなかで、経済的な繁栄と政治的な社会統合をいかに両立させるかは、グローバル化が進む社会が抱える共通の課題である。これらの課題に学校がどのように応答するか、という問いのもとで教職が再編されつつあるといえよう。

六　教師の多忙化と教育改革の持続可能性

教師の仕事は不確実性に満ちている(Lortie 1975)。そのなかで首尾良く職務を遂行するために、かれらは独自の教員文化を形成し、困難に対処する戦略を継承してきた。今日の教職の再編における日本的な文脈のひとつは、この教員文化に関わるものである。

「指導の文化」(酒井 一九九九)と指摘されるように、諸外国と比べると、日本の教師たちは自らの職務の範囲を広く捉える傾向がある。部活動や行事など、教授学習行為のみに限定されない、生徒に対するあらゆる関与を「指導」という概念で把握し、それらに教育的な意味を付与する。教職を無限定的なものとして捉えて多くの仕事を抱え込み、「雑務に追われて本務が不十分」と感じてしまう傾向は客観的な多忙だけでは説明が難しく、教員文化のあり方に起因する面がある(久冨編 一九八八、六一―七七頁)。

現在進展しつつある教職の再編によって、こうした従来の教員文化のあり方が大きく変わるかもしれない。たとえば、油布らは比較可能な設計で一九九五年・一九九九年・二〇〇八年に実施した教員調査のデータを検討した結果を踏まえ、学校組織が経営体としての性格を強め、教職の自律性が縮減する状況のなかで「自らの役割を限定して組織目標にそった行動を是とする「組織のスペシャリスト」化」(油布他 二〇一〇、六三頁)という教職観の変化が進行する可能性を示唆している。また、久冨らも二〇〇四年・二〇一四年に実施した調査データを比較し、これまで教師たちを支えてきた「献身的教師像」に代わるものとして、既定の行動を着実に成し遂げることが教職の中核をなすと考える「職務遂行」的な教職観が形成されつつある可能性を指摘している(久冨他編 近刊)。これらはいずれも、今日展開している教育改革の方向性のひとつの局面を先取りするかたちで生じた変化である。

他方で、教員文化の如何にかかわらず、学校に対する社会の要請が変化し、さらにはこれまで述べてきた改革への対応が求められるなかで、実態としての多忙化の度合いも深刻なレベルに達している。給特法(公立の義務教育諸学校等の教育職員の給与等に関する特別措置法)の教職調整額の算定根拠となった勤務状況調査から四〇年を経て、文部科学省は二〇〇六年度と二〇一六年度に「教員勤務実態調査」(委託調査)を実施した。現時点では二〇一六年度調査の速報値が公開されている段階だが、その結果によれば、職階や年齢を問わず、近年になるほど教員の勤務時間が増加している傾向が明瞭である（文部科学省 二〇一七）。日本の教師の勤務時間の顕著な長さは、国際比較の調査でも明らかにされており、調査参加国の中で最長という結果が出ている（国立教育政策研究所編 二〇一四）。

二〇〇六年の調査が行政改革推進法を契機に実施されたことから窺えるように、教員の勤務実態把握が政策立案の焦点となる背景には、財政上の制約が高まるなか、教育改革を今後も推進してゆくための資源をどう確保してゆくかという課題がある。日本固有の文脈として第二に指摘できる今日的な状況は、「教師の多忙化状況をどのように改善するか」という論点に関わるこの難題に端的に集約されている（中央教育審議会も二〇一七年七月から、「学校における働き方改革特別部会」を設けて議論を続けているところである）。

多忙化が進むだけでなく、精神疾患を理由とする病気休職者の割合は二〇〇〇年代以降急増し、現在も高止まりの傾向にある。国際比較の教育統計でも、日本は一学級あたりの児童・生徒数の平均値が高く、ＧＤＰに占める公的支出の小さい国に位置する（OECD 2017）。また、義務教育費国庫負担制度の改革以降、地方に与えられた裁量を雇用の非正規化を進める形で用いる自治体も登場している。

こうした状況にもかかわらず、国際学力調査で良好な成果を発揮していることから窺えるように、日本の教師たちは、必ずしも充分な資源が配分されない状態で、学校に課される高い要求に応答しつづけてきた。その歪みが多忙化のさらなる進行と、病気休職で学校から離脱する教師の増加・高止まりとして表れているのである。

多忙を呼び込む教員文化の特質と、実態としての多忙化の進行が相互補完的な関係にあることにも留意する必要がある。神林寿幸は、一九五〇—二〇一二年に実施された教師の労働時間・業務時間に関する一四の調査データを再集計し、教員の多忙化は周辺的職務の増加というよりは課外活動で子どもに関与する時間の増加によってもたらされており、「闇雲に教員に子どもに向きあう時間を増やすことはさらなる教員の多忙化をもたらしかねない」（神林 二〇一

五、三〇頁）と結論づけている。

「チーム学校」論が展望する新しい学校組織のあり方を具現化する試みは、従来の教員文化のあり方にいかなる影響をおよぼすことになるのだろうか。限界に近づきつつあるように思われる多忙化状況は、今後どのように変化するのか。制度的な資源配分様式と教師たちの文化的慣行の接合関係に着目しつつ、「教育改革の持続可能性」という観点から、教職の再編と多忙化をめぐる問題を探究してゆく必要がある。

七　教職のゆくえ、学校の未来

深刻な多忙化の状況があるにもかかわらず、本章で参照した研究を含む教員調査は、今なお多くの教師たちが教職にやりがいを感じ、日々の教育活動に従事している姿を明らかにしている。

たとえば、先に触れた久冨らの調査でも、教師たちは近年ほど自らのおかれた状況をポジティブに捉えるようになっており、同一尺度で測定したバーンアウトの度合いも二〇〇〇年代以降は改善傾向が認められる（久冨他編　近刊）。学校や教師をとりまく客観的な状況の厳しさと、それでもなお主観的には前向きの姿勢が維持されていることの乖離を埋める論理を発見し、そこから「制度的指導者」としての教師研究の含意を、どうくみ取ってゆくのかが問われているように思われる。

また、総体としての教員文化には変化の兆しがみられるものの、個別の学校で形成される「学校組織文化」（今津一九九六）の次元に着目すると、従来の無限定的な教職観を維持しつつ高い教育効果を発揮し、多様な背景をもつ子どもを支える「効果のある学校」が今日において存在することも事実である（志水・高田編　二〇一六）。

事実上の官僚統制を通じた標準化・規格化に向かう動きがみられるものの、今日の教育改革はいまなお複数の方向性が併存する形で展開している。分権化・学校参加に向かう方向性に後押しされてなされる地方自治体や個々の学校のユニークな取り組みが、再編のさなかにある教職の新しいモデルを提示するかもしれない。

近年は国際比較調査を含む、ナショナル・サンプルを用いた（あるいは複数の地域をカバーする大規模な）教員調査データの蓄積が進み、パネルデータはまだ整備されていないものの、クロスセクショナルな分析が可能な状況になっている。これらのデータを活用し教員世界に生じた総体的な変化を検討する研究と、興味深い取り組みを行う自治体や個別の学校を対象にしたモノグラフ的な研究の双方を進めてゆくことで、今後の教職のゆくえを見据え、学校のあり方を構想する必要がある。

本章の冒頭でルーマンを参照しつつ確認したように、教育システムが独自の機能システムとして分出するためには、授業場面でなされる不確実なコミュニケーションを支える組織的基盤を確立し、教職の専門職化を推し進める必要がある。教育改革が急速に進展し、教職のあり方そのものが再編される状況における社会学的な教師研究のフロンティアは、多様なアプローチを通じて組織化と専門職化の今日的な諸相を解明し、そのことを通じて教師が「制度的指導者」たりえる条件を探究する地点にあるのではないか。

参照文献

秋葉昌樹　二〇〇一、「保健室登校からみる不登校問題——教育の臨床エスノメソドロジー研究の立場から」『教育社会学研究』第六八集。
伊佐夏実　二〇一〇、「公立中学校における「現場の教授学」——学校区の階層的背景に着目して」『教育社会学研究』第八六集。
石飛和彦　一九九五、「校則問題のエスノメソドロジー——「パーマ退学事件」を事例として」『教育社会学研究』第五七集。
伊藤敬　一九七三、「「教師の社会学」に関する文献」『教育社会学研究』第二八集。
今津孝次郎　一九九六、『変動社会の教師教育』名古屋大学出版会。
イヴァン・イリッチ、東洋・小澤周三訳　一九七七、『脱学校の社会』東京創元社。
ジェフ・ウィッティー、堀尾輝久・久冨善之監訳　二〇〇四、『教育改革の社会学——市場、公教育、シティズンシップ』東京大学出版会。

ウィラード・ウォーラー、石山脩平・橋爪貞雄訳 一九五七、『学校集団――その構造と指導の生態』明治図書出版。
大辻秀樹 二〇〇六、「Type M――「学ぶことに夢中になる経験の構造」に関する会話分析からのアプローチ」『教育社会学研究』第七八集。
荻原克男 一九九六、『戦後日本の教育行政構造――その形成過程』勁草書房。
越智康詞・紅林伸幸 二〇一〇、「教師へのまなざし、教職への問い――教育社会学は変動期の教師をどう描いてきたのか」『教育社会学研究』第八六集。
金子真理子 一九九九、「教室における評価をめぐるダイナミクス――子どもたちの行動戦略と学校適応」『教育社会学研究』第六五集。
金子真理子 二〇〇三、「中学校における評価行為の変容と帰結――教育改革の実施過程に関する社会学的研究」『教育社会学研究』第七二集。
金子真理子 二〇一〇、「教職という仕事の社会的特質――「教職のメリトクラシー化」をめぐる教師の攻防に注目して」『教育社会学研究』第八六集。
J・カラベル、A・H・ハルゼー編、潮木守一・天野郁夫・藤田英典編訳 一九八〇、『教育と社会変動――教育社会学のパラダイム展開』(上)、東京大学出版会。
苅谷剛彦 一九九五、『大衆教育社会のゆくえ――学歴主義と平等神話の戦後史』中公新書。
苅谷剛彦他 二〇〇五、『脱「中央」の選択――地域から教育課題を立ち上げる』岩波ブックレット。
苅谷剛彦他 二〇〇八、『杉並区立「和田中」の学校改革』岩波ブックレット。
苅谷剛彦・金子真理子編著 二〇一〇、『教員評価の社会学』岩波書店。
苅谷剛彦・堀健志・内田良編著 二〇一一、『教育改革の社会学――犬山市の挑戦を検証する』岩波書店。
川村光 二〇〇九、「一九七〇―八〇年代の学校の「荒れ」を経験した中学校教師のライフヒストリー――教師文化における権威性への注目」『教育社会学研究』第八五集。
神林寿幸 二〇一五、「課外活動の量的拡大にみる教員の多忙化――一般線形モデルを用いた過去の労働時間調査の集計データ分析」『教育学研究』第二八巻第一号。
久冨善之 一九九三、『競争の教育――なぜ受験競争はかくも激化するのか』労働旬報社。
久冨善之 一九九九、「学校の「地方分権」と「規制緩和」」教育科学研究会・社会教育推進全国協議会編『教育、地方分権でどうなる』国土社。
久冨善之編著 一九八八、『教員文化の社会学的研究』多賀出版。

久冨善之編著　一九九四、『日本の教員文化――その社会学的研究』多賀出版。
久冨善之編著　二〇〇三、『教員文化の日本的特性――その社会史的・社会学的解明』多賀出版。
久冨善之編著　二〇〇八、『教師の専門性とアイデンティティ――教育改革時代の国際比較調査と国際シンポジウムから』勁草書房。
久冨善之・長谷川裕・福島裕敏編著　近刊、『教師の責任と教職倫理――経年調査にみる教員文化の変容』勁草書房。
国立教育政策研究所編　二〇一四、『教員環境の国際比較――OECD国際教員指導環境調査(TALIS)二〇一三年調査結果報告書』明石書店。
酒井朗　一九九九、「「指導の文化」と教育改革のゆくえ――日本の教師の役割観に関する比較文化論的考察」油布佐和子編『教師の現在・教職の未来――あすの教師像を模索する』教育出版。
志水宏吉　一九八五、「「新しい教育社会学」その後――解釈的アプローチの再評価」『教育社会学研究』第四〇集。
志水宏吉　二〇一〇、『学校にできること――一人称の教育社会学』角川学芸出版。
志水宏吉編著　一九九八、『教育のエスノグラフィー――学校現場のいま』嵯峨野書院。
志水宏吉・高田一宏編　二〇一二、『学力政策の比較社会学【国内編】――全国学力テストは都道府県に何をもたらしたか』明石書店。
志水宏吉・高田一宏編　二〇一六、『マインド・ザ・ギャップ!――現代日本の学力格差とその克服』大阪大学出版会。
清水睦美　一九九八、「教室における教師の「振る舞い方」の諸相――教師の教育実践のエスノグラフィー」『教育社会学研究』第六三集。
永井聖二・古賀正義編　二〇〇〇、『《教師》という仕事=ワーク』学文社。
アンディ・ハーグリーブス、木村優・篠原岳司・秋田喜代美監訳　二〇一五、『知識社会の学校と教師――不安定な時代における教育』金子書房。
ミシェル・フーコー、田村俶訳　一九七七、『監獄の誕生――監視と処罰』新潮社。
ピエール・ブルデュー、ジャン=クロード・パスロン、宮島喬訳　一九九一、『再生産――教育・社会・文化』藤原書店。
ベネッセ教育総合研究所　二〇一七、『第六回学習指導基本調査 DATA BOOK(小学校・中学校版)』ベネッセ教育総合研究所。
本田由紀　二〇一四、『社会を結びなおす――教育・仕事・家族の連携へ』岩波ブックレット。
松下佳代編　二〇一〇、『〈新しい能力〉は教育を変えるか――学力・リテラシー・コンピテンシー』ミネルヴァ書房。
耳塚寛明・油布佐和子・酒井朗　一九八八、「教師への社会学的アプローチ――研究動向と課題」『教育社会学研究』第四三集。
森一平　二〇一四、「授業会話における発言順番の配分と取得――「一斉発話」と「挙手」を含んだ会話の検討」『教育社会学研究』第九四集。
盛満弥生　二〇一一、「学校における貧困の表れとその不可視化――生活保護世帯出身生徒の学校生活を事例に」『教育社会学研究』第八八集。

集。
山田哲也 二〇一六、「格差・貧困から公教育を問い直す」志水宏吉他編『岩波講座　教育　変革への展望　第二巻　社会のなかの教育』岩波書店。
山村賢明 一九八二、「解釈的パラダイムと教育研究——エスノメソドロジーを中心にして」『教育社会学研究』第三七集。
油布佐和子他 二〇一〇、「教職の変容——「第三の教育改革」を経て」『早稲田大学大学院教職研究科紀要』第二号。
油布佐和子編 一九九九、『教師の現在・教職の未来——あすの教師像を模索する』教育出版。
吉田美穂 二〇〇七、「「お世話モード」と「ぶつからない」統制システム——アカウンタビリティを背景とした「教育困難校」の生徒指導」『教育社会学研究』第八一集。
臨時教育審議会編 一九八七、『教育改革に関する第四次答申(最終答申)』大蔵省印刷局。
ニクラス・ルーマン、村上淳一訳 二〇〇四、『社会の教育システム』東京大学出版会。
Hargreaves, D. H. 1980, "The Occupational Culture of Teachers", Peter Woods(ed.), *Teacher Strategies*, Croom Helm.
Lortie, D. C. 1975, *Schoolteacher: A Sociological Study*, University of Chicago Press.
OECD 2016, *PISA 2015 Results(Volume I): Excellence and Equity in Education*, PISA, OECD Publishing.
OECD 2017, *Education at a Glance 2017: OECD Indicators*, OECD Publishing.
中央教育審議会 二〇一五、「これからの学校教育を担う教員の資質能力の向上について」(中教審答申第一八四号) http://www.mext.go.jp/b_menu/shingi/chukyo/chukyo0/toushin/1365665.htm
中央教育審議会 二〇一五、「チームとしての学校の在り方と今後の改善方策について」(中教審答申第一八五号) http://www.mext.go.jp/b_menu/shingi/chukyo/chukyo0/toushin/1365657.htm
中央教育審議会 二〇一五、「新しい時代の教育や地方創生の実現に向けた学校と地域の連携・協働の在り方と今後の推進方策について」(中教審答申第一八六号) http://www.mext.go.jp/b_menu/shingi/chukyo/chukyo0/toushin/1365761.htm
中央教育審議会 二〇一六、「幼稚園、小学校、中学校、高等学校及び特別支援学校の学習指導要領等の改善及び必要な方策等について」(中教審答申第一九七号) http://www.mext.go.jp/b_menu/shingi/chukyo/chukyo0/toushin/1380731.htm
文部科学省 二〇一六、「「次世代の学校・地域」創生プラン」 http://www.mext.go.jp/b_menu/houdou/28/01/1366426.htm
文部科学省 二〇一七、「教員勤務実態調査(平成二八年度)の集計(速報値)について(概要)」 http://www.mext.go.jp/b_menu/houdou/29/04/1385174.htm

▼ブックガイド▼

ウィラード・ウォーラー、石山脩平・橋爪貞雄訳 一九五七、『学校集団——その構造と指導の生態』明治図書出版。

学校社会学、教師の社会学の先駆となる古典的著作として高く評価されている。観察記録や小説などのさまざまな資料を駆使し、ひとつの社会としての学校を活写するなかで示される鋭い洞察は、今日においても多くの示唆を与えてくれる。

アンディ・ハーグリーブス、木村優・篠原岳司・秋田喜代美監訳 二〇一五、『知識社会の学校と教師——不安定な時代における教育』金子書房。

学校が果たすべき主要な役割は知識の伝達である。新しい知識の産出と応用の社会的重要性が増す時代が到来すると、学校や教師の役割が根底から問い直されることになる。『学校集団』と対比しつつ本書を読むことで、教師研究の射程について深い理解が得られるだろう。

7 「ジェンダーと教育」研究の新展開
――不平等の多元化と視点の多様化のなかで

多賀　太

一　教育研究とジェンダー概念

ジェンダー概念のインパクト

欧米では、一九六〇年代になると、教育機会の平等が教育達成の平等を必ずしももたらさないことが明らかとなり、教育研究者たちの関心は、学校を通した社会集団間の不平等の再生産過程に向けられるようになった。しかし、そうした初期の研究のほとんどは、階級(階層)間や人種間の不平等のみを扱い、性に基づく不平等には目を向けてこなかった。それだけ「性差」は、階級差や人種差以上に人々の間で自明視されてきたのである。

当時は、男女間の教育達成や成人後の役割の違いを、先天的な男女の特性や能力の違いの結果と見なす「生物学的決定論」が広く受け入れられていた。また、「男は仕事、女は家庭」や「男性は主導的役割、女性は補助的役割」といった固定的な性別役割のあり方を、相補的で「異なるけれど平等」と見なす「異質平等論」も支配的であった。したがって、男女共学が認められ、女子に対して男子と同じ制度上の教育機会が開かれた後に、教育の結果にどれだけ性差が生じても、それはごく「自然な」こととされ、問われるべき問題とは見なされにくかったのである。

そうした常識を打ち破るのに大きな役割を果たしたのが、フェミニズム第二の波と、その流れのなかで誕生した

「ジェンダー(gender)」概念であった。一九七〇年代に世界各地で興隆した第二波フェミニズムは、第一波フェミニズムの成果としての市民権における男女平等が達成された後にもなお持続する、男性優位の社会状況を捉え直そうとした。そして、近代社会における男女で異なる地位と役割の配分は、対等で互恵的な分業関係というよりも、公的領域と私的領域の両方において男性に富や権力を不均衡に配分する支配―従属関係であり、そうした男女のあり方の違いの少なからぬ部分が、実は生物学的宿命などではなく、社会的文化的に形成されているのではないかと問いただした。こうしたなかで、それまで文法上の性別を指す用語であった「ジェンダー」を援用し、生物学的性別としての「セックス」とは分析的に区別される、社会的文化的性別としての「ジェンダー」概念が提唱されたのである(Oakley 1972)。

こうした「ジェンダー」概念誕生の経緯からもうかがえるように、ジェンダーの視点に基づく教育研究の関心は、その当初から、「女性の地位向上」と「男女平等の実現」というフェミニズムの実践的課題と密接に結びついていた。日本では、一九八〇年代末になってようやく、「ジェンダーと教育」研究という呼称とともに、その本格的な枠組みが提起された。そこで当初目指されたのは、業績本位の制度とみなされやすく平等幻想の強い学校において、いかに隠れた形で「男女の分化」と「女性の地位引き下げ」が生じているのかを明らかにすることであった(天野 一九八八)。こうした枠組みのもとで展開された一連の研究は、学校の内部過程の詳細な分析を行い、公的な男女共通カリキュラムの背後で男女に異なる価値と知識を伝達する「隠れたカリキュラム」の作用や、教師―生徒間ならびに生徒同士の相互作用を通じて、学校内のジェンダー秩序が構築されるとともに、かれらもまたそうした秩序によって形成されていく側面を明らかにしてきた(多賀・天童 二〇一三)。こうして、ジェンダー概念の導入により、「性差」は、学校研究において、単に記述されるものから、それ自体説明されるべきものへと変化したのである。

ジェンダーをめぐる社会状況の変化

しかし、ジェンダー概念が提起されて四〇年以上が経過し、それが日本の教育研究に導入されて四半世紀が過ぎる間に、社会と学校における男女のあり方には少なからぬ変化が生じた。欧米(以下、オーストラリアを含む欧米圏を指す)では、フェミニズムが問題として提起してきた男女間での社会的不平等がある程度改善され、さまざまな社会領域での女性の活躍や学業における女子の躍進が見られるにつけ、「女性が不利な時代は終わった」との言説が台頭してきた(ウィーナー他 二〇〇五)。日本では、欧米に比べればはるかに男女間の社会的地位の格差は大きいが、男女共同参画施策が国策として推し進められ、学校現場における男女平等教育もある程度浸透してきた。さらに、国内外を問わず、性的マイノリティの人権に関する議論が徐々に高まり、人間を男女という単純な二元的カテゴリーだけで理解することの弊害が提起された。他方で、そうした男女平等の推進や性的マイノリティの人権保障に反対する動きが見られたり、再び生物学的要因の影響を強調する言説が台頭したりもしている。

こうした認識対象としての男女のあり方をめぐる社会状況が変化する一方で、それらを認識する道具としてのジェンダー概念自体もその定義と視点を多様化させ、後述のように、ジェンダーに関する研究と実践の内部に複数のパラダイムが併存することとなった。このことは、「ジェンダーと教育」研究の射程と可能性を広げた一方で、性に関わる現象をいかに理解するか、いかなる教育実践を目指すべきかに関して、矛盾や葛藤を新たに生じさせてもきた。

以上をふまえ、本章では、日本と欧米のジェンダーと教育をめぐる社会状況ならびにジェンダーの視点に基づく教育研究の動向を概観し、今後の研究上の課題と可能性を検討する。ジェンダーと教育に関する研究動向を紹介した論文は、二〇〇〇年以降のものだけでもいくつも見られるため(亀田 二〇〇〇、橋本 二〇〇五、木村編 二〇〇九、多賀・天童 二〇一三など)、詳細についてはそれらに譲ることとし、ここでは特に、二〇〇〇年代以降に顕著になった、男女のあり方をめぐる社会状況の変化、ならびにジェンダー概念の多様化に伴う研究と実践の新たな展開を中心に論じる。

二　男子――もう一つのジェンダー

「男子の不利」言説の台頭

「ジェンダー」概念の導入は、教育研究者の関心を、実体としての女性のみならず、両性の関係性へと向かわせた。それによって、それまで人間一般と同一視され、あたかも性をもたない存在であるかのように見なされがちであった男性も、実はさまざまな意味で性的特殊性を帯びた「もう一つのジェンダー」であり、女子だけでなく男子もまた「学校でつくられる」ことへの気づきがもたらされた(多賀 二〇〇六、二七―四八頁)。

とりわけ欧米では、学校における男子のあり方は、「男子の不利」言説の台頭とともに脚光を浴びることになった。日本よりもいち早く教育におけるジェンダー問題に関心が向けられた欧米諸国でも、一九九〇年代前半までは、教育におけるジェンダー問題といえば、「女子の不利」をいかに解消するかを指していた。ところが、一九九〇年代後半になると、少なくとも大衆言説のレベルにおいては、今や恵まれない不利な(disadvantaged)立場におかれているのは女子よりも男子の方だとの主張が声高に叫ばれるようになったのである(木村 二〇一〇、多賀 二〇一六)。

こうした「男子の不利」言説が台頭する大きなきっかけとなったのが、試験結果に基づく学力競争の激化である。イギリスでは、義務教育修了者を対象とした全国共通試験(GCSE)の結果が一九九四年から「リーグ・テーブル」と呼ばれる成績一覧表の形で公開されるようになるやいなや、その結果について、メディアがこぞって「男子の学業不振」を問題として取り上げるようになった。さらに、PISA(OECD生徒の学習到達度調査)やTIMSS(国際数学・理科教育動向調査)などに象徴される、国際学力競争の展開が、「男子の学業不振」議論のグローバル・レベルでの高まりに拍車をかけた。

「学力」のさまざまな側面のなかでも、ほとんどの国において「男子の不振」が最も顕著に見られるのが「読解」の領域である。二〇〇〇年以来三年ごとに実施されているＰＩＳＡの結果においては、「科学」と「数学」については、男子が優位な国もあればその逆の国もあるが、「読解」に関しては、ほとんどすべての参加国で、恒常的に男子の平均得点が女子のそれを有意に下回っている。また、多くの国で男子の方が得点の分散が大きく、成績下位層の割合はいずれの領域においても、男子の方が高い傾向が見られる(国立教育政策研究所 二〇一六)。

女子に対する男子の「劣勢」は、少なくとも統計上は、高等教育段階においても明白に観察される。二〇〇〇年代半ば頃から高等教育機関への女子の進学率が男子のそれを上回る国が徐々に増え、二〇一三年の時点で、ＯＥＣＤ諸国全体での学士号取得者に占める女子の割合は五八％を占めている。その割合が四五％と最も低い日本と、ドイツ、韓国、スイス、トルコ以外のすべての国で、男子よりも女子の方が学士号取得者の割合が高くなっている(OECD 2016)。

これらは「男子の不振」として嘆くべきことではなく、むしろ「女子の躍進」として喜ぶべきことであるかもしれない。しかし、こうした事態が、男子に不利な教育環境によってもたらされているとの見方は根強い。たとえば、オーストラリア連邦議会下院の教育訓練常任委員会報告書では、次のような点が「男子の不利」として指摘されている。すなわち、シングル・マザーの家庭や、約八割が女性教師で占められている初等教育学校で、年長の男性モデルから適切な振る舞い方を学ぶ機会を奪われていること、受動的で言語を重視した女子向きの学習スタイルが学校教育において支配的であること、あらゆる職種で重視されるようになったコミュニケーション能力や対人関係能力を女子ほど発達させられていないことなどである。にもかかわらず、女子を支援するための対策が取られることはあっても、男子の教育ニーズを満たそうとする試みはほとんど行われてこなかったというのである(SCET 2002, pp. xv–xxiii)。こうした認識に基づいて、オーストラリア連邦政府は、二〇〇三年から二〇〇五年にかけて約七〇〇万ドル、二〇〇五年から二〇〇六年にかけては二〇〇〇万ドル近い予算を投入し、全国各地の義務教育学校で男子の教育ニーズに応える補償教育計画を実行した(DEEWR 2007, Mills et al. 2009)。

日本の現状

一方日本では、欧米諸国の一般的動向とは異なり、少なくとも二〇一〇年代半ばまでは「男子の不利」が声高に叫ばれる様子は見られない。これには、日本と欧米との男女格差の実態の違いが大きく関わっていると思われる。

まず、初等中等教育段階において、日本では、欧米ほど顕著には男子の学業不振傾向は見られない。たとえば、PISAについては、確かに「読解」では、大多数の参加国と同様に、第一回(二〇〇〇年)以来、女子の平均点が男子の平均点を有意に上回る結果が続いている。しかし、「科学」と「数学」では、統計的に有意な男女差が見られない年もあるものの、全体を通して見れば男子が女子を上回る傾向にある。TIMSSについては、一九九五年以来、小学四年生では大きな男女差は見られないが、中学二年生では、その差は徐々に縮小傾向にあるとはいえ、男子の平均が女子の平均を上回る結果が続いている(川口 二〇一四)。

また、先述のように、高等教育機関への進学率に関しても、海外のほとんどの国とは異なり、日本では男子優位の状況が続いている。学校基本調査によれば、二〇一五年時点でも大学・大学院ともに男子の進学率が、女子のそれを一〇ポイント近く上回っている。

さらに、日本の社会全体における女性に対する男性の相対的地位は、欧米諸国のそれと比較して際立って高い。世界経済フォーラムが、経済・教育・政治・保健の各分野におけるデータをもとに算出した「ジェンダー・ギャップ指数」に基づく二〇一六年版の各国の男女格差のランキングによれば、日本は対象国一四四カ国中、一一一位である。

ただし、今後日本でも教育達成や社会的地位における男女格差がより縮小したり、一部に男女優劣の逆転が見られるようになったりすれば、欧米のように「男子の不利」言説が台頭してくる可能性は考えられる。

フェミニズムの立場からの批判

いずれにせよ、「男子の不利」という枠組みを強調しすぎることは、女子が依然として直面している重要な問題を見えにくくさせてしまう危険性をはらんでいる。たとえば、仮に試験の成績や授業への適応において男子の方がより困難を抱える傾向にあるとしても、そうした指標では測れない他の側面、たとえば男子からの暴力やセクシュアル・ハラスメントによって、深刻な問題を抱えている女子がいる可能性を忘れてはならない(Mills et al. 2009)。

「男子の不利」言説の台頭とそれを前提とした政策動向について、フェミニズムの立場からは、これら一連の反応は、男性優位を暗黙の前提とする社会意識に基づく、女性の地位向上に対する政治的反動(backlash)の一部であるとの見方も示されている。かつて教育達成において女子が男子に劣っていた時代には、それは生得的能力の違いの反映とみなされ、対策がとられるのに時間がかかったのに対して、「男子の学業不振」に関しては、それが短期間のうちに社会問題化されて対策がとられたことは、そうした男性優位を前提とした社会意識の現れと言えるかもしれない。学業達成において女子が男子に優越していたとしても、そのことが必ずしも職業達成上の優位に結びついていない以上、ライフコース全体に渡って見れば、むしろ不利なのは依然として女性の方であると言える(ウィーナー他 二〇〇五)。

三　性別と他の属性との交差——インターセクショナリティ

男性内の差異と不平等

確かに、男性集団と女性集団全体で比較した場合、欧米でも日本でも、程度の違いこそあれ、労働市場はいまだ男性優位の状況にある。しかし、男性集団内部の多様性に目を向けるならば、あらゆる層の男性が社会的に有利な立場にあるわけではないことに気づく。

たとえば、一九八〇年代に先進工業国で初めて脱工業化を経験したイギリスでは、製造業の衰退に伴う雇用構造の変化によって、低学歴層での雇用機会における男女の逆転現象が生じている。特に肉体労働雇用の大幅な減少により、労働者階級の男性における失業は深刻な問題となっている。かつてポール・ウィリスが『ハマータウンの野郎ども』で描いたように、一九七〇年代のイギリスでは、中等教育学校に通う白人労働者階級出身の男子生徒の多くが、中産階級文化が反映された学校的価値に反抗することで労働者階級の「男らしさ」を体現し、中産階級的な成功の可能性を自ら閉ざしながら、肉体労働者への道を歩んでいた。それでも彼らは、ある程度の賃金を稼ぐことができ、結婚して家族を持つこともできていた(ウィリス 一九八五)。しかし、一九九〇年代以降の雇用構造の激変により、彼らは、労働者階級の「男らしさ」の象徴であった肉体労働ではなく、これまで女性的とみなされてきたサービス労働職を目指さざるをえなくなっている(McDowell 2003)。

一方日本でも、二〇〇〇年代以降、従来男性比率が高かった建設業と製造業の雇用縮小や、女性比率が高かった医療・福祉分野での雇用拡大を背景に、女性よりも男性で就業者数の著しい減少が見られる(永濱 二〇一二、二七—三〇頁)。確かに、雇用労働者に占める非正規雇用の割合は男性よりも女性の方が圧倒的に高く、しかも女性ではその割合が男性以上のペースで高まっている(内閣府 二〇一五、五四頁)。しかし、日本では諸外国以上に男性稼ぎ手規範が強固であり、女性に比べて男性は、結婚相手から「経済力」を求められる傾向が圧倒的に強い。実際に、女性は職業の有無や雇用形態によって婚姻率がほとんど変わらないのに、男性では「正規雇用」「非正規雇用」「無職」の順で明らかに、婚姻率が低くなることも確認されている(厚生労働省 二〇〇九、八頁)。こうしたなかで、男性のなかでも相対的に就業機会や収入の面で不利な層の少なからぬ男性たちが、「相対的剥奪感」(マートン 一九六二)にさいなまれているであろうことは想像に難くない。

学校研究においても、木村涼子らの研究グループによる私立男子高校でのフィールドワークによって、勉強もスポーツも自己主張も苦手で自尊感情が低い男子たちの、学校経験および将来展望における困難の具体的な様子が明らかにされており、もはや「男の子が優位で女の子が劣位と言った単純な構図」でジェンダー構造をとらえられないことが指摘されている(土田 二〇〇八)。

これらのことからうかがえるのは、男性集団と女性集団の平均的な差異だけを比較して「女が不利」か「男が不利」かを議論するという単純な二分法的認識だけでは、現代の学校教育および教育から労働への移行をめぐるジェンダー問題の理解には限界があるということである。今や、「貧困の女性化(feminization of poverty)」に象徴される、女性に不利なマクロレベルの機会構造は持続しながらも、そこに他のさまざまな社会的不平等が絡み合うなかで、不平等の多元化が生じているのである。

インターセクショナリティ

こうした多元的で複雑な不平等状況を把握する際のキーワードとして、英語圏で近年盛んに用いられるようになっているのが、「インターセクショナリティ(intersectionality)」である。

コリンズとビルジは、「それぞれの社会における社会的不平等や、人々の生活や権力の組織化のされ方は、人種であれ、ジェンダーであれ、階級であれ、一つの社会的分割軸によって形づくられているのではなく、共に作動し互いに影響し合う多くの軸によって形づくられている」との認識に基づき、そうした部分同士の交差を意味する「インターセクショナリティ」は「世界や人々や人間としての経験における複雑さを理解し分析する方法」であると述べている(Collins and Bilge 2016, p. 2)。

こうした発想自体は、それほど目新しいものではない。すでに一九八〇年代初頭には、黒人フェミニストの立場から、黒人と女性の複合差別の問題が提起されていた(フックス 二〇一〇)。そして、八〇年代末以降、第三の波とも称されるフェミニズムの新たな展開のなかで、第三世界、有色人種、労働者階級、障がい者、同性愛者など、さまざまなマイノリティの立場にある女性たちが声を上げた。すなわち、従来のフェミニズムは、欧米の白人で中産階級に属する健常者で異性愛者の女性の視点で構成されており、マイノリティ女性の現実を十分に拾い上げてこなかったのではないか、そもそも「女」を一元的に定義することができるのか、との問いが発せられたのである。

同様の問いは、男性たち自身が男性の抱える問題を問い直す男性運動においても、黒人男性やゲイ男性の立場から提起された(Clatterbaugh 1997)。そして、「もう一つのジェンダー」として社会的に形づくられた男性のあり方を探求する英語圏の男性性研究の分野では、一九九〇年代後半以降、男性のあり方は一様ではないという認識論的立場を明確にするため、それまで不可算名詞とされていたmasculinity(男性性)をmasculinitiesと複数形で表記するようになった(Connell 1995)。

四　性の多様性と個性の尊重

性別二分法の社会的構築

「インターセクショナリティ」の視点は、ジェンダーと他の属性の交差によって、同性内の多様性に着目させようとするものであった。他方、「ポスト構造主義」などの呼称で表される、言語を通した現実の構築作用を重視する理論的立場もまた、次のような性現象理解を通して、よりラディカルな形で、同性内の多様性への着目を促してきた。

生物学や医学は、人間の身体を「女」と「男」の二種類に分類すると同時に、人間の身体の性が、性染色体、性ホルモン、生殖器など幾重もの層として成り立っており、それぞれの層において性別多様性が存在することも明らかにしてきた。したがって、われわれが日常的に「実体」と見なしている生物学的な「女」「男」とは、そうした多様性を有する個々の身体を「女」「男」という二つのカテゴリーに分類し、その二分法に収まりきらない身体を例外と見なしたり、カテゴリー内部の多様性を無視したりする認識枠組みを通して生み出されているものである。そうした意味で、二つしかない「生物学的性別」なるものも、社会的文化的に構築された性別、すなわち「ジェンダー」にほかならないというわけである(バトラー 一九九九)。

こうしたジェンダー概念の定義の拡張に伴い、「ジェンダーの視点」の意味内容もまた、多様なものとなった。すなわち、ジェンダーは、一方の極に、性別二分法を基礎として性による差異と不平等の実態を見定めその原因を追求する視点、他方の極に、性別二分法を相対化し一人一人の個別性に着目する視点、そしてその中間に、人間のあり方やアイデンティティをジェンダーと他の属性との交差として捉える視点を備えるという、複眼的な概念装置となったのである。

「男らしさ」「女らしさ」から「自分らしさへ」

こうした、性別二分法を相対化するジェンダーの視点の理解と呼応する形で、日本では二〇〇〇年頃を境として、学校教育の現場において、男女集団間の不平等のみならず、女性／男性カテゴリーと個人との関係にも焦点を当てる、新しいタイプの男女平等教育が各地で展開されるようになった(木村 二〇一四)。それらは、社会的につくられた固定的な男女のあり方にとらわれず、「個性」や「自分らしさ」を大切にする側面を強調して「ジェンダー・フリー教育」と呼ばれることもあった(亀田 二〇〇〇)。

この時期の男女平等教育において、「個性」や「自分らしさ」が強調されるようになった教育実践上のポリティカルな背景として、次の点が指摘できる。一つは、それ以前の、いわゆる「性別特性論」に基づいた教育実践との差別化を図る狙いである。男女は生まれながらに異なる「特性」をもっていることを前提として、それらを伸ばしながら互いに尊重するという「性別特性論」のもとでは、一人ひとりの個性は、あらかじめ想定された固定的な「女らしさ」「男らしさ」という二分法的な型へと押し込められざるをえなかった。そうした「性別特性論」への批判に基づいて誕生した新しい男女平等教育にとって、「個性尊重」は自己の存在証明の一つであった。

もう一つは、「個性尊重」が一九九〇年代後半からの公的な教育政策理念として位置づけられるようになったことである。たとえば、一九九六年の第一五期中央教育審議会第一次答申では、「教育は「自分さがしの旅」を扶ける営み」であるとして、「個性尊重という基本的な考え方に立っ」た「一人一人の能力・適性に応じた教育を展開」する必要性がうたわれた。男女平等教育に反対する声も上がるなかで、教育理念として公的な承認を得た「個性尊重」を掲げることは、男女平等教育の正統性を示すうえで格好の手段であった。

個性尊重の教育実践

「個性尊重」を基盤に据えた教育実践は、従来の狭義の「男女平等」の枠組みでは問題化しにくかった次の側面を顕在化させる点でも有効であった。

まず、いまだに相対的な男子優位の状況にある日本の学校において、男子が抱えるジェンダー問題を顕在化するうえで効果的であった。男女間の不平等に焦点を当てる実践においては、ともすれば、不利な性とされる女子の問題に関心が集中し、男子が直面するジェンダー問題は見過ごされがちであった。それに対して、「個性尊重」に基づく実践は、男子もまた固定的な「男性役割」や「男らしさ」の規範によって抑圧され、人生の選択肢や生活の幅が狭められている可能性に気づかせ、彼らの行動変容を促すきっかけを与えたのである。

また、男女平等の観点からは必ずしも問題にされない、学校内のさまざまな性別処遇を問い直す視点も喚起された。たとえば、制服を採用しているほとんどの学校では、男子はズボン、女子はスカートという男女で異なる服装規定が設けられており、特定の持ち物の色が、たとえば男子は青、女子は赤と決められている学校もある。こうした規則は、ズボンをはきたい女子や、赤いものを持ちたい男子にとっては抑圧的な規則だろうが、これらの規則を「男女平等」の視点から問題化することは難しい。なぜなら、ズボンとスカート、青と赤の間には直接的な優劣関係を想定できないからである。男女とも同じように選択肢が制限されている点で、「異なるけれど平等」であるともいえる。しかし、「個性尊重」の観点から見れば、これらの規則は問題化されうる。性別という生まれながらの属性によって、男女間の身体的構造の違いと直接関係ないにもかかわらず、社会的な選択肢が制限されることは不合理だからである。

それゆえ、「個性尊重」は、学校において性的マイノリティの子どもたちが抱える悩みやかれらが直面する差別を可視化させるとともに、かれらの人権保障にも大きな役割を果たした。同性にしか性的関心を抱けない子どもたちは、自らの性的指向をひた隠しにしながら、「女は男を、男は女を好きになるはずであり、そうすべきだ」という異性愛至上主義(heterosexism)を前提としたカリキュラムや教師の教育実践、同性愛者を侮蔑するような教師や他の生徒たちの言動に耐えざるを得なかった。身体的な特徴に基づいて出生時に認定された性別での生活に著しい違和を感じる子どもたちや、解剖学的な性の発達が先天的に非定型的である性分化疾患の子どもたちも、戸籍の性別に基づいて二分法的な女／男のいずれかとしての振る舞いを求められる学校生活のなかで苦しんできた。「個性尊重」に基づく教育実践は、「ｎ個の性」（性のあり方は人の数だけある）や「みんなちがってみんないい」といったスローガンを伴いつつ、性的マイノリティか否かを問わず、すべての子どもたちが、ありのままの自己と他者のあり方を肯定的にとらえることの重要性を訴えかけたのである（セクシュアルマイノリティ教職員ネットワーク編 二〇一二）。

個性尊重と男女平等のジレンマ

しかし、「個性尊重」は、ときとして「男女平等」との間で矛盾を生じさせる。男女平等教育における個性尊重の原則には、性別との関わりで個人の選択に外部から規制がかかることを問題視し、個人の生活や人生のあり方に関わる個人の主体的な選択を尊重することが含まれる。したがって、固定的で非対称な男女のあり方にしばられない生き方を尊重するのであれば、そうした男女のあり方に進んで従う生き方も尊重せざるを得ない。

「男女平等」を男女間での「（形式的）機会の平等」のレベルに限定するならば、「個性尊重」との齟齬は生じない。そこでは、いずれの性別に属するかによって教育やライフコース選択の機会が制限されることさえなければ、結果として男女集団間にライフコース上の地位や役割の不均衡が生じたとしても、問題にはされない。

しかし、ここで問われねばならないのは、一見自由に見える個人の選択が、純粋な意味での自由な選択であるとは言い切れない点である。先述のように、「ジェンダーと教育」研究が明らかにしてきたのは、一見自由に見える個人の選択の背後で「隠れたカリキュラム」を通して、暗黙のうちに選択の規制や水路づけがなされている可能性であった。したがって、「男女平等」を男女間での「結果の平等」、または「実質的機会の平等」と見なす立場に立てば、一見自由な選択を尊重した結果、一方の性が不利になる状況が解消されそうにない場合は、「実質的機会の平等」を実現するために、特定の方向へ児童生徒の選択を促すといった教育的な働きかけが求められることになる。しかし、

「個性尊重」の観点からすれば、それは避けられるべき「不当な介入」であると見なされかねない。

このように、新しい男女平等教育実践は、「個性尊重」をその基軸に据えることによって、一方で性別二分法を相対化しつつ子どもたち一人一人の思いに沿った人間形成を支援し、他方で性別二分法を基礎とした男女集団間の不平等解消につながる人間形成を支援するという、必ずしも予定調和が保証されていない二種類のアプローチの間の微妙なバランスを取りながら展開されることが求められるようになったといえよう(多賀 二〇一六、一二二―一三四頁)。

五　生物学的性差とジェンダー研究

ジェンダー研究における生物学的性差の扱い

「ジェンダーと教育」研究は、これまで、教育達成やその基礎をなす能力・選好の性差が社会的に形成されるメカニズムを追求する一方で、それらに「生物学的要因」がいかに関係しているのかについて、ほとんど問うてこなかった。

他方で、二〇〇〇年頃からは、態度や好み、思考・行動パターンなどにおいて観察される性差の原因を、脳の神経経路やホルモンの働きといった「生物学的要因」に求める言説が台頭してきた。それらのなかには、「生物学的決定論」への回帰とも受け取れるものも少なくない。そこでは、これまでのジェンダー研究の成果をふまえることなく、出生後の環境的な要因が影響しているとも考えられうる側面まで含めて、態度や行動におけるあらゆる性差をあたかも先天的なものと見なすかのような議論も見られる(ピーズ・ピーズ 二〇〇〇)。また、学校との関連でいえば、生物学的性差を根拠として、男女別教育の効果を主張する言説も見られる。たとえば、教育評論家の中井俊己は、男女の間には生まれつきの生物学的な差異があり、男女別学の方がそうした男女の差異に応じた教育ができるので、男女別学の方が教育効果が高いと主張し、男女別の具体的な教育方法のポイントを紹介している(中井 二〇一四)。

これに対して、ジェンダー研究の側は、「生物学的要因」の影響の過大評価に注意を促し、いわゆる「脳の性差」として確認されている現象と認知・行動面の性差との直接的な関わりについては、いまだ十分に実証されておらず「推測の域を出ていない」ことを強調してきた。そして、観察されるさまざまな性差が経験や学習の影響を大きく受けている可能性を捨てきれないことや、平均的性差だけでなく個人差にも目を向けることの重要性などを主張してきた(筒井 二〇一三)。

このように、「ジェンダー」概念を鍵とする研究領域が「生物学的要因」の影響を考慮することに非常に慎重であったことは、ジェンダー概念が誕生し広まってきた経緯をふまえれば十分うなずけるものである。先述のように、ジェンダー概念は、フェミニズムの第二の波のなかで、男女の先天的な特性や能力の違いを根拠として男性優位の社会状況が正当化されるという「生物学的決定論」を打破するための強力な武器として生み出された概念であった。そうした概念を基軸に据える「ジェンダーと教育」研究において、「生物学的要因」の影響を安易に認めてしまえば、従来の男性優位の固定的なジェンダー関係の維持・正当化に荷担することになりかねないからである。

生物学的性差との対話

しかし、現在目覚ましい進展を遂げつつある生物学領域から、今後も性差に関する「生物学的エビデンス」が次々と生み出されていくならば、生物学的影響をできるだけ小さく見積もるというスタンスだけでは、いずれ立ちゆかなくなるかもしれない。また、同性内の多様性に目を向けるだけでなく、性の二分法を基礎として男女間の差異と不平等の実態と原因を追究することもまた、先述の通り「ジェンダーと教育」研究が果たすべき重要な課題の一つであり続けている。だとすれば、これからの「ジェンダーと教育」研究には、「生物学的性差」に関する議論を外部から批判的に論じるにとどまらず、むしろ積極的にそうした議論に関与していくことが求められるのではないだろうか。その際、今後いかなる「生物学的エビデンス」が提出されようとも、自らの存立基盤を揺るがすことなくそれらに向き合える認識論的土台を築いておくために、次の点が重要になってくると思われる。

第一に、「生物学的なもの」と「社会的なもの」との関係性の捉え直しである。先述のように、「ジェンダー」概念は、「生物学的性別」と区別された「社会的文化的性別」と定義されて誕生したが、この意味で「ジェンダー」概念が用いられる従来の文脈では、ともすれば「生物学的＝先天的」「社会的＝後天的」という図式が想定されがちであった。しかし、「生物学的＝先天的」とは限らない。後天的に与えられた環境の影響を受けて脳の神経経路が組織化されたりホルモン分泌が変化したりするということは、以前から生物学においては常識とされてきた(田中 一九九八)。そうした意味では、人間の人生のある時点における「生物学的」特性は、「先天的」なものに「後天的」なものが加わったもの、あるいは両者の相互作用によって形成されたものである。この「後天的」な環境が「社会的」に与えられるとするならば、男女間に見られる何らかの能力や選好の差異の基盤が「生物学的である」ことと「社会的に形成されている」ことは、常に矛盾するとは限らず、両立しうる。「ジェンダー」概念における「生物学的性別」と「社会的文化的性別」の区別はあくまで「分析的」な概念上の区別なのであり、実態としてのわれわれの身体は、常に「生物学的」であると同時に「社会的」なのである。

第二に、事実認識と価値判断の峻別である。仮に何らかの能力や選好において先天的な性差が確認されたとして、それを事実として認めることと、その持続を容認したりその差異を根拠として性差別を正当化したりすることは切り分けられうる。たとえば、仮に男性の方が女性よりも先天的に攻撃的な傾向が確認されたとしても、そのことと、男性が女性よりも暴力的に振る舞うことを社会的に容認するかどうかは、別問題である。人間の可塑性を否定しない限り、非暴力を社会の共通価値として、教育や統制によって、性別に関わりなく人々を非暴力的な振る舞いへと導く努力をすることもまた可能である(アスキュー・ロス 一九九七、二〇頁)。その際に求められるのは、男女の能力や選好の先天的差異を無視したり限りなく小さいものと想定したりする素朴な性差極小論に固執することではなく、男女のどのような関係のあり方を実現することが最も社会正義にかなうのかという、ジェンダーの正義についての本格的な議論なのである。

六 ジェンダーの視点からの教育問題へのアプローチ

最後に、教育社会学研究の今後の課題として、各種の教育問題をジェンダーの視点から捉え直すことの重要性を指摘しておきたい。特に、日本の教育社会学においては、一方で、さまざまな教育問題を扱う研究の多くは、必ずしもジェンダーの視点に敏感であるとはいえず、他方で、「ジェンダーと教育」研究は、性的不平等を中心としたそれ固有の関心に沿って展開されており、両者の間に十分な交流がなされてきたとはいいがたい。「学業不振」「いじめ」「体罰」「暴力」「不登校」「ひきこもり」「学校から仕事への移行」など、あらゆる教育問題は、ジェンダー・ニュートラルに生じているのではなく、ジェンダー化された社会的文脈で生じている。したがって、それらの発生形態、頻度、原因において、性差が見られないか、社会的に定義された女性性と男性性が何らかの形で関わっていないか、といった観点から研究を進めることで、それらの教育問題の背景をより深く理解し、それらに対する、より効果的な対応策を提起する可能性が広がると考えられる。

今後は、欧米に比べて整備が遅れている、教育に関わる各種統計の男女別集計結果の蓄積を進めるとともに、ジェンダー研究者と教育問題の研究者が積極的に交流することが望まれる。さらに、教育社会学の拡大・発展にともなって研究領域が細分化されるなか、交流の機会が少なくなりつつある各研究領域の研究者同士が、インターセクショナリティの視点を共有し、重なり合うテーマについて活発な議論を行うことにより、さまざまな教育問題の解決に資する研究のさらなる発展が期待されるのである。

参照文献

シュー・アスキュー、キャロル・ロス、堀内かおる訳 一九九七、『男の子は泣かない——学校でつくられる男らしさとジェンダー差別解消プログラム』金子書房。
天野正子 一九八八、「「性(ジェンダー)と教育」研究の現代的課題——かくされた「領域」の持続」『社会学評論』第三九巻第三号。
ギャビー・ウィーナー、マデリン・アーノット、ミリアム・デイヴィッド、多賀太訳 二〇〇五、「将来は女性の時代か?——女性の成功・男性の不利益・教育におけるジェンダー・パターンの変化」A・H・ハルゼー他編、住田正樹他編訳『教育社会学——第三のソリューション』九州大学出版会。
ポール・ウィリス、熊沢誠・山田潤訳 一九八五、『ハマータウンの野郎ども——学校への反抗・労働への順応』筑摩書房。
亀田温子 二〇〇〇、「ジェンダーが教育に問いかけたこと」亀田温子・舘かおる編著『学校をジェンダー・フリーに』明石書店。
川口俊明 二〇一四、「国際学力調査からみる日本の学力の変化」『福岡教育大学紀要』第六三号、第四分冊。
木村育恵 二〇一四、『学校社会の中のジェンダー——教師たちのエスノメソドロジー』東京学芸大学出版会。
木村涼子 二〇一〇、「ジェンダーと教育」岩井八郎・近藤博之編『現代教育社会学』有斐閣。
木村涼子編著 二〇〇九、『ジェンダーと教育』日本図書センター。
厚生労働省 二〇〇九、『平成二一年版 厚生労働白書』。
セクシュアルマイノリティ教職員ネットワーク編著 二〇一二、『セクシュアルマイノリティー——同性愛、性同一性障害、インターセックスの当事者が語る人間の多様な性』明石書店。
多賀太 二〇〇六、『男らしさの社会学——揺らぐ男のライフコース』世界思想社。
多賀太 二〇一六、『男子問題の時代?——錯綜するジェンダーと教育のポリティクス』学文社。
多賀太・天童睦子 二〇一三、「教育社会学におけるジェンダー研究の展開——フェミニズム・教育・ポストモダン」『教育社会学研究』第九三集。

田中冨久子 一九九八、『女の脳・男の脳』ＮＨＫブックス。
土田陽子 二〇〇八、「男の子の多様性を考える――周辺化されがちな男子生徒の存在に着目して」木村涼子・古久保さくら編著『ジェンダーで考える教育の現在（いま）――フェミニズム教育学をめざして』解放出版社。
筒井晴香 二〇一三、「脳の性差論」木村涼子他編『よくわかるジェンダー・スタディーズ――人文社会科学から自然科学まで』ミネルヴァ書房。
内閣府 二〇一五、『平成二七年版 男女共同参画白書』。
中井俊己 二〇一四、『男女別学で子どもは伸びる！』学研。
永濱利廣 二〇一二、『男性不況――「男の職場」崩壊が日本を変える』東洋経済新報社。
橋本紀子 二〇〇五、「日本のジェンダー平等と性教育をめぐる動向と課題」『教育学研究』第七二巻第一号。
ジュディス・バトラー、竹村和子訳 一九九九、『ジェンダー・トラブル――フェミニズムとアイデンティティの攪乱』青土社。
アラン・ピーズ、バーバラ・ピーズ、藤井留美訳 二〇〇〇、『話を聞かない男、地図が読めない女――男脳・女脳が「謎」を解く』主婦の友社。
ベル・フックス、大類久恵・柳沢圭子訳 二〇一〇、『アメリカ黒人女性とフェミニズム――ベル・フックスの「私は女ではないの?」』明石書店。
ロバート・K・マートン、森東吾他訳 一九六一、『社会理論と社会構造』みすず書房。
Clatterbaugh, Kenneth 1997, *Contemporary Perspectives on Masculinity: Men, Women, and Politics in Modern Society(2nd ed.)*, Westview Press.
Collins, Hill and Sirma Bilge 2016, *Intersectionality*, Polity Press.
Connell, R. W. 1995, *Masculinities*, Polity Press.
DEEWR(Department of Education, Employment and Workplace Relations, Australian Government) 2007, *Boys' Education Lighthouse Schools Stage Two Final Report 2006*.
McDowell, Linda 2003, *Redundant Masculinities?: Employment Change and White Working Class Youth*, Blackwell Publishing.
Mills, Martin, Becky Francis and Christine Skelton 2009, "Gender Policies in Australia and the United Kingdom: The Construction of "New" boys and Girls," in Martino, Wayne et al. (eds.), *The Problem with Boys' Education: Beyond the Backlash*, Routledge, pp. 36–55.
Oakley, Ann 1972, *Sex, Gender, and Society*, Temple Smith.
SCET(House of Representatives Standing Committee on Education and Training) 2002, *Boys: Getting it right: Report on the inquiry*

into the education of boys, The Parliament of the Commonwealth of Australia.
国立教育政策研究所「OECD生徒の学習到達度調査(PISA)」 http://www.nier.go.jp/kokusai/pisa/(二〇一六年一二月五日確認)
OECD 2016, "Who are the Bachelor's and Master's Graduates?," *Education Indicators in Focus*, No. 37. (http://www.oecd-ilibrary.org/education/who-are-the-bachelor-s-and-master-s-graduates_5jm5hl10rbtj-en)

▼ブックガイド▼

木村涼子編著 二〇〇九、『ジェンダーと教育』日本図書センター。
二〇〇〇年代半ばまでのジェンダーと教育に関する社会動向と研究の見取りを示した解説とともに主要な論考を収めた論文集。

多賀太 二〇一六、『男子問題の時代?――錯綜するジェンダーと教育のポリティクス』学文社。
欧米での教育における「男女格差の逆転」や日本でのジェンダーの視点からの教育実践の錯綜状況を整理して提示。

8 学校と子ども・若者支援

古賀正義

はじめに——支援論の登場

「教育の世界で「支援」という語にふれる機会が目立って多くなった」。『教育社会学研究』の特集号「教育と支援の間で」（二〇一三年）は、このような記述から始まっている。これまで学校での教育や指導という言葉で語られてきた事柄が「支援」に置き換えられ、あるいは学校の実践に「支援」という要素が付加されてもきた。たとえば、進路指導はしだいにキャリア支援と呼び換えられているし、校内の生徒指導に外部からスクールカウンセラーの支援が入ることも一般化した。たしかに「支援」という言葉は聞こえがよく、困難を有する子ども・若者のニーズに応え、その自律性を尊重するイメージがある。だが、それゆえに当事者を特定化し、温情的・道徳的な言説の構築に加担してしまうところも少なくない。

では、近年なぜ「支援」概念が拡大していったのか。当事者である子ども・若者にいかなる困難や問題が読み取られてきたのか。学校教育の変質や揺らぎとの関連はどこにあるのか。本章のねらいは、この経緯を近年の教育社会学の諸研究をレビューしつつ、教育現場の変動や教育言説の変化と重ねて描きだすことにある。

一　「教育弱者」への着目と格差社会

（1）弱者問題の再発見

まず、関西で不登校生徒の進路指導問題に直面した中学教師の語りから始めたい（盛満 二〇一一）。

「いや、ものすごくしんどい、大変です。〔中略〕お母さんの経済的なものも見えないし、僕には。〔中略〕私学〔進学〕っていうのはしんどいやろうし。学力的にもしんどい。どうやったろうかな〔どうしてやろうかな〕、と思いますね。〔中略〕色んなこと投げかけてはおるんですけど、〔学校に〕来たり、けーへんかったり、いう状態があるような気がします」

原因はどうあれ、教育の機会を剝奪されて学校の場からしだいに姿を消してしまう子ども・若者、いわば「学校に行かない・行けない子ども・若者」に、「教育弱者」という言葉が付されるようになったのは最近のことである。それは、戦後困窮期の語りにも似て、格差社会において相対的貧困に陥り社会権を剝奪される弱者として、困難を有する子ども・若者が改めて位置づけ直されたことを意味している。

先の教師の語りは、家庭の経済条件の悪化と教育的援助の欠如により、結果として学校での低学力や通学習慣の乱れ、居場所の喪失、自己肯定感の低下、進学機会の制約などが次々に生じ、子どもの学校への参加を困難にしていることを示している。公教育制度を揺るがす格差社会の問題が、学校という場にいる子ども・若者の日常にも押し寄せている事実を、現場の教師たちは肌で感じている。

（2）制度的資源の欠落

酒井(二〇一四)も指摘するように、不登校生徒ばかりでなく中卒者や高校中退者など学校から排除された者たち、あるいは彼らの受け皿ともなってきた適応指導教室(教育支援センター)や通信制・定時制高校などの在学者に関しても、従来は、学校適応を妨げ学習の効果が現れにくい当人の心理的・人格的な問題性に注目が集まりやすく、家庭の階層的制約や社会的剝奪の過程などと関連づけた理解がなされることは十分でなかった。原因を本人に帰す個人化した問題理解が根深かったからである(貴戸 二〇一一)。

そればかりでなく、増加するひとり親家庭やステップファミリー、あるいは児童養護施設などで育つ子ども・若者に関しても、家族を取り巻く地域社会や親の就労の疎外状況などから就学の実態を理解する視点は乏しかった。個人情報保護法下にある家庭の個人情報については、学校現場で事実を把握することも、行政調査を実施することも非常に難しかったからである。格差と連動した家庭の揺らぎは、直観的には把握できても、総体的には見えにくかった。

しかしながら、二〇〇〇年代に入ってからは社会福祉学や労働経済学などを中心に政策科学的な大規模調査が実施され始め、教育弱者を支えるべき制度的資源の欠落や不公平について、学問的知見が蓄積されていった(阿部 二〇〇八)。もちろん、エスニシティや障害など課題を抱えるマイノリティについての排除・差別研究は従来から数多く存在してきたのだが、近年になって、生活者の視点からのフィールドワークやライフヒストリーなどにより、多様な困難、とりわけ経済的困窮を抱える子ども・若者のケース研究が行われるようになった。学校の場から疎外される過程や家庭・地域社会での孤立状態もしだいに理解されてきた(志水他編 二〇一六、林 二〇一六、上間 二〇一七など)。

階層持続仮説によるまでもなく、格差それ自体は戦後も容易に解消されることはなかったのだが、経済成長の神話が瓦解し貧困・非典型就労が顕在化するにつれ、困難を有する子ども・若者にとって「学校」という場はより一層切実な、社会生活の基盤と位置づけられた。一言でいえば、試験・選抜による成功と失敗の競技場《アリーナ》から、排除と包摂のせめぎあいの最後の砦への変化である(西田 二〇一七)。

（3）排除と包摂の分岐点

一九八〇年代の文化的再生産論などの問題意識では、「戦後日本型循環モデル」（本田 二〇一四）に端的なように、学校は、平準化した家庭の下支えと受験競争後の終身雇用制度のなかで、知識技能の伝達機関、また優秀な人材の選抜機関として存立し、子ども・若者の社会化に貢献してきた。これに対して、高等教育へのマス選抜の一般化と非正規雇用の常態化による就業格差により家庭・階層間の分断化が進む今日では、少数のエリート層とノンエリート層が早い学校段階から分化する。就学機会や学歴取得が社会的成功をすぐさま保証しなくなる一方で、その喪失は格差社会のなかで社会的排除へと直結してしまう。ポスト青年期が延長するにつれて、学歴取得や進学選択のリスク回避的な機能が一層強調されていく。

それゆえ学校での実践も、教育を求めるさまざまな困難を有する子ども・若者個々のニーズに応じて、多様にならざるをえない。たとえば、いじめや不登校など教師の「最優先業務」となった問題に示されるように、対象となるリスク生徒の実態をアセスメントし個別な課題に即した適切な対処をしなければ、行政・学校の説明責任が問われてしまう。学力問題であっても、責任の取り方はまったく同じである（北澤 二〇一一）。保護者を筆頭としたステークホルダー（利害関係者）は、教育世論の動向に即応しつつ、生活困窮や文化資本の欠落などで排除される家庭・地域の支援に強い要求を抱く。学校教育での公平な学力保障や就学援助経費の拡大、教室でのいじめ回避など、さまざまな実践レベルで、包摂への公正な手立てや広範な支援の活動を求めている。

就学の困難は、近年話題となった奨学金制度の見直しや新たな給付型制度への期待も生み出す。生活保護世帯への就学支援だけでなく、自治体による奨学支援層の拡大なども、ひとり親世帯を中心とした相対的貧困層に対する理解の広がりとともに、政策論議の大きな目玉となっている（小林 二〇〇八）。世論の支援についての熱議は過熱する（末

冨 二〇一七)。

結果、教育支援の場としての「学校」そのものの概念も、従来の公教育制度の観念をこえて拡張し多様化する。たとえば、NPOのフリースクールから学習塾経営のサポート校、あるいはEラーニングの高校まで、包摂を求める子ども・若者にとっては「オルタナティブな学び舎」(菊地・永田 二〇〇一)となる。二〇一七年の立法素案では、ホームスクーリング(家庭学習)の「出席認定」さえ俎上にのぼったが、補償的な学校教育は外部社会の支援機関に接続して、日増しに広がっている。

(4) 社会保障としての学校教育

学校の実践あるいは「プラットホーム」(生活困窮者対策での多種の人的・物的資源を有する場の呼称)自体を通して、困難を有する子ども・若者を社会参加が可能なように切れ目なく支援していくべきであるという要請の強まりがある。それは教育のセーフティーネット化ともいえる。倉石(二〇一二)が指摘するように、「学校教育内部におけるかつて見られなかった何らかの困難や機能不全が時間的に先行し、それへの解決策や処方箋として、福祉の論理あるいは実践への参照が続くという順序構造」が、日本においても当たり前に成立するようになった。

より踏み込んでいえば、学校の抱える子ども・若者問題が、内部的に発見・解決されるものではなくなる。ルーマン的に言えばシステム相互が浸透的になることによって、仁平(二〇一五)も指摘するように、「教育支援」が福祉的な保障として廉価で効果的な戦略の意味をより鮮明に帯びるようになった。たとえば、高額な医療費で患者の治療を行うより、地域包括の予防検診で病気をなくす方が政策コストは安くなる。これと同じ論理で「社会保障の〈教育〉化」が進み、教育が保障政策の切り札になろうとしている。学校の実践が福祉・労働・医療・司法などの各領域の課題と重ね合わされて位置づけられるようになる。もちろん、日本では若者の地域サークルやユースサポートなどの整備が未成熟で、子ども・若者の集う場が学校に偏位してきたという経緯と、この事実は切り離せない。
学校の支援論は、公共政策としての性格を有しながら、個人的支援から制度的支援へとその論点を拡張しつつある。では、いかにして学校と支援実践・施策との接続はすすんできたのか。二〇〇〇年前後からの問題行動理解の変質やトランジション(職業移行)の困難など、学校問題のトピックを取り上げながら、教育弱者の発見と、学校での支援、あるいは政策的サービスとのつながりを、教育問題言説の変化に注目しつつ検討してみよう。

二　「心の問題」論の揺らぎと進路形成問題

(1) 弱者としての若者の登場

振り返れば、不登校やいじめが衆目を集めるようになった一九九〇年代には、子ども・若者の学校不適応行動は「心の問題」として理解されやすかった(伊藤 二〇〇一)。たとえば、不登校生徒の実数が年々増大すると、生徒の「誰にでも起こりうる」現象とする文部省の報告が出され、スクールカウンセラーによる教育相談に対する期待が急速に高まった。学校を「心の居場所に」というスローガンもたびたび使われ、学校不適応対策調査研究協力者会議(一九九二年)では、「自己の存在を実感できる精神的に安心していることのできる場所」であることが求められた。ここには、それまでの学校の規律統制的な生活に適応できず、教室での疎外感や失望感を抱く子ども・若者が頻出しているという現状認識があった。

しかしながら、二〇〇〇年代に入って、原因論の語り方の矛先が変わってくる。不登校問題に限っていえば、現在不登校であること自体よりも将来の社会的・経済的自立への阻害こそが重大な問題であり、そのための継続的な支援こそ必要であるという論調が強くなる。

先鞭をつけたのは、玄田（二〇〇五）によるニート論の展開であった。ここでは、自由を謳歌するイメージで語られたフリーターの存在が、バブル崩壊以降、不安定な就労構造の犠牲者となり始めていることが指摘された。イギリスの非行傾向の強い低階層者をさすNEETという言葉が、学ぶことも働くこともできない若者の存在に読み換えられた。学校での不適応経験は、ニートとなることへの可能性を高める大きな要因であると考えられた。もちろん到達点の「自立」とは何をさすのかといった疑念を伴いつつも、社会的弱者としての若者論は拡大する。

森田編（二〇〇三）の一連の不登校・いじめ研究によっても、この流れは加速した。不登校経験者への五年後調査の結果から、不登校経験自体を否定的に捉える若者は過半数にも及ばないことがわかってきた。むしろ積極的につらい過去を受け止めながら、内申書が悪いためによりよい進学ができないことの問題が語られ、「心の問題」ではなく、学歴の喪失や履歴の歪みによる「進路形成不安」に悩む若者が数多く見いだされた。問題は、不登校生徒だけにあるのではなく、学校化した世間の冷たいまなざしの側にもある。

（2）内閉化するオタク論との併存

一九八〇年代のオタク文化論のなかでは、自室に内閉し趣味に生きる若者が、社会との接点の欠落やコミュニケーション能力の偏りから批判された。この言説と異なり、若者弱者論は労働・経済リスクの強まりを示すものだった。コンテンツ産業によるオタク文化の浸透など、情報消費社会の拡大に伴う新世代の若者像の真偽は宙づりにされたまま、進路形成・社会参加のできない孤立状態の子ども・若者への注目が強まった。

もちろん、弱者論は子ども・若者の自己責任を免責するものではなかった。厳しい就労環境が社会参加の入り口を閉ざしやすいにすぎないのであり、若者自身が自己分析を進め、社会人基礎力などの自己啓発を行うべきであり、その支援こそ必要であるとされた。学校でも、対人関係能力やポジティブ指向などハイパーな能力形成を「キャリア教育」などによって援助していくべきだという論調となった(牧野 二〇一二)。

とはいえ、オタク論を初発として、従来とは異なる学校内での対人関係のあり方が問題視されたことも事実である。とくに学級内のいじめ問題を通した、生徒間の小グループによる内輪感覚の強まりや、グループ間の序列を繊細に感じ取る力学などに注目が集まった。これまでの集団主義にもとづく学級・学校文化の強い拘束力が弛緩し、共同体意識が共有できにくくなるという対人関係の文化的変質が生じているとみられた。

また、学校の公的生活より個人の私的生活に重きを置く、いわゆる「私事化」指向の強まりが生じ、個人の欲求や自己充足に重きを置くライフスタイルが、学校生活に入り込んでくる。しかも、SNSなどネットツールを通して学校外生活にも、校内の対人関係の情報が拡散する。不登校生徒が学校空間の抑圧を感じやすいのは生活の極端な個人化・サークル化が進むことの影響であるとされ、しだいに学校秩序に抵抗する「反学校文化」の担い手は目につきにくくなり、学校の公的生活に特段の関心を抱かない「非学校文化」を体現する者が教室に増えていくことになった(古賀・山田編 二〇一七)。

(3) 心理主義の定着・拡大と行き詰まり

しかしだからといって、「心の了解不可能性」の指摘(行為者の意図を他者がありのままに読み取る方法は存在しないとするエスノメソドロジーの見解)にまつまでもなく、すでにみた「心」というブラックボックスに依拠した子ども・若者理解が消失したわけではない。むしろ、いじめであれ不登校であれ、周囲には理解しにくいコミュニケーション障害やキレる行動の突発などの「心の病」は、自己充足を求め内閉的になる子ども・若者に広がり深まった所産であるとされた。

そのため、学校内でのスクールカウンセラーによる相談活動の充実やスキルトレーニングによるコミュニケーション能力の向上など、心の科学化や客体化による現場の実践が頻繁に行われることになる。しかも、道徳などのカリキュラムや教師の研修プログラムなどに数多く組み込まれた。いわゆる心理学的「スキル化」の広がりである。「心理主義」という言葉で表現されるように、子ども・若者個々の問題行動を心理プログラムによって診断し予防し改善していく方法が学校に導入されていった(古賀他 二〇〇二)。しかも特定の生徒だけでなく、問題予防策としての学級・学校全体の生徒を対象とした生徒指導のポピュラーアプローチとして受容されていく。QU(Questionnaire-Utilities のことであり、学校生活アンケートと称される)など人間関係の現状を把握するアンケート調査やNPOのロールプレイによるワークショップなどにみられるように、実施の方法も多様化した。

だが心理主義の限界からいえば、勤労あるいは社会参加への認識や意欲のない子ども・若者個人にスキル獲得の必要を伝えるだけでは、社会的リスクの回避とはならない。スキルの実践を取り入れつつ、外部社会に開かれた予防・改善の臨床的支援にまで進むことが一層求められた(内田 二〇一五)。

(4) 発達障害問題の広がりと支援の医療化

忘れてはならないが、一方で学校は依然として、ハイリスクな生徒個人へのターゲットアプローチも強調してきた。スクールカウンセラーあるいは近年ではスクールソーシャルワーカーなども巻き込んだ相談・支援活動の定着が進み、校内に設置された相談室への拒絶感・忌避感も薄れ、臨床心理士や精神科医など医療機関、あるいはNPOの専門家との連携も模索されていく。

とりわけ、発達障害問題への関心は顕著だった。文部科学省が普通学級在籍者の六・五%の割合で障害が疑われる生徒が存在するという公式統計(二〇一二年)を発表して以来、校内での逸脱的行動は発達障害の現れであるかもしれないと不安に感じる教師が増大した。もともとアメリカでは、一九八〇年代に突然奇声をあげるとか座席でじっとしていられないなど教室の秩序を乱す子どもへの注目から発達障害が発見されていた。最近の脳科学の急速な進歩によって器質的に微細な脳障害が発見されるようになると、ＬＤやＡＤＨＤなどの現れとして生徒の教室の逸脱をみようとする動きが加速する。

これらは「医療化」という言葉で表されるように、行動特性であれ学習能力の問題であれ、教育の困難な生徒を生まれつきの障害や病気という視点から理解しようとする動きである。教室の一斉授業では教師は同じ学習内容とコミュニケーション方法で画一的に生徒たちに対応するが、それでは十分に認識・対応できない障害のある生徒がおり、教材の提示や声がけの方法などを個別に変えて対処していく必要があるとされた（木村 二〇一五）。

また、近年の障害児に対する特別支援教育の発想を、発達障害あるいはその疑いを有する子ども・若者にも当てはめていくことが必要であると考えられている。当事者にとっての学校生活の質の向上（ＱＯＬ）こそが支援であり、「合理的な配慮」がさまざまなレベルの個別な障害に応じて行われる必要がある。障害への支援も、かつての身体的・器質的な疾患の治療や介助から離れ、より広範な自立支援のイメージと重なる。たとえば、教育困難校では入学時の医療的な障害の検診を行う動きがあり、一般の中学校でも活動に応じて通級の支援学級を導入するなど、発達障害に即した教育のあり方が特別支援教育のモデルから模索されるようになる（鶴田 二〇〇七）。

三　学校のコンサマトリー化と教師の実践の変容

（１）個の「自己充足」というメッセージ

子ども・若者理解に応じて、二〇〇〇年代に入り、学校・教師のあり方はどのように変化したのか。いじめをはじめとする学校問題への世論の関心は持続し、いじめ加害者の背景や担任教師の発言まで、微細な事柄がメディア報道やネット情報として即時に拡散するようになる。それに応じて、学校・教師の教育実践に対する説明責任を問い続ける動きも強まった。いじめ防止対策推進法(二〇一三年)にあるように、教師にはいじめの予見義務があり、アンケート調査などによって見えにくいいじめの把握に努めるべきであり、学校外のネットいじめにも目配りし、いじめの隠ぺいのない公正な学校組織を構築する必要がある。問題に対処することが、教育委員会や学校管理者の法的課題(コンプライアンス)ともなった。

学校は、生徒の勉学や態度形成など公的な教育目標を効率的・計画的に達成するインスツルメンタルな場でありつつも、学校問題が提起したように、生徒個々人にとって居心地がよく自己充足しやすいコンサマトリーな場となる必要があった。生徒は教育サービスの消費者となり、そのニーズに応える現場の実践が求められた。新自由主義の観点に立つ指導観が強まったといえる。

それまでの管理や規律統制の源泉であった教師の権威性は減退し、「個に応じた指導」というスローガンの下で、個人の特性や課題に寄り添う配慮の行き届いた学校づくりへと向かい始めた。一方で、日本型ゼロトレランスによる厳格な指導を採用した教育困難校では、「遅刻三回で欠席一回扱い」といったルールを採り、どのタイプの生徒にも不平不満が出ない運営方法が試みられた。他方で、教室不適応を示す生徒に向けては、図書室をカフェのごとく「居場所化」(家でも学校でもない第三の場所としてのサードプレイス)することを試みるなど、援助を必要とする個人に向けた組織的配慮も優先された。コンサマトリー化は、当事者のニーズを優先した学校の経営・運営のあり方を求め、支援の担い手としての教師に期待する(紅林 二〇〇三)。

(2) 学校内でのトラッキングの弛緩

学習指導につながる学校での選抜過程も並行して変化した。高等教育進学率の増大によるマス選抜の広がりは、旧来のテストによる受験競争に参加する層と、内申点や自己アピールなど推薦型の進学をする層とを分断化する(吉川 二〇〇九)。生徒の授業への参加や適応は、この二つの評価の座標軸を意識しながら進み、予備校などと違い、受験競争に直結した学校知の伝達に必ずしも指導の力点が置かれなくなる。授業の意義が受験と直接つながらなくなり脱連結し、生徒の消費者としての学習の選択を重視することに向かう。

成績による達成が進学・就職、さらには人の一生を決めているという学校の「トラッキング」の感覚がしだいに弛緩する。スクールカーストの議論で興味深かったのは、人気や「モテ」が学校生活の充実感を左右しているという子ども・若者の理解だろう。成績やスポーツ能力などが学校の達成課題として重視されてきたのと異なり、ここでは仲間の内輪の評価が学校生活自体の評価にとって代わられている。

同様に、「実績関係」による高校からの企業への推薦の力もしだいに弱まっていく。これまでの部活動継続など学校適応者の資質に主眼を置く人材評価は残存したものの、学校経由による新規高卒就職システムは威力を失う。ここでも就労へのインスツルメンタルな学校の価値は見えにくくなる。

もちろん、学力低下問題で学校ごとの数値目標(マニフェスト)が提示されたように、成果主義の文脈に立てば、授業での知識・技能の教え込みは学校組織として積極的に肯定されねばならない(金子・苅谷 二〇一〇)。不登校傾向や家庭の学習環境の悪化から目に見えて学業成績が低下する生徒の場合、ベーシックな学習の援助も欠かせない。不登校や中退を減らす生徒指導の実践であっても、数値目標の設定は不可欠である。今や教師は求められる実践の価値の文脈を認識しながら、インスツルメンタル/コンサマトリーの使い分けを必要とする。学校組織の制度的価値の達成か、生徒の個に応じた組織的援助かの、現場での絶えざる仕分けである。

(3) 支援のための制度設計と対処実践

結果として、問題を抱える子ども・若者の補償に特化した公的学校制度の構築は拡大し、たとえば東京都のチャレンジスクールなど、従来の入学試験によらない治療的な高校群も存在し始めた。ここでは、長欠による内申書の不利益や学校学習の欠如などを乗り越えるため、面接試験だけを課し、入学後も少人数授業などを実施する。ここからは、学校外機関なども利用して高ランク大学に進学する生徒も出現する。新たに補償教育的なトラックが形成される動きが加速したとみえる(伊藤 二〇〇九)。

もちろん一般の学校でも、援助を意識した教育実践の変容が生じている。「感情労働」による寄り添う指導の方法はその典型である。笑顔を絶やさず好意を伝える接客技術の優位は、教育指導にも見いだせる。「お世話モード」(吉田 二〇〇七)といった言葉もあるように、生徒に優しさや共感を伝えるコミュニケーションを意識する教師は多くなり、研修にも接遇プログラムが登場している。LGBTなど新たな当事者問題への対応からもインクルーシブな教育観は一層拡大しており、「支援」をウリとした学校づくりも広がっている。

この結果、「環境管理型の権力」と呼ばれるように、居場所づくりに配慮した親和的な学校環境の力で生徒をコントロールすることが、教師にとって必須の課題となった。繰り返し叱りつつ学校規範に順応させるような働きかけ方は重いものとされ、指導のノウハウはサービス化していく。そのため、看護師に「思いやり疲労」という言葉があるように、日々のきめ細かな出来事への対応が、教師集団の多忙感・過重感を呼ぶことも少なくない。

そうなればなるだけ、スクールカウンセラーあるいはスクールソーシャルワーカーの導入など、学校組織内でケアリングを進めるための外部人材が必要とされる。とくに、格差のなかでの家庭基盤や地域環境の揺らぎを背景に、福祉職導入への期待は一層高まっている。

(4) 学校への外部資源の導入

実際、先にみた心理的・医療的支援だけでなく、限られた人員と予算のなかで、学校外の社会資源を導入して支援の場としての学校環境を整備していこうという動きは加速している。多様な課題に応じて必要な資源、ヒト・モノ・コトは変わるので、教師のなかのコーディネーター的役割の者が学校組織を取りまとめ、相互の関係づくりに努力することになる(中田 二〇一三)。

学力向上の達成目標があるとき、学習困難な生徒の個別ニーズに配慮しつつ継続してケアできる教師の時間はほとんどない。そこで、大学生など外部のボランティアに個人学習による学習支援を依頼するという方法が取られた。派遣元の大学でも、学生の支援経験が教職の理解を深め社会貢献になるとして受け入れる。ここに、win-win な相互関係が形成されることが目論まれる。キャリア形成上の課題がある生徒たちに職場体験をさせたいという場合の、商工会議所や企業などの協力も同様に考えられる。

外部の援助資源を理解し活用することが、学校環境の好適化にとって、また困難を抱える子ども・若者当事者の支援にとって切実な課題となっている。「サービスラーニング」といわれるように、支援の担い手にも援助の労力を担う重苦しさから解放され、サービスとしての学習に読み換えることが要請される。

四 「閉じた学校」の変容と支援のネットワーキング論

(1) 「連携」の理念論とネットワークの拡大

包摂的な教育の仕組みづくりが、ネットワーキングによる外部資源を活かした学校組織支援の構築を推進する。いじめ問題などを通して告発された「閉じた学校」の問題性や、教職の「ブラック企業化」あるいは「多忙化」などの

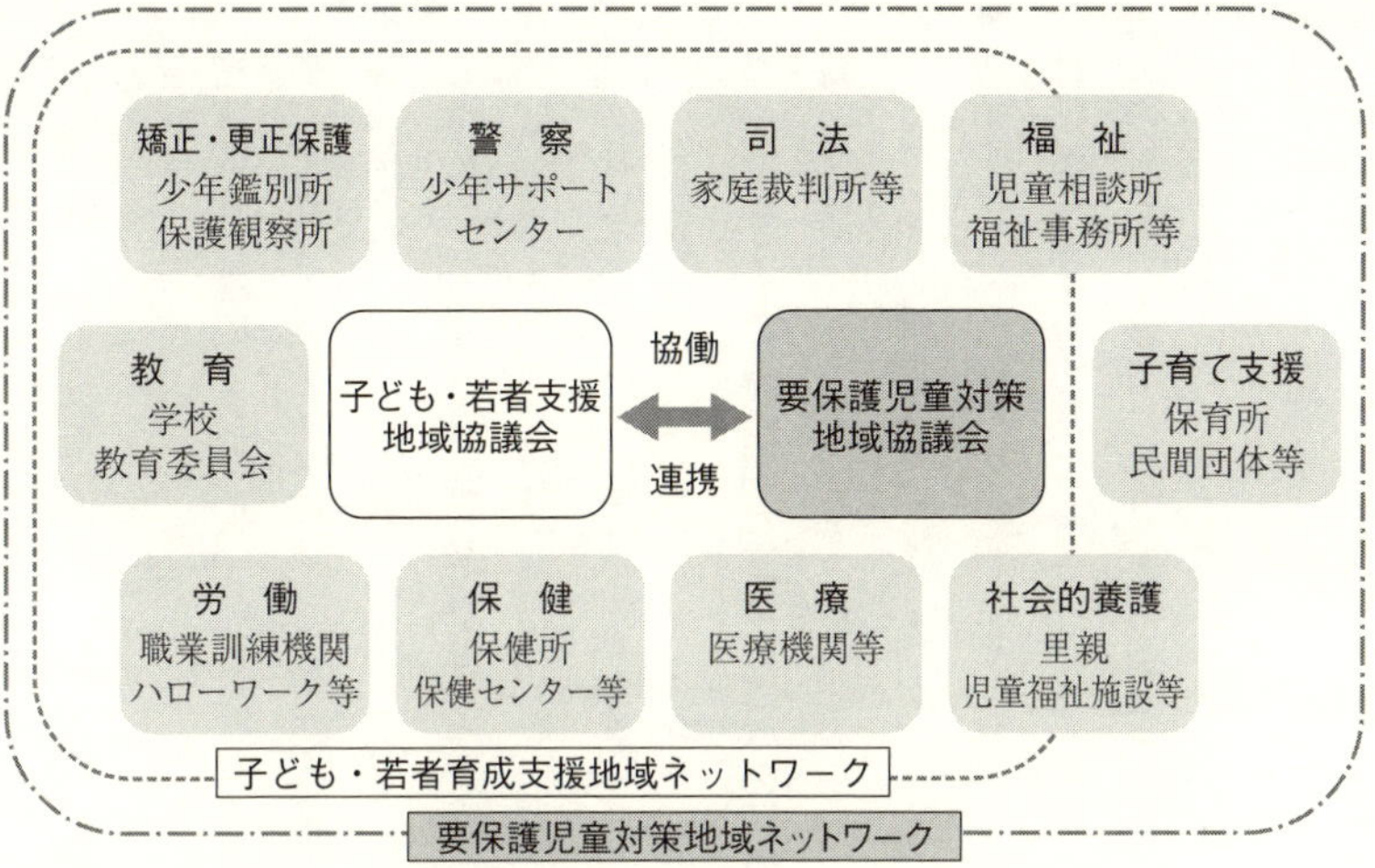

図1　学校との連携による支援ネットワークの一例
出典：内閣府『平成 27 年版子供・若者白書』特集「地域のネットワークによる子供・若者支援の取組」を元に加筆修正.

状況が、ＰＤＣＡサイクルによる効率的な学校経営論の流れにものって、「連携論」を一層強化する。実際には登下校時の安全指導や部活動の指導など限られた外部人材の支援しか行われてこなかった実態もあるが、連携の価値は強調される。もちろん、教師にとって仕事の補助者は必要だが自己の裁量を脅かす者はいらないというのが本音であろうし、連携論には利害葛藤の影が付きまとう。

実際、議論を呼んだ教育活動のアウトソーシング（外部委託論）を含めて、学校教育と労働や福祉、スポーツなど外部社会の活動との整合性が問われていることは間違いない。かつてボランティア論において対人関係の相補性を強調し「ネットワーク組織」が論じられた時代があったが、震災のような衝撃体験からも、とくにネットワーキングの必要性が強調される（清水他 二〇一三）。社会関係資源のケイパビリティ（獲得の可能性）を高める方途として、学校が外部社会のネットワークから読み直される（図１）。

（2）包摂による排除のアイロニー

他方で、包摂の名のもとに排除する者を選別するというアイロニー、「包摂による排除」(稲垣編 二〇一二)を指摘しておく必要もある。先に紹介したチャレンジスクールなどの特色校でも、中退者受け入れの適格者性が論じられやすいが、包摂は排除経験者というスティグマを帯びた者の受け入れに他ならない。ここには理念としての包摂と(非当事者にとっての)合理的な排除という、二重の課題がみてとれる。補償教育の議論でたびたび論じられてきたように、誰にとっての何に対する補償かが問われなければならない。かつて、アファーマティブアクションが人種的マイノリティへの優遇や逆差別として告発されたように、補償と排除の緊張関係を見つめつつ、教育のネットワーキングとその効用が論じられるべきである。

とはいえ、不十分な支援機能しかもたない孤立した学校が批判され、緊縮した財源下で人員・経費が拡大しない現状では、「チーム学校」や「連携促進」のスローガンが一層強調されていくことは間違いない。新たな社会化空間・支援の場としてのネットワーク組織をどのように制度的に構築するかが、学校評価の政策課題となっている。

(3) 変容する学校空間と支援実践への評価

崎山他(二〇〇八)が指摘するように、学校現場を含めて支援問題をめぐる「臨床的展開」(心への支援・関係性の重視・当事者視点など)は拡大し続け、大別して二つの流れに向かってきた。第一は、現場で実際に困難な社会生活を送る当事者の子ども・若者への改善効果を意識した、臨床心理学的アプローチを含む実践の支援である。もう一つは、社会病理学的な知を処方箋とした改良のアプローチである。前者が、心に問題を抱える人々に矯正の方法論や場を提示するのに対して、後者は福祉や労働など制度的資源を欠いている人々にそれを是正する施策や場を提供することになっている。両者は、ロジックにおいて共通しており、介入や解決のよりよい達成が当事者の幸福に貢献するという前提に立っている。

しかしながら、困難を有する当事者の経験にどれほど寄り添うことができるのかという原初的な問いは依然残っていく。いじめの心理相談に躊躇する子ども・若者がいるように、回復の論理がむしろ苦しみを増幅させる事例もある。同様に、貧困家庭への経済援助が行きわたっても、家族の喪失体験からずっと解放されない子ども・若者の事例もある。困難体験をどのように理論的・経験的に把握することが可能なのかが、学問的な知のあり方として問われる。

まとめ――学校問題と支援

これまで広範な学校問題が提起してきた「支援」の必要性について論じた。なぜ教育が支援と読み換えられ結びつけられたかは、問題の変質からみれば明らかである。問題言説の構築は、改善・介入・支援の語りと表裏の関係にあった。家族など当事者にしか見えなかったひきこもり問題が言説を通して実体化され世論を喚起し、医療・労働・教育などの社会的支援が立ち上がってきた事例を参考とすべきである(古賀・石川編 二〇一八)。

しかしながら、いじめなど個別の課題が先鋭的で重ければ重いほど、総体的な問題群と支援戦略とを結びつける視点は形成されにくい。あるいは、支援の評価が制度的・政策的な目標に向かうと、問題を一義的に捉えた効果測定の視点ばかりが強まる。社会参加へ向かうための学びの履歴や意思決定の方法など、困難を有する子ども・若者当事者の認識にまで踏み込んで、問題と支援の相互関係を構造的に読み解く臨床的な学問の成立がいま問われている。ケアの思想や当事者主義、社会構築主義の応用、ネットワーク組織論、公共政策論など、この課題と向き合うための知の素材は、まだまだ未開拓であると思われる。

参照文献
阿部彩 二〇〇八、『子どもの貧困――日本の不公平を考える』岩波新書。

伊藤茂樹 二〇〇一、「青年文化と学校の九〇年代」『教育社会学研究』第七〇集、八九―一〇三頁。
伊藤秀樹 二〇〇九、「不登校経験者への登校支援とその課題――チャレンジスクール、高等専修学校の事例から」『教育社会学研究』第八四集、二〇七―二二六頁。
稲垣恭子編著 二〇一二、『教育における包摂と排除――もうひとつの若者論』明石書店。
上間陽子 二〇一七、『裸足で逃げる――沖縄の夜の街の少女たち』太田出版。
内田良 二〇一五、『教育という病――子どもと先生を苦しめる「教育リスク」』光文社新書。
金子真理子・苅谷剛彦 二〇一〇、『教員評価の社会学』岩波書店。
菊地栄治・永田雅行 二〇〇一、「オルタナティブな学び舎の社会学――教育の〈公共性〉を再考する」『教育社会学研究』第六八集、六五―八四頁。
北澤毅 二〇一一、「「教育と責任」の社会学序説――「因果関係と責任」問題の考察」『教育社会学研究』第九〇集、五―二三頁。
吉川徹 二〇〇九、『学歴分断社会』ちくま新書。
貴戸理恵 二〇一一、『「コミュニケーション能力がない」と悩むまえに――生きづらさを考える』岩波書店。
木村祐子 二〇一五、『発達障害支援の社会学――医療化と実践家の解釈』東信堂。
倉石一郎 二〇一二、「福祉が〈教育〉を見いだすとき――米日のスクールソーシャルワーク発展史から」『日本教育社会学会大会発表要旨集録』六四集、一〇八―一〇九頁。
紅林伸幸 二〇〇三、「教師支援における「臨床的な教育社会学」の有効性」『教育社会学研究』第七四集、五九―七六頁。
玄田有史 二〇〇五、『仕事のなかの曖昧な不安――揺れる若年の現在』中公文庫。
古賀正義・伊藤茂樹・上杉孝實・秋葉昌樹・酒井朗 二〇〇二、「心理主義化する社会と学校教育」『教育社会学研究』第七〇集、二五七―二五九頁。
古賀正義・石川良子編 二〇一八、『ひきこもりと家族の社会学』世界思想社。
古賀正義・山田哲也編 二〇一七、『現代社会の児童生徒指導』放送大学教育振興会。
小林雅之 二〇〇八、『進学格差――深刻化する教育費負担』ちくま新書。
酒井朗 二〇一四、『教育臨床社会学の可能性』勁草書房。
崎山治男・佐藤恵・三井さよ・伊藤智樹 二〇〇八、『〈支援〉の社会学――現場に向き合う思考』青弓社。
志水宏吉他編 二〇一六、『岩波講座　教育　変革への展望　第二巻　社会のなかの教育』岩波書店。
清水睦美・堀健志・松田洋介 二〇一三、『「復興」と学校――被災地のエスノグラフィー』岩波書店。

末冨芳編 二〇一七、『子どもの貧困対策と教育支援――より良い政策・連携・協働のために』明石書店。
鶴田真紀 二〇〇七、「〈障害児であること〉の相互行為形式――能力の帰属をめぐる教育可能性の産出」『教育社会学研究』第八〇集、二六九―二八九頁。
中田正敏 二〇一三、「支援ができる組織創りの可能性――「対話のフロントライン」の生成」『教育社会学研究』第九二集、二五―四六頁。
西田芳正 二〇一七、『排除する社会・排除に抗する学校』大阪大学出版会。
仁平典宏 二〇一五、「〈教育〉化する社会保障と社会的排除」『教育社会学研究』第九六集、一七五―一九六頁。
林明子 二〇一六、『生活保護世帯の子どものライフストーリー――貧困の世代的再生産』勁草書房。
本田由紀 二〇一四、『社会を結びなおす――教育・仕事・家族の連携へ』岩波ブックレット。
牧野智和 二〇一二、『自己啓発の時代――「自己」の文化社会学的探究』勁草書房。
森田洋司編著 二〇〇三、『不登校―その後――不登校経験者が語る心理と行動の軌跡』教育開発研究所。
盛満弥生 二〇一一、「学校における貧困の表れとその不可視化――生活保護世帯出身生徒の学校生活を事例に」『教育社会学研究』第八八集、二七三―二九四頁。
吉田美穂 二〇〇七、「「お世話モード」と「ぶつからない」統制システム――アカウンタビリティを背景とした「教育困難校」の生徒指導」『教育社会学研究』第八一集、八九―一〇九頁。

▼ブックガイド▼

日本教育社会学会編 二〇一三、『教育社会学研究』第九二集「特集 教育と支援の間で」。同 二〇一五、『教育社会学研究』第九六集「特集 教育における排除と包摂」。

前者は、学校での支援と組織体制に関する論考を集めた学会誌。特別支援教育、福祉的支援などを事例に即して紹介。後者は、新自由主義下で排除の圧力が強まる階層の包摂に関する論考を集めており、高校中退者、在日朝鮮人など多くの対象にアプローチしている。必読の二冊。

志水宏吉他編 二〇一六、『岩波講座 教育 変革への展望 第二巻 社会のなかの教育』岩波書店。

グローバル化やシチズンシップが問われる時代の教育を、学校と労働市場・就労環境との関係や、マイノリティへの対応から読み解く論文集。教育の変動と問題の生成との関係が俯瞰できる好著。

III

教育と文化のゆくえ

9 子ども観の変容と未来
――子どもの多様性発見の時代、子ども社会学は何を問うべきか

元森絵里子

はじめに――「子どもの変容」論の変容

一九九〇年代末、日本社会では、いじめ、少年犯罪、援助交際、児童虐待など新たな「子ども問題」が次々と発見され、モラルパニックと呼べる様相を呈していた。重要なのは、これらは個別の問題であることを超えて、「子ども問題」という形にまとめられて議論されていったということである。曰く、豊かな社会になって何不自由なくなった日本において、「普通の子どもたち」がおかしくなっている。保護と社会化を適切に遂行すべきはずの学校と家族が機能不全を起こし、その役割を果たせなくなっている――。この一連のモラルパニックは、教育改革や少年法の改正といった、子どもをめぐる制度改革を実際に帰結していった。

もちろん、「現代社会において子どもが変容している」というテーマは、新しいものではない。「現代っ子」という言葉を流行らせたのは、カバゴン先生(阿部進)の『現代子ども気質』(一九六二)だが、この「現代っ子」論を先駆けとして、とりわけ高度経済成長達成後の日本社会で、「子どもの変容」論は繰り返されるようになる。

このような素朴な「子どもの変容」論は、現在も存在している。ただ一方で、二〇〇〇年代後半ごろから、「子どもの貧困」に代表されるように、実は子どもが多様だったと(再)発見され、子ども内部に格差があったという驚きが

広がっている。子どもが一律に変わったかどうかとは別に、そもそも子どもが一枚岩でなかったことに驚かれているのである。

つまり、ここ二〇年間の子ども論を特徴づけるのは、「子どもの変容」から「子どもの多様性」への論点の変化である。この変化はいかなるものであったのか。教育社会学がそれにどう関わり（共振／対抗）、何を考えあぐねたのか。この先、子ども研究をどうすればよいのか。本章ではこれらの点について、時代的に並行する、ヨーロッパの子ども社会学の展開も参照しつつ、考えてみたい。

一　子ども言説を見る視角
――「子ども」という理想・規範と偏差をめぐる言説

アリエス『〈子供〉の誕生』の邦訳（一九八〇）が出版されたのは、「子どもの変容」がさかんに言われ出した時期である。それ以降、子どもに対する通念が決して普遍的・固定的なものではないことは、自明となってきている。周知のように、アリエスは、ヨーロッパ社会で一八世紀ごろまでに、「可愛がり」と「激昂」、つまり子どもを保護し教育するというメンタリティが現れてきたことを示した。このような感覚は、学校や近代家族といった制度によって具現化され、中世的な社交共同体とは異なる社会の形式を生み出してきたことも示唆されている。ドンズロ（一九九一）はさらに、精神医学等の知と保護の諸制度、現場の実践が絡み合って子どもと家族を囲い込んでいったと指摘し、その絡まりを「保護複合体」と名付けている。

このような子ども観の歴史的相対化が知として受け入れられると、それに呼応するように、今度は、近代が目指し実現してきたはずの子ども期が変容している、さらには消滅しているといった議論が現れてくる。ポストマン『子どもはもういない』(一九八五／二〇〇一)やウィン『子ども時代を失った子どもたち』(一九八四)のような書物はアメリカでの出版後すぐに邦訳され、「子どもの変容」の時代のムードのなかで一定のインパクトをもった。

しかし、メディアや家族病理などの単一の要因をもって、一枚岩の子ども観が近代と共に誕生し、現代社会で揺らいでいるという図式は大まかすぎよう(広田 二〇〇一、第一一章、元森 二〇一四)。そもそも子どもに関する語りには、子どもとはこういうものだ・こうあるべきだという理想像や規範的な子ども観を語っている側面と、現実の子どもたちをそれとの偏差で語っている側面とがある。アリエスが示したのが理想・規範としての子ども像が制度と結びついて誕生する様だとすれば、ドンズロは知と実践とが結びつきながらそれが網の目状に広がっていく様を描いたと言える。さらに、はるか以前に子どもを愛おしむ心性が中産階級にあったことを示したポロック(一九八八)のようなアリエスへの反論や、一九世紀後半以降、規範としての子ども像を階級横断的に浸透させていこうとするさらなる制度化の動きや実践に注目した諸研究(たとえばカニンガム 二〇一三、プラット 一九八九)が示すのは、ある子ども観の実在と規範化とのタイムラグや、浸透・制度化されていく規範に抵抗・衝突する世界があった事実などである。

このように理想と現実、規範と実態の間のずれをめぐる言説と実践の関係性を解きほぐしていくならば、「子どもの変容」や「子ども期の消滅」といった議論も無批判に受けとるわけにはいかない。理想・規範としての子どものイメージと、それと現実・実態の落差・偏差に関するイメージ、それらを支える諸要素という観点から、子どもに関する言説の変化として解きほぐす必要がある。規範の拡大過程で零れ落ちた子どもたちがどう語られたか。規範が浸透した局面で「子どもの変容」「子ども期の消滅」が語られたのは、どのようにしてだったのか。その先に、今なぜ多様性が語られているのか。制度や実践とも絡み合うこれらをこそ考える必要がある。

二　「子どもの変容」論の栄枯盛衰と教育社会学

(1) 社会問題から子ども問題へ

山村賢明・北澤毅(一九九二)は、教育社会学の子ども研究が、一九七〇年代半ばに、「現代社会の変容と子どもの変容」というテーマとして展開したことを指摘している。それ以前は子どもに関わる問題はどう語られていたかといえば、地域格差や階層格差といった問題系で語られたという。

伊藤茂樹(一九九六)は、一九七〇年代半ばを境に、青少年問題の発生場所が社会から学校内部へと徐々に移ってきたと先行研究が指摘しているのを受けて、それが実態としての問題の変容のみならず、問題を問題と見なす大人のまなざしの変容を示していると読み解いている。以前は貧困や生存闘争に関わる経済や福祉の問題とされていたものが、一九七〇年代には受験や人間関係、秩序といった学校教育の問題とされるようになり[1]、一九九〇年代にはさらに個人の心の問題とされてきた。

これらの一九九〇年代以降の構築主義的・言説史的な研究が明らかにするのは、市井の言説において、一九七〇年代あたりを境目に、子ども(青少年)とされる年齢層に関わる問題の帰責の仕方が変わってきたということである。「現代社会と子どもの変容」という語り口の登場から興隆は、こういった変化の構図のなかで生じている。

こういった変化の背景には、もちろん、経済成長で階層格差や地域格差が縮小したといった社会変化や、進学率の上昇などで学校の正統性や優位性が揺らいだといった学校像の変容が関係しているだろう。ただ、そこにもう一つ補助線を加えよう。拙稿では、戦後の教育社会学のテキストの貧困の扱い方を検討してみた(相澤他 二〇一六、第五章)。その結果、高度成長期以前にも、「都市下層」や「へき地」への言及はあるにはあったが、それらを貧困問題として枠づけ、福祉等で是正すべしとする発想は希薄だった。むしろ、学校を通してそれらの後進地域を教化していく必要性が、積極的に語られていた。

これは、子どもに対する保護と社会化を旨とする、学校を中心とする制度と言説の複合体ができているとき、そこから零れ落ちる層は、ただ実態として問題とされたのみではないことを示している。格差や貧困等の社会的要因は、理想・規範に沿った子ども期を現実に広めることで克服されるべき問題と位置づけられていたことになる。少なくとも同時代の特定のタイプの言説においては、理想・規範としての教育と子ども期を実際に広め、零れ落ちる実態を克服していくという発想が強く、現実の多様な子ども期は、詳細に描写したり介入したりすべきものと見なされていなかった。

ここから、「子どもの変容」論以前と以後の子どもをめぐる語りの変化(モラルパニック以前からモラルパニックが準備される段階)は、以下のように説明できよう。

まず、家族や学校を中心とした場で保護され社会化されるべき子どもという像が、規範として共有される。露骨な格差が存在し、義務教育を全うするのも厳しい層が目に見えた時代には、そういった規範からの偏差として存在する多様な子ども期は、子どもの問題ではなく社会構造の問題として議論されたと同時に、規範としての子ども期を実現し広める形で克服されるべきものとされていった。

この先に、高度成長が達成されて絶対的貧困が激減し、一九七四年に高校進学率が九〇%に達する。規範としての家族や学校に長期間包摂された子ども像が、実態としても行き渡ったと見なされるようになる。もちろん、統計や実践・運動として示されてきたように、実際に行き渡ったのかは大いに留保が必要である。だが、規範の実現が信憑されたとき、ある事件・事例は、規範としての子ども像に包摂されていない層の個別の問題で、将来的に克服されるべきものではなく、子ども全体の理想からの逸脱や実態的な変化として読み込まれるのである。「子どもの変容」やさらには「危機」、「子ども期の消滅」がまことしやかに議論される土台には、この一枚岩の子ども観、近代的子ども像の実体化という感覚があるだろう。

高度経済成長から消費社会・情報社会・グローバル化等々の名称が与えられるような急速な社会変動のなかで、論じる側と現役の子どもの間の年齢差に時代変化を読み込めるほどの変動の速さが自覚されている。遊び場の減少や新奇な情報メディアの登場、過熱する受験競争など、「変容」を意識する事例は枚挙にいとまがなかった。「現代社会の変容と子どもの変容」という論点は、継続的に現れ、メディアで増幅され、アカデミズムにも影響を及ぼしていく。

(2)「子どもの変容」論の時代の教育社会学

この「子どもの変容」が語られる時代のなか、教育社会学はどのように子どもを描いていっただろうか。

第一に、山村賢明・北澤毅(一九九二)が指摘したように、社会学的な子ども研究も、子どもの変容に焦点をあて始める。特に興隆したのは、質問紙による実態調査である。子どもの価値観や子ども集団の実態調査を目的とした、福武書店(現ベネッセ)の『モノグラフ』シリーズの中学生版が始まったのが一九七八年。高校生版は一九八〇年、小学生版は一九八一年である。同様に一九七八年からは、その後八回続くことになる「東京都子ども基本調査」が始まった。これらに教育社会学者が関わり、質問紙を用いた子どもたち自身への量的調査を行っていった。この背景には、教育社会学全体が一九七〇年代に実証主義を高める傾向にあり、洗練された統計手法による高度な分類や仮説検証を行い始めた(藤田 一九九二)という流れがあろう。

子どもの実態調査の興隆は、社会学的な手法を援用して、現実の子どもを客観的・科学的に把握しようという動きであったことに特徴がある。『モノグラフ』シリーズは、その名称が指すように、子どもたちの意識や生活の実態を探索的に記述しようという志向性が強かった。東京都子ども基本調査に特徴的なのは、数量化Ⅲ類を用いた子ども類型の析出である。これらが示唆するのは、社会学に蓄積された手法を用いつつも、予見を排して子どもたちの世界を捉えたいという研究者側の心構えである。子どもたちが今まで理想・規範とされた形から乖離してきたのではないかとされる風潮のなかで、規範からの距離で現実の子どもを批判するのではなく、距離も含めて現実の子どもたちを描き出そうという研究が蓄積されたのである。

このことは、児童文化研究等における子ども観の転換とも結びついている。「児童文化から子ども文化へ」（藤本 一九八五）や、「異文化としての子ども」（本田 一九八二）というテーゼが出され、子どもの主体性や生命力・地域の子ども集団が強調されたのがこの時期である。これらと交錯する社会学的な成果としては、子ども集団に焦点をあてた住田正樹（二〇〇一）、子どもの能力《コンピテンス》に注目した門脇厚司（一九九九）や亀山佳明他編（二〇〇〇）などの研究があげられよう。子どもを、教育的な視線の客体・大人が与えた文化の受容者から、それ自体の文化の創造者・主体へと捉え直す動きが起きていた。国際児童年（一九七九年）から、子どもの参加という、保護・供与重視の従来の子ども観にない視点をもつ国連子どもの権利条約制定（一九八九年）へという、世界的な潮流のなかでの出来事でもある。

子ども文化や主体性の称揚という新たな規範志向を含む視点と、統計的な実態調査の探索志向とには、同床異夢の部分もあったと考えられるが、「子どもの変容」論に半ば乗り、そこから半ば距離をとろうとするなかで、「子ども」という枠組みで事象を分析する視点が花開いたと言える[2]。

第二のアプローチは、言説研究や構築主義的研究である。アリエスの『〈子供〉の誕生』の邦訳が出版された一九八〇年以降、「アリエス・フーコーショック」と呼ばれるような知の変動のなかで、子どもという観念も普遍的なものではなく、社会的・歴史的な構築物だという知見が広まり始める。その先に、やや時代的には下って一九九〇年代後半から二〇〇〇年代にかけて、過熱する市井のモラルパニックを牽制するかのように、教育言説という視点から、いじめや少年犯罪や教育問題や児童虐待が現実とは別に言説上・歴史上構築されたものだと暴いていく研究が（ここまで参照したものを含めて)次々と出版された(今津・樋田編 一九九七、広田 二〇〇一、平・中河編 二〇〇〇、鮎川 二〇〇一、北澤・片桐 二〇〇二、内田 二〇〇九、また集大成的な出版物としては、伊藤 二〇一四、北澤 二〇一五)。各研究が厳密な意味での社会構築主義か否かにはばらつきがあるが、こういった諸研究がモラルパニックの沈静化に貢献したことは間違いない。

ただ、対抗言説として意味をもった構築主義的研究は、その先に子どもを見る視点を提供し難い面があった。新自由主義、グローバル化、リスク社会等と名指される社会変化のなかでの子どもにアプローチする必要性は繰り返し唱えられたが、「子ども問題」と共に、「子ども」という枠組みによる社会学的な研究の試み自体が、曖昧化していった。『モノグラフ』も東京都子ども基本調査も、二〇〇四年にその使命を終えている。

そして、こういった子ども問題への対抗的研究とそれによる子どもという問題設定自体の衰退が進むのに並行して、「子どもの変容」の時代を、子ども期の消滅ではなく新しい子ども像の登場と読み解く第三の研究群が現れている。それらは、大人になることや大人との対立を想定しない、長期化し、(大人向けとは異なる)子どものための文化を享受しつつも、出口の見えない子ども時代という感覚やリアリティが、(子どもを描く大人側と子どもたち自身の側とに)広まっていることを指摘する(山田 二〇〇三、広田 二〇〇三、元森 二〇〇九a)。その先に、二〇〇〇年代初期に話題となった「大人買い」現象に象徴されるような、子ども文化を維持したまま大人になる人々といった指摘が出てくる。これらは、ある理想・規範としての子ども像を前提にすることなく、子ども/大人関係自体の変容を記述しようとしている点で、興味深い知見を示していたと言える。だが、そこで描かれた現象自体が長く続かない。

(3) 多様な子どもの発見の時代

山田浩之(二〇一六)は、漫画作品の分析を通して、二〇〇〇年ごろから子ども/大人という二項対立自体が多重化・多様化してきた可能性を示唆している。明確な大人像を欠いたまま、キャリアや夢を描き成長する若者が描かれるようになったという。そして、二〇〇〇年代半ば以降、アカデミズムでも一般的な報道等でも増えるのが、冒頭で言及したような、理想・規範の子ども期が一枚岩に実現していたのではなかったという「発見」である。

阿部彩(二〇〇八)の『子どもの貧困』が、子どものなかに貧困層がいたことを指摘し、驚きを巻き起こした。少女の売春が必ずしも「普通の子」によって「遊ぶ金ほしさに」行われているわけではないということも明らかにされた(荻上 二〇一二、仁藤 二〇一四)。これらの論考も示唆するように、これらのすべてが長期不況下で現れた新しい事象というわけではない。事実として増減しているにしても、生活保護家庭に育つ子や施設で成長する子、差別的出自に悩む子が以前はいなかったわけでもなければ、そのような子どもたちを対象とする実践や研究がなかったわけでもない。しかし、一枚岩の子どもを前提にしていた時代、それは「子ども問題」とは積極的に関連づけられなかった。そして、私たちは、今、理想・規範としてあった子ども像が現実には行き渡っていなかったことに改めて(次々と)注意を向け、子どもが一枚岩でないことに驚き、その不均衡がもたらす問題を子どもや家族の道徳問題としてのみ見てきたことを告発するようになったのである。

理想・規範としての子ども像が制度にも組み込まれて存在する一方、それが包摂できなかったり、排除したり抑圧したりする多様な子ども期があるという気づきが広がっている。だが現状は、気づきのみが先行し、子ども研究は枠組みを見失いがちにも見える。

「子どもの変容」論の時代に掉さして展開された実証主義や子ども観の転換をうたった研究、その先に過熱した「子どもの変容」論の火消しに奔走した構築主義的研究とも、時代の影響から自由ではなかった。子ども観・子ども期の多様性は今に始まった現象ではない。それが無視されたり「子どもの多様性」とは別の形で捉えられたりした事実も含めて、各時代、各制度、各領域、各立場等で多様で、相互に重複や衝突や矛盾もあるような子ども観・子ども期を、さまざまな射程で見ていくための枠組みが必要ではないだろうか。これらの点を考えるために、一度、ヨーロッパにおける同時代の子ども社会学の展開を確認したい。

三 ヨーロッパにおける子ども社会学の現代的展開

(1) 新しい子ども社会学とその反省

二〇世紀末に理想的・規範的子ども像を問い直す子ども研究の潮流が現れたのは、日本に限った現象ではない。「子どもの変容」や「消滅」が世界的に共有される時代状況と、社会科学のパラダイム転換とを背景に、欧米では子ども社会学の刷新が行われた。それらは、子ども(children, childhood)の社会学の確立を志向し、家族や学校を核とする「保護複合体」に包摂された子ども期という理想的・規範的なイメージと、それを支える生物学的・心理学的「発達」概念や、その社会学版とも言える「社会化」概念を問い直す、子ども像や社会像の転換を明確に意図していた。

アメリカでは、コルサロ(Corsaro 1997/2017)がヴィゴツキーを援用しつつ、既存の発達・社会化概念を組み換えた子ども社会学の枠組みを子どもの世界・子ども集団の理論から立ち上げているが、ヨーロッパでは、イギリスを中心に「新しい子ども社会学(new sociology of childhood)」と呼ばれる、新しい教育社会学とも連動した知の潮流が起きた。一九七〇、八〇年代の欧米に現れた多様な潮流を「新しいパラダイム」と総称し、新しい子ども社会学の流れをつくったのは、プラウトとジェームズ(Prout & James 1990/2014)である。そこでは、通俗化された構造機能主義的な子ども観、すなわち、子どもを、大人に対して受動的で、大人に至る単なる過渡期である、さらには秩序の外部でありその創出要因であると見る既存の枠組みが、解釈的アプローチや、社会史、若者論やフェミニズムなどのカテゴリーの政治、構造主義やポスト構造主義などによって、同時多発的に捉え直されてきたことが指摘されている。そして、その流れを援用した子ども社会学の確立が提案されたのである。

ヨーロッパの展開でさらに興味深いのは、この新しい子ども社会学が、その後、まさにその提案者で主要論者と見られたプラウトらによって再検討されているということである（Lee 2001、プラウト 二〇一四、二〇一七）。そもそもが多様な源流をもつ新しい子ども社会学は、大まかに分けて、子どもの能動性や社会関係への着目と、子どもという社会的カテゴリーの歴史性・構築性の指摘という、二種類のある種同床異夢とも言えるベクトルを内包していた。この構図には、まさに「子どもの変容」の時代の日本の研究状況と重なる部分がある。そして、双方のもつ子どもを見る枠組みとしての限界が指摘され、それを乗り越え、子どもの多様性を描く枠組みが模索されているのである。一貫して子ども社会学の枠組みの刷新というメタ的な関心を維持しながら展開された、この新しい子ども社会学の反省とその超克の試み――ライアン（Ryan 2011）によって子ども社会学の「ニューウェーブ（new wave）」と命名されている――から、多様な子どもに注目が集まる時代の子ども研究のヒントが得られないだろうか。

（2）子ども社会学のニューウェーブ

繰り返すように、新しい子ども社会学には、子どもへのアプローチの仕方をめぐって、同床異夢のいくつかの理論的前提が混在していた。なかでも強調されるのが、「構造主義的アプローチ」と「構築主義的アプローチ」などと対比される二つの立場である（James et al. 1998, p. 206）。ニューウェーブは、この双方が不十分だと指摘する。

前者は、子どもを現在の社会の外部に受動的存在として描いてきた従来の図式を反省し、子どもは能動的な行為者であり、行為者能力《エイジェンシー》をもち、マイノリティではなく大人と同様に現在の社会構造を構成する一カテゴリーだと見なす研究である。世代関係（子ども／大人関係）という観点から構造内存在として子どもを読み解こうとするデンマークのクヴェルトルプ（J. Qvortrup）やフィンランドのアラネン（L. Alanen）、フェミニストアプローチを子どもに応用したイギリスのメイヨール（B. Mayall）らの著作は、広く読まれている。

だが、このアプローチは、「子ども」というカテゴリーを普遍的な現象と見て、子ども／大人の区分を新たに本質化してしまう点に問題がある。しばしば子どもは「ビカミング」（未来に備える存在）ではなく「ビーイング」（今を生きる存在）だという主張がされるが、リーはこれを批判し、発達のゴールとしての「近代的主体」概念が問い直されているなか、大人も子どもも「ヒューマンビカミング」だと考える道もあると主張している（Lee 2001）。つまり、新しい子ども社会学は、大人に従属する子どもという主流派の子ども観を転倒させる限りにおいて意味があったかもしれないが、子どもと大人（近代的主体）を非対称のものと見てきた図式の根本にある、その区分の歴史性や構築性を視野に入れられず、むしろ既存の大人（主体）像や社会（システム）像を延命させ、特定の子ども像を結局本質化してしまう（プラウト 二〇一七、第三章）。

後者は、社会史や構築主義の知見に基づいて、「子ども」というカテゴリーの歴史性・構築性を明らかにしていく枠組みであるが、この手の議論は子どもの物質性《マテリアリティ》・実体性という問題系を克服せねばならない（Prout ed. 2000、プラウト 二〇一七）。「子ども」というカテゴリーが歴史的なものや言説上構築されたものだったとしても、人類の身体が他の動物同様に人生の初期に小さく脆弱で、生殖可能となるまで比較的間があるという生物学的事実は、単なる言説上の構築物ではないからである。「子どものため」や「子どもの視点」を強調する論も、しばしばこの圧倒的な生物学的リアリティに依拠しており、それらの陥穽を乗り越えるためにも、構築主義の発展的組み換えが必要となる。

これらの問題点に対してニューウェーブが乗り越え策として提示するのは、子ども研究にまつわるビーイング／ビカミング、構造／エイジェンシー、物質／言説などの二分法を脱構築した、異種混淆《ヘテロジニアス》の子ども理論である（プラウト 二〇一七）。とりわけ焦点があてられるのは、子どもの本質化の拠点となりうる生物／社会の二分法である。それによって、誕生から変容・揺らぎ・消滅へといった単純化された図式を超えて、さまざまな局面・水準の「子ども」

を多様性・複数性の相のもとに描く——英語ではしばしばchildhoodsという複数形が用いられる——ことが提案される。その先には、後期近代やグローバル化などと呼ばれるようなマクロな社会変動のみならず、子どもやその環境に直接影響を与える情報技術や生殖技術によって、絶えず問い直されている現代の子ども観・子ども期を描くという実践的課題も見据えられている。その際に理論的資源として用いられるのは、アクターネットワーク理論やドゥルーズの哲学といった、一元論的で関係論的な枠組みである(3)。

この枠組みには、具体的な記述に適用するには方法論化が曖昧な部分があることも事実である。現状ではニューウェーブに対する明示的な批判は寄せられていないが、筆者は、エスノグラフィーを主たる方法論として想定した一元論的な図式を経験的研究に適用するには、検討されるべき点もあると考えている(4)。また、子どもの多様性・複数性を描くとしつつ、現代の文脈における経験的な研究が、新奇な技術と子どもといった水準に集中してしまっている点も少々残念である。とはいえ、理想的・規範的な子ども像への対抗として現れてきたはずの二〇世紀末的な子ども研究の枠組み自体のもつ理論上の問題系を明確に指摘し、その乗り越えを試みている点は重要である。

そもそも新しい子ども社会学とは、さまざまな潮流の総称であったとはいえ、新しい教育社会学とも結びついた解釈的パラダイムや構造主義・ポスト構造主義の興隆に支えられていた。広く社会科学全般を眺めた場合、これらの理論的潮流(言語論的転回)の背後には、近代的人間観や社会像等の転換といった問題意識があったはずである。しかし、子ども研究は、「子ども」という、近代的枠組みでは人間や社会の外部に置かれてしまったカテゴリーに焦点をあてようとするあまり、後期近代的・ポスト福祉国家的な問題系に遭遇しつつもなお、近代主義的な構図の枠組み内にとどまりがちな傾向があった(プラウト 二〇一七、九九頁)。ニューウェーブはそこをさらに乗り越え、多様な現代的課題が突きつけられる時代の子ども社会学の枠組み、言い換えれば、社会変化・技術変化のなかでの多様な子ども観・子ども期の現象のあり方を、本質論を回避しながら記述する視点を模索しているのである。

四　これからの子ども社会学

(1) 子ども・大人・社会像を問う水準の子ども社会学へ

生物学、心理学、医学、教育学等のあらゆる近代的子ども研究において、子どもは標準化されたライフコースに従って「発達」し、大人となり、社会の構成員となっていく(「社会化」)という図式が支配的となり、制度化され、知と実践の複合体が形成されていた。通俗化された構造機能主義、すなわち、子どもは、大人社会へと同心円的に広がる世界を、大人から一方向的に価値を伝達されながら成育していくという発想(規範)は、学問上でも日常でも根強い。

新しい子ども社会学に対する反省・批判が示すのは、この近代型の図式が行き渡り、行き詰まったときに、単に子どもの主体性や構築性を主張するのでは理論的な反省度合いが不十分だということである。そのなかで、ヨーロッパ社会学の文脈では、近代主義的な二分法を乗り越えていく枠組みから、新たな子どもの見方が理論化されてきた。

翻って日本の状況を考えたとき、子ども観の転換を志した二〇世紀末の研究動向は、近代的子ども像に依拠した知の枠組みの問い直しという点では弱かったと言わざるを得ない。加えて、欧米では(現在では南米やインドでも)良くも悪くも共有知となっている新しい子ども社会学自体が、積極的に受容されてこなかった。その理由は定かではないが、童心主義のような児童中心主義の伝統も厚く、すでに子ども集団やその文化を尊重し、客観的に子どもの世界を計測しようとしていた日本において、その主張が目新しいものではなかったことが関係あるのではないかと筆者は推測している。(5) だが、そのことによって、子ども観、人間観、社会観を問い直していくような、その先の理論的展開との交流がなくなっていることもまた事実である。

統計に依拠した子ども研究は、子どもの世界や集団に対するその探索的な建前とは別に、発達に応じた社会関係の同心円的な広がりといった伝統的・構造機能主義的な子どもと大人、社会の関係像を前提としているものも少なくなく、新たな研究枠組みを提出するには至っていない。アリエス・フーコーショックと呼ばれる歴史的・構築主義的視点の受容においても、むしろ、「近代」や「権力」から守られるべきものとして子どもがロマン主義的に想起され、本質化される傾向がなかったとは言えない(6)。子どもの視点や主体性を強調する研究には、それもまた大人の理想とする子ども観を述べているにすぎないのではないかという問題が生じる(小玉 一九九六)。二〇世紀初頭の童心主義や児童中心主義が大人の理想の投影であり、優生思想との親和性すらもったように、「子どものため」や「子どもの視点」を強調するだけでは、新たな規範的子ども像をつくり出し、多様性を抑圧・排除する結果を生ずる危険性もある(7)。生の哲学を援用して近代的二分法的な子ども/大人関係図式を組み替えようとする「超社会化」(亀山他編 二〇〇〇)のような提案も、同様の問題を回避しきれていないのではないだろうか(元森 二〇〇九c、一七七―一七八頁)。

子どものロマン主義化・本質化やその源泉としての子どもの身体性の問題、「子どもの視点」を強調しようとしてしまうこと自体も含めて、この社会にあふれる多様な子ども観と子ども期を描いていくことが重要ではなかろうか。知や実践として機能してきた近代的な理想的・規範的子ども像を自らの知や実践の枠組みから相対化しつつ、それが実際に知や実践を支え、リアリティを生み出し、批判されながらも回帰・延命し、他の像を排除・隠蔽したりしてきた様相を複層的に明らかにしていく必要がある。

(2) 子どもの多様性を描く共同作業へ

筆者はそのためには、ニューウェーブの試みを進め、近代的子ども観の誕生や揺らぎのみならず、それらと他の多様な子ども観の関係――衝突、すれ違い、並存、意図せざる共振・共犯、上書き等々――を、各時代、各制度、各領域、各立場で見ていく必要があると考えている(元森 二〇一四)。

たとえば、家族や福祉などの隣接領域で、社会的養護、養子や里子、ステップファミリー、生殖医療等に由来する、「標準」――この場合は近代家族での生育――から外れる子ども期を捉えていく枠組みの必要性を主張する研究が出てきている(8)。また、紙幅の都合で具体的な研究はあげられないが、貧困家庭で育つ子、やんちゃな子、施設で育つ子、外国にルーツをもつ子、障がい児、ＬＧＢＴの子、非主流の教育経験をもつ子などを対象として、古くからの問題に再注目したり新たなタイプの子ども期に注目したりする個別研究が増えてきている。それらを、理想的・規範的な子ども像と多様な childhoods のせめぎ合い――語られなかったり、子ども問題とは別の差別問題とされたり、多様な子どもの問題とされたりすることも含めて――の相のもとに見ることも可能であろう。「標準」的な一枚岩の子ども像が前提として未だあることで不可視化される層を明るみに出し、標準的(近代的)子ども像の根強さと現実の多様性の両方を視野に入れていく研究枠組みを模索する必要があるのではないだろうか。前半で仮説的に示した、前者が根付いて後者が忘れられていく過程や、後者が(再)発見されて驚かれる歴史は、そういった枠組みのもとに、より鮮明に見えてくるように思われる(9)。

もちろん、これらを再度「子ども問題」として扱っていくべきか否かには賛否もあろう。あえて「子ども」という枠で語ることで、既存の子ども観を再生産したり、モラルパニックの愚をなぞったりする可能性もある。ただ、揺らぎが指摘されながらもなおも残る子ども観を検討の俎上に載せるには、のちに脱構築されるべき仮の枠組み、ある種の感受概念として、「子ども childhoods」を立てておく戦略は考えられるのではないだろうか。根強い近代主義的・制度的子ども観と多様な子ども観・子ども期の錯綜を事例研究において記述しつつ、記述の枠組みそのものを模索していく――。そのような多面的かつ学際的、協働的な子ども社会学的研究が、今求められている。

注

(1)広田照幸(二〇〇一、第一〇章)も、教育問題として語られるものが、一九七〇年代半ばに、文部省対日教組に象徴される教育をめぐる政治対立から、受験競争やいじめなどの学校問題へと移り変わってきたと指摘している。

(2)そのひとつの結晶が、日本教育社会学会を拠点に、教育社会学や児童文化の研究者が中心となって設立した、日本子ども社会学会(一九九四—)という学際学会であろう。

(3)ニューウェーブの研究事例としては、第一に、近代的子ども観、子どもをめぐる二元論の誕生についての思想史的探求があげられる。ライアンは、ルソーや発達心理学における二元論の登場を思想史的に素描し(Ryan 2011)、プラウトは、ダーウィニズムから児童研究運動の展開においてこれらの二分法的構図が生成する様の分析を試みている(プラウト 二〇一七)。また、ターメル(Turmel 2008)は、身体や知能の発達に関する「標準」を探る統計・調査との関係で標準的子ども像が立ち上がっていく過程を描き出している。第二に、現代の社会変化・技術変化のなかでの子どもの記述がある。リー(Prout ed. 2000, chap. 8)は、児童虐待裁判においてビデオ証言を導入して子どもの証言能力を肯定する趨勢を、「子どもの意見表明権」などの子どもの能動性を主張するレトリックとは全く異なる、法的・技術的要請として描き直している。リーとモッカウ(Lee & Motzkau 2011)は、モスキート音装置による子ども・若者の空間からの排除の例をあげ、技術変化が近代的な生物/社会二元論をどう組み換えていっているかを、フーコーの生政治論を援用して論じている。

(4)たとえば、研究者がある物と言説の間、観察した事象とその背後の政策や社会状況の間に連関があると同定できるのはどうしてか、恣意的な結びつけではないのかといった問題が生ずる可能性はないだろうか。また、言説・表象資料に依拠する歴史研究においては、バトラーの構築主義、ハッキングの動的唯名論等の言説一元論の応用可能性も検討する必要があろう。

(5)ヨーロッパ(特にイギリス)の文脈においては、階級やエスニシティによって分断された社会像が強いため、子どもという一枚岩のカテゴリーを階層横断的に立てて、その主体性や文化を主張するということのインパクトは、日本とは異なったものであったと考えられる。

(6)プラウトとジェームズは、子ども社会学の倫理性と政治性として、ある子ども観を批判するためにその構築性を指摘することが、別の子ども観を自明視してしまうといった問題を考えるべきだと主張している(Prout & James 1990/2014, p. 28)。

(7)なお、子どもをサバルタン(他者)のアナロジーで捉え、大人による子どもの代弁の不可能性を論じる小玉亮子(一九九六)の論もまた、子ども/大人の差異を本質化する危険がある(元森 二〇〇九b)。

(8)たとえば、野辺陽子他(二〇一六)は、養子、里親、生殖医療、児童養護施設等の事例を考察しつつ、血縁家族規範を超える枠組みが必要であると主張しているが、これは近代家族前提の子ども期像の捉え直しの呼びかけとも位置づけられよう。

(9)たとえば、拙稿(元森 二〇一四)は、戦前における両者の並存を描き、相澤真一他(二〇一六)は、戦後から高度成長期の子どもの貧困の実態とともに、それが言説上不可視化されていく過程を描いている。また、土屋敦(二〇一四)は、社会的養護の言説史における、近代家族を前提とした理想的・規範的子ども像が全階層を覆っておらず、浮浪児の施設収容が治安対策として進行していった時代から、それが自明化・全域化し、児童虐待が家族と子どもの逸脱・病理として「発見」される時代への変化を、その間をつなぐ運動や言説を掘り起こしながら描き出している。

参照文献

相澤真一・土屋敦・小山裕・開田奈穂美・元森絵里子 二〇一六、『子どもと貧困の戦後史』青弓社。
阿部彩 二〇〇八、『子どもの貧困――日本の不公平を考える』岩波新書。
阿部進 一九六一、『現代子ども気質』新評論。
鮎川潤 二〇〇一、『少年犯罪――ほんとうに多発化・凶悪化しているのか』平凡社新書。
フィリップ・アリエス、杉山光信・杉山恵美子訳 一九八〇、『〈子供〉の誕生――アンシァン・レジーム期の子供と家族生活』みすず書房。
伊藤茂樹 一九九六、「「心の問題」としてのいじめ問題」『教育社会学研究』第五九集、二一―三七頁。
伊藤茂樹 二〇一四、『「子どもの自殺」の社会学――「いじめ自殺」はどう語られてきたのか』青土社。
今津孝次郎・樋田大二郎編 一九九七、『教育言説をどう読むか――教育を語ることばのしくみとはたらき』新曜社。
マリー・ウィン、平賀悦子訳 一九八四、『子ども時代を失った子どもたち――何が起っているか』サイマル出版会。
内田良 二〇〇九、『「児童虐待」へのまなざし――社会現象はどう語られるのか』世界思想社。
荻上チキ 二〇一二、『彼女たちの売春(ワリキリ)――社会からの斥力、出会い系の引力』扶桑社。
門脇厚司 一九九九、『子どもの社会力』岩波新書。
ヒュー・カニンガム、北本正章訳 二〇一三、『概説子ども観の社会史――ヨーロッパとアメリカにみる教育・福祉・国家』新曜社。
亀山佳明・麻生武・矢野智司編 二〇〇〇、『野性の教育をめざして――子どもの社会化から超社会化へ』新曜社。
北澤毅 二〇一五、『「いじめ自殺」の社会学――「いじめ問題」を脱構築する』世界思想社。
北澤毅・片桐隆嗣 二〇〇二、『少年犯罪の社会的構築――「山形マット死事件」迷宮の構図』東洋館出版社。
小玉亮子 一九九六、「「子どもの視点」による社会学は可能か」井上俊他編『岩波講座 現代社会学12 こどもと教育の社会学』岩波書店、一九一―二〇八頁。
住田正樹 二〇〇一、『地域社会と教育――子どもの発達と地域社会』九州大学出版会。

平英美・中河伸俊編 二〇〇〇、『構築主義の社会学――論争と議論のエスノグラフィー』世界思想社。
土屋敦 二〇一四、『はじき出された子どもたち――社会的養護児童と「家庭」概念の歴史社会学』勁草書房。
ジャック・ドンズロ、宇並彰訳 一九九一、『家族に介入する社会――近代家族と国家の管理装置』新曜社。
仁藤夢乃 二〇一四、『女子高生の裏社会――「関係性の貧困」に生きる少女たち』光文社新書。
野辺陽子・松木洋人・日々野由利・和泉広恵・土屋敦 二〇一六、『〈ハイブリッドな親子〉の社会学――血縁・家族へのこだわりを解きほぐす』青弓社。
広田照幸 二〇〇一、『教育言説の歴史社会学』名古屋大学出版会。
広田照幸 二〇〇三、「「子供はもういない」のか?」『教育には何ができないか――教育神話の解体と再生の試み』春秋社。
藤田英典 一九九二、「教育社会学研究の半世紀――戦後日本における教育環境の変容と教育社会学の展開」『教育社会学研究』第五〇集、七―二九頁。
アラン・プラウト、元森絵里子訳 二〇一四、「子ども社会研究はモダニティからいかに距離をとるか――「新しい子ども社会学」再考」『子ども社会研究』第二〇号、一一九―一三五頁。
藤本浩之輔 一九八五、「子ども文化論序説――遊びの文化論的研究」『京都大学教育学部紀要』第三一号、一―三一頁。
アラン・プラウト、元森絵里子訳 二〇一七、『これからの子ども社会学――生物・技術・社会のネットワークとしての「子ども」』新曜社。
アンソニィ・M・プラット、藤本哲也・河合清子訳 一九八九、『児童救済運動――少年裁判所の起源』中央大学出版部。
ニール・ポストマン、小柴一訳 一九八五／二〇〇一、『子どもはもういない――教育と文化への警告』新樹社。
リンダ・A・ポロック、中地克子訳 一九八八、『忘れられた子どもたち――一五〇〇―一九〇〇年の親子関係』勁草書房。
本田和子 一九八二、『異文化としての子ども』紀伊國屋書店。
元森絵里子 二〇〇九a、『「子ども」語りの社会学――近現代日本における教育言説の歴史』勁草書房。
元森絵里子 二〇〇九b、「「子ども社会」の社会学的考察――子ども社会研究の方法論的課題」『子ども社会研究』第一五号、一一四―一二二頁。
元森絵里子 二〇〇九c、「社会化論という想像力をめぐって――「子ども」の奇妙さと「社会」の強固さ」『年報社会学論集』第二二号、一七四―一八五頁。
元森絵里子 二〇一四、『語られない「子ども」の近代――年少者保護制度の歴史社会学』勁草書房。
山田浩之 二〇〇三、「マンガはどう語られてきたのか?」小谷敏編『子ども論を読む』世界思想社。
山田浩之 二〇一六、「第二の〈子ども〉の誕生から第三の〈子ども〉の誕生へ――マンガにみる子ども像の変化」『子ども学』第四号、九三―

一〇九頁。
山村賢明・北澤毅　一九九二、「子ども・青年研究の展開」『教育社会学研究』第五〇集、三〇―四八頁。
Corsaro, W. A. 1997/2017, *The Sociology of Childhood(5th edition)*, Sage publications.
James, A., C. Jenks & A. Prout 1998, *Theorizing Childhood*, Polity.
Lee, N. 2001, *Childhood and Society: Growing up in an Age of Uncertainty*, Open University Press.
Lee, N. & J. Motzkau 2011, "Navigating the bio-politics of childhood", *Childhood*, vol. 18, no. 1, pp. 7–19.
Prout, A. & A. James 1990/2014, "A New Paradigm for the Sociology of Childhood? Provenance, Promise and Problems", in A. James & A. Prout eds., *Constructing and Reconstructing Childhood: Contemporary Issues in the Sociological Study of Childhood(3rd edition)*, Routledge, pp. 7–33.
Prout, A. ed. 2000, *The Body, Childhood and Society*, Palgrave Macmillan.
Ryan, K. W. 2011, "The new wave of childhood studies: Breaking the grip of bio-social dualism?", *Childhood*, vol. 19, no. 4, pp. 452–469.
Turmel, A. 2008, *A Historical Sociology of Childhood: Developmental Thinking, Categorization and Graphic Visualization*, Cambridge University Press.

▼ブックガイド▼

Lee, N. 2001, *Childhood and Society: Growing up in an Age of Uncertainty*, Open University Press.

就職や家族形成という大人のメルクマールが曖昧化した後期近代で子どもをどう捉えるかを、アクターネットワーク理論やドゥルーズ&ガタリの理論から組み立てる教科書的文献。

アラン・プラウト、元森絵里子訳　二〇一七、『これからの子ども社会学――生物・技術・社会のネットワークとしての「子ども」』新曜社。

新しい子ども社会学を牽引してきた著者が、その発展的展開を期して記した理論書。子どもをめぐる近代知の誕生から、現代に必要とされる子ども研究の枠組みまで論じている。原典は、Prout, A. 2005, *The Future of Childhood: Towards the Interdisciplinary Study of Childhood*, Routledge.

10 教育格差とペアレントクラシー再考

片岡栄美

一 親の不安と教育投資

親の教育へのニーズは多様化している。大学入試改革や新学習指導要領の改訂などを前に、親の学校、とくに公教育に対する不安は一層高まっている。

親の不安の反映として、塾や習い事など、学校外教育を利用する家庭は少子化にもかかわらず減少はしていない。都市部では二〇〇〇年以降、ゆとり教育政策を背景に、中学受験をする子どもが二割程度までに急激に増加した。勉強以外にもさまざまな親の教育ニーズに対応して、教育産業は栄えているといっても過言ではない。学校に不安をもつ親ほど、塾などの教育投資をしているという結果もでている[1]。

公教育は、親や子どもたちのニーズの多様化に対応しきれていないのも事実である。実際に、多くの親たちは子どもの知育や勉強だけでなく情操教育についても、塾などの学校外教育を利用している。最近では、思考力を育成する塾、乗馬体験をする塾、英語で空手を学ぶ塾、発達障害の子どもに焦点化した塾なども出現した。

親の不安とリスク回避の感覚を背景に、塾や家庭教師などの学校外教育(補助学習)に各家庭が支払う金額は、公立小学生で年間平均約八万七〇〇〇円、公立中学生で約二四万六〇〇〇円である(文部科学省、平成二六年度「子供の学習費調査」)。そして学校外教育利用の実態調査をみると、親の収入や学歴によって、子どもの通塾率や習い事の比率に差が生じている(ベネッセ教育総合研究所 二〇一三)。

他方、日本では近年、子どものいる家庭の相対的貧困率が上昇し、一六・三%(厚生労働省『国民生活基礎調査』平成二四年度)と、約六人に一人が貧困線以下で生活している。日本の子育て家庭の相対的貧困率の高さはＯＥＣＤ諸国の上位に位置するが、絶対的貧困と異なり、貧困の実態が「見えにくい」という特徴をもっている。そして親たちの経済格差は外からは見えにくい家庭環境の問題として、子どもへの教育投資の格差から、学力格差や社会化・発達の格差につながっていくことが懸念されている。

二 社会のなかの子どもと子育て環境の重要性

政治学者であるパットナムが『われらの子ども』というタイトルの著書を出版したのが二〇一五年であり、格差の拡大するアメリカ社会の子育て問題が社会問題であることを警告した(Putnam 2015/邦訳二〇一七)。また経済学者ヘックマンはアメリカの不平等の主要な原因として、幼少期の環境の重要性を指摘した(Heckman 2006/邦訳二〇一五)。いずれも幼少期に発達するとされる認知的スキルおよび社会的・情動的スキル(非認知的スキル)の両方が家庭環境に左右され、恵まれない子ども時代を過ごすことが、その後の人生に大きな不利になることを指摘した。

つまり、いくら学校や公教育の機会を均等化しても、格差は縮小しない仕組みができあがっているのだ。家庭環境の影響は、思考パターンや脳の使い方、価値観や習慣、文化の伝達まで広い範囲に及ぶので、認知的発達だけでなく、非認知的発達や文化的水準にも大きな影響を与えているという。そして、上述した学校外教育投資の格差も無視できない。

子どもの生育環境は、家庭環境に加えて、学校外教育や習い事、地域での社会関係資本にまで広がっているので、これらを総合的に検討し、家庭教育の二極化と親の子育て実践を社会学的に検討する必要がある。そしてこの問題は、ペアレントクラシーの概念でも整理することができる。

三 メリトクラシーからペアレントクラシーへ

選抜競争が、個人の能力や努力によるメリトクラシー「知能(IQ)+努力=メリット(業績)」からペアレントクラシー「富(wealth)+親の願望(wishes)=選択(choice)」へと変化したと言われて久しい(Brown 1990, 1995/邦訳二〇〇五)。メリトクラシーはかつてマイケル・ヤング(Young 1958/邦訳一九八二)が空想科学小説のなかで提示した概念であり、能力主義社会の問題を提起したことで知られている。メリトクラシー論は、産業化命題（Treiman 1970）とともに、社会進化論の系譜に位置づけられる。すなわち、選抜において属性原理優位の社会から業績原理優位の社会へ変化することが社会の民主化度を測る指標とされ、社会学者たちは社会の不平等度を測定することに力をいれた。つまり親の属性によって子どもの将来が決まる社会から、個人の能力と努力で獲得した業績によって選抜・配分される能力主義社会への変容は、社会の進化と民主的社会の指標とみなされていった。[2]

しかし業績主義に基づくメリトクラシー社会の問題点は、能力主義社会になっても消えることのない不平等の再生産問題(とくに負の世代間再生産問題)である。[3]アメリカの公民権運動を背景とした人種間の学力格差問題に関するコールマン・レポート(Coleman et al. 1966)などから、「教育を拡大しても不平等は縮小しない」ことや「教育は不平等の再生産に加担している」とする主張が示され、一九七〇年代の日本の教育社会学にも早期から紹介されていた(米村一九七七)。しかし当時の日本は高度経済成長期であり、学歴社会論の流行はあったが、家庭教育と不平等問題、さらには再生産問題へのアプローチは、限定された領域では研究されていたが、九〇年代以降になるまで、日本の教育社会学界では低調であった。

ただし日本のメリトクラシーの特徴については、竹内(一九九五)の優れた研究がある。竹内は高校の偏差値ランクという傾斜配分構造が、あらゆる階層の人々の進学動機と上昇アスピレーションをたきつける制度的要因であること等を明らかにしている。

メリトクラシー論は人的資本論をはじめとした技術的機能主義理論の流れのなかにあるが、これと異なる観点に立つのが、葛藤理論である。

葛藤論者の特徴は、メリトクラティックな選抜に潜む身分文化による選抜の重要性や、文化資本の相続が再生産の隠れたメカニズムとして存在することの重要性を指摘した点にある。たとえばネオ・ウェーバー学派やネオ・マルクス主義の立場からの研究、コリンズの文化的なゲートキーパー論(Collins 1979)やブルデューの文化資本の再生産論(文化的再生産論)(Bourdieu & Passeron 1964/邦訳一九九七、1970/邦訳一九九一、Bourdieu 1979/邦訳一九九〇)など、これらの葛藤理論の系譜の延長線の上に、ペアレントクラシー論がブラウンにより提出された。これは教育が市場化するに伴い、親や家庭はもてる資源を総動員して子どもの教育に全力を注ぎ、子どもの能力よりも親の選択が地位達成に重要になるという論理である。ブラウンは「子どもたちが競争で有利になるように経済力を用いることができる親たちはますますそうしがちである」(Brown 1990)という。

ペアレントクラシーを標榜する研究をこれまでの先行研究と比べたときに、何が異なっているのだろうか。学校選択の問題や親のリスク回避仮説[(4)]も、広い意味ではこの系列に含まれる。そして次節で紹介する、教育達成に及ぼす学校外教育選択や家庭教育の効果、小・中学校受験などの研究は、いずれも出身家庭のもつ社会的資源や、各種の資本を背景にした親の教育選択が高い教育達成へつながることを指摘してきた。こうした教育達成メカニズムにおける家族や親の教育戦略の解明そのものも、ペアレントクラシー論として位置づけることができる。すなわち階級戦略(class strategy)としての親の教育的選択に着目した研究である。その意味では、ペアレントクラシーとは教育社会学や社会学における新しい理論や考え方というよりは、新自由主義経済の下での新しい名前をまとった葛藤理論の系列の一つで、政治的イデオロギーを反映した概念である。すなわちペアレントクラシーの問題は、イギリスにおける新自由主義的な教育改革(1988 Education Reform Act)のもとで、浮上したといえる(Ball 2003)。

イギリスに限らず新自由主義経済のもたらすシステム改革は、教育にも浸透し、自己責任社会や教育の私事化(親の選択の自由)や教育の市場化を強調するという特徴をもっている。そして新自由主義は個人の選択の自由を謳いながらも、帰結としては機会格差の拡大や社会の二極化をもたらしている。

現在、家庭教育への政府の介入が問題視されている。この問題は新自由主義、市場原理主義の考え方と一見、相反するようにみえるがそうではない。アップル(Apple 2003, p. 180)も指摘したように、新自由主義を補完する新保守主義イデオロギーが強まることで、日本でも家庭教育の重要性や道徳教育の強化が政策的に重視されてきた(敷田 二〇〇九、木村 二〇一七)。

では格差拡大による家族や子育ての二極化は、子育て実践のレベルでどのような形で生じているのだろうか。

四　家庭環境と子育て実践をめぐる先行研究

(1)海外の先行研究

子どもの学習に家庭環境がいかなる影響を及ぼしているのか。アメリカにおける異なる階級の子育て文化の詳細なプロセスを解明した先行研究として、アメリカの社会学者であるラロー(Lareau 2011)を挙げることができる。彼女は二つの小学校に通う子どもとその家庭を観察し、白人中流階級と白人労働者階級の家庭、貧困家庭へのインタビューを通じて、子育て方法や文化の階級差を明らかにした。いずれの階級の親も子どもに学業達成の成功を望んでいるものの、子への関与の仕方、課外活動、家庭教育、学校行事への参加など、多くの側面で階級による差異を見出した。

労働者階級の親の子育ては、natural growth（自然な成長）というある意味、自由放任的な子育てに特徴があるという。彼らは大人と子どもを対等とはみなさず、子どもに命令することも多い。親は子どもが自然に発達すると考え、子どもは自由に遊ぶ自立性は確保されているが、親族ネットワークのなかで育つため、フォーマルな制度から利益を引き出す方法については学んでいない。また労働者階級の親は文化資本が少ないゆえに、子どもを高学歴にしたいという希望はあっても、それを実現するための方法や目標達成の戦略、すなわち勉強への能動的関与の方法がわからず、勉強は学校の仕事と考えている。それに対し、中流階級の親はconcerted cultivation（懸命な子育て）と言われる子育て方法をとる。(5) いわゆる教育熱心で計画的に子育てをする親であり、子どもの学力や学校での成功に熱心で、学校との関係、子どもへの教育的関与の点で優位な位置にあり、労働者階級の親を排除する傾向があるという。彼らは子どもを大人と対等に扱い、言語能力や表現に注意を払い、説明型のしつけをする。その結果、子どもが大人（制度的権威）と対等に活動できる能力を身につけさせるので、公的な場で中流階級の子どもは有利になる。放課後は課外活動に忙しく、親はその面倒をみる。学歴が高く文化資本の多い親が多いので、積極的関与型の子育てをする。

これ以外にもイギリスではボール（Ball 2003）などの研究が、教育の市場化とともに、文化資本の多い階級の親の教育戦略と関与について論じている。

これらの研究から明らかになったことは、中流階級の家庭の親が勉学志向的であり、母親が家庭学習の補助を積極的に行うこと、学校行事への積極的参加など学校教育の補助的役割を内面化し、子どもが勉強に向かうこと、学校に適応することを支援している。言いかえれば、中流階級の親たちの特徴は、子どもの勉強ハビトゥスや公的な場から利益を引き出すことのできる言語能力の形成を積極的にサポートする役割を引き受けている点にある。

それに対し、労働者階級の親は文化資本の欠如や経済資本の少なさ、さらには子に関与する時間資源の欠如等から、子への関与が不十分であったり、方法がわからなかったりと、子どもが勉強好きで勉学志向になることへの能動的な関与が不十分になる場合が多い。

親の過剰な教育的関与に関する極端な例は、アメリカの中国系移民の教育熱心な母親の書いた著書が有名で、「タイガー・マム」と呼ばれている(Chua 2011／邦訳二〇一一)。またニュアンスは異なるが「ヘリコプター・ママ」という言い方もあり、いずれも子どもに過剰に関与する母親がアメリカでも話題を集めてきた。

(2) 日本の先行研究

日本では子どもの教育に熱心な親は、戦後、「教育ママ」と呼ばれてきた(二関 一九七一)。また当時の家族社会学分野では、親子関係やしつけ方法の研究が盛んであった。

近年では教育熱心な親たちを総称する「教育する家族」(広田 一九九九)という言葉が、ペアレントクラシー社会の到来を端的に表している。広田(一九九九)のいう「完全な子ども＝パーフェクト・チャイルド」をめざし教育的配慮にエネルギーと資源を投入する親たちの存在が指摘され、「のびのび」した子育てと「きっちり」した子育ての二種類があり、そして社会階層が高いほど両方に力を入れるという。その後、本田(二〇〇八)は母親の意識調査から、高学歴層の母親が「全方位型の完璧な子育て」を志向する現実を明らかにするとともに、母親が階層を問わず子育てに積極的に関与していることを明らかにした。また非教育ママの特徴を描いた(本田 二〇〇四)。

片岡(二〇〇九)は子に小・中学校受験をさせる教育熱心な母親たちの五類型を示すとともに[6]、高階層の親たちが、子の学校選択を通じた社会的閉鎖戦略をとっていることを明らかにした。つまり「お受験」とは親たちの同質性志向を背景とした、主体的な階層閉鎖の教育戦略であるという。さらに高階層の親ほど競争ハビトゥスを子どもにも伝達、再生産しようとすること、子どもの文化資本や社会関係資本にも目配りしていること、そしてしつけ方法も受験家庭のしつけは、言葉による説諭型と体罰をも使う統制型の両方を用いる、二重戦略を採用していることを示した。お受験については小針(二〇一五)や望月(二〇一一)の研究もある。

また近年の子どもの貧困研究(たとえば青木 二〇〇三、阿部 二〇〇八)なども、子どもの貧困の問題には親の経済力だけでなく、子どもを取り巻く家庭、地域、学校の生活環境すべてが関わっていることを明らかにしている。これ以外にも次節で示すような、子どもの家庭と達成に関する数多くの研究の蓄積がある。

日本の子育ての階級・階層差は他国より差が小さいともいわれるが、近年では文化資本による教育達成の階級差を示す研究も増加し、階級差・階層差の問題が指摘されている(片岡 二〇〇一、松岡他 二〇一四、耳塚 二〇〇七)。多くの研究が、親の経済資本、文化資本、社会関係資本の多寡が、親の子どもへの関与の質や教育選択の違いを左右すること、さらに家庭の社会経済的・文化的諸条件が子どもの生活の質や経験、社会関係を媒介に、社会化や発達の違いをもたらすという結論に達しており、家庭教育の重要性や母親の教育的関与の問題として論じられてきた。つまり親の教育選択や教育への価値付与、家庭環境の社会的格差は、子どもの教育体験および社会化を左右し、発達や学力達成、ひいては将来の人生の社会的成功・不成功を左右する。

これまで子どもの学力格差に親の社会階層(収入や学歴等)が影響するという調査結果は多く報告されているが、親のしつけや子どもの教育体験、つまりは親の教育的関与プロセスや子育て実践の社会的格差に関する研究は、まだ多くはない。子育ての階級差についいては、片岡(二〇一八)が実証研究をまとめている。

(3) 文化資本とペアレントクラシー

海外および日本の先行研究からは、親の経済資本のみならず文化資本が、親の教育戦略を方向づけることが示されてきた。すなわち子育てへの積極的関与に示されるような中流階級的な子育て方法は、親の文化資本に左右されることがラローをはじめとして、多くの研究で示唆されている。その意味では、文化的再生産論や文化資本を用いた研究のなかで、親や家族に焦点を当てた研究がペアレントクラシー研究と関連をもっているといえる。

しかし日本では、学力や教育達成の階級差は文化資本の効果ではなく、経済資本によると主張する者もする。家庭の文化資本の効果が明確になっている研究成果への言及がないことも多い(7)。文化資本の測定問題も含め、議論すべきことは多い領域である。

さらに日本の教育社会学者においては、家庭の文化資本が媒介となり学歴資本へと転換する部分のみをとらえて文化的再生産と単純化し、この媒介・転換プロセス自体を文化的再生産と誤読していることに無自覚な研究論文が多い。その結果、支配階級の社会的再生産と教育システムの関係を見落としてしまうということが起きる(8)。ブルデューの理論から示唆されるのは、教育システムがイニシアチブを握っている文化の再生産と社会的再生産が、不可分に関連(客観的共謀)するということである。

ペアレントクラシーと関連する研究としては、「家族と教育」に関する研究レビュー(中澤・余田 二〇一四)や、文化的再生産の経験的研究のレビュー(大前他 二〇一五)、社会階層と教育研究のレビュー(平沢他 二〇一三)が参考になる。これらで紹介された論文の一部はペアレントクラシーに関わっている。また家族の教育戦略研究も、ペアレントクラシーとして位置づけられる(片岡 二〇〇一、片岡編 二〇〇八、石川他 二〇一一、天童・多賀 二〇一六)。

教育格差の原因を見ていくうえで今後重要になってくるのは、学力問題や学歴達成だけに目を向けるのでは不十分だということである。なぜならポスト近代たる現代に求められる能力は学力などの認知的側面の発達だけではなく、コミュニケーション能力や対人能力など、非認知的側面の比重が増しているからである(本田 二〇〇五)。そして家庭の文化資本の格差は、すでに述べたように親の子育て実践に大きな影響を及ぼし、次に示す親のインセンティブ・ディバイド（意欲格差）をも生み出している。

五　親の異なる価値観とインセンティブ・ディバイド（意欲格差）

子どもの勉強への意欲や努力の階層格差を示したのが苅谷（二〇〇一）の研究であった。この段階では、子どもの学力格差は、親の社会経済的な格差の問題として論じられることが多く、家庭の文化資本の効果を測定した研究は少なかった[9]。

しかし近年の調査データからは、社会経済的な格差とは異なる親の教育意識の格差や親の学歴による分断化の問題が指摘されてきた（吉川　二〇〇九）。

図1は、筆者らが二〇〇六年に実施した親の意識調査[10]から、子どもに四年制大学以上を期待する母親の比率を、母学歴と父職業別に集計した結果である。母学歴が高いほど、また父職業がホワイトカラー（専門職・管理職・事務職）であるほど、四大以上への進学期待は高い。たとえば母親が高卒以下で父職がブルーカラーの労働者階級の場合、母親の進学期待は三三・三％だが、母親が四大卒以上で父職が管理職の場合、その進学期待は九七・三％と、労働者階級の三倍近くの高い期待率を示していた。

図1からは親の社会的属性によって子への進学期待に大きな差があること、親のインセンティブ・ディバイド（意欲格差）があることがわかる[11]。階級を問わずすべての親が自分の子どもには大学へ行ってほしいと強く思っているわけではない。

中流階級の家庭に特徴的な競争的価値観からみれば、大学へ行かないことや勉強ができないことは子育ての失敗と

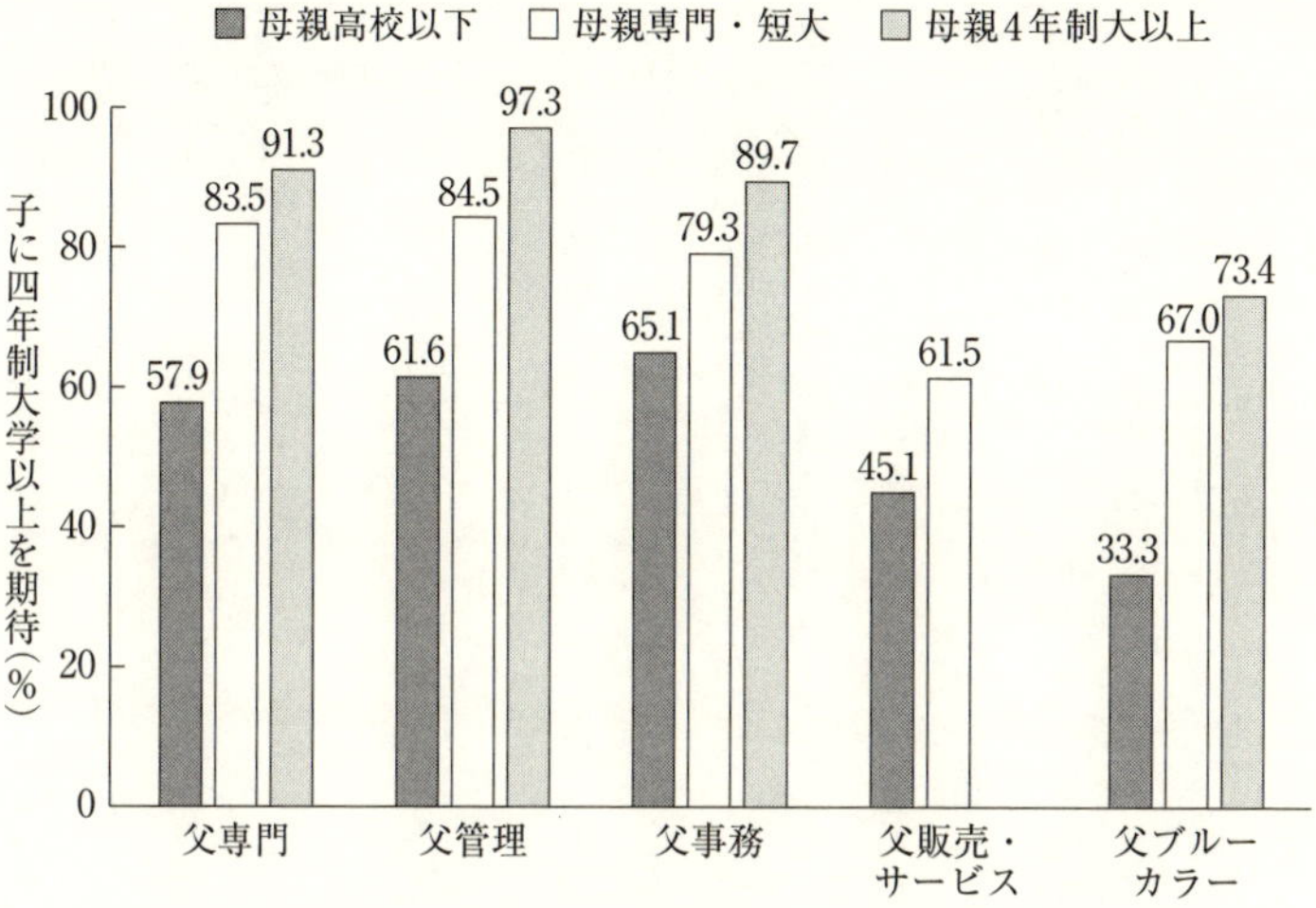

図1　子どもへの進学期待（母親データ：母学歴・父職業別）
注：n＜10 の場合は表示せず.

して解釈される。なぜなら、中流階級の親は、将来、子どももホワイトカラーの地位を獲得するために学力競争をさせることに肯定的だからである。しかし一方で、労働者階級がホワイトカラーとは異なる子どもの達成を期待し、異なるキャリアモデルをもつことがある点にも、もっと目を向ける必要がある。

たとえば、ある労働者階級の母親（パートのサービス職労働者、四〇歳代で二〇歳前後の二子あり）は、インタビューで次のように話してくれた。

> うちの主人はガテン系（土木・建設関係）ですし、息子たち（現在、職人の仕事）もみな身体は丈夫に育ってくれて、とにかく、元気でしっかり働いてくれれば十分なんです。（子の）大学進学も考えないわけではなかったけれど、いいかげんな大学に行って将来が不安定になるよりは、息子も手に職をつけたほうが確実だというし、その方が長い人生を考えると、私も確実な道だと思います。息子たちは高校卒業のあと、本人の希望する職人の道を選びました。

この例のように労働者階級の人々にとっての生き方のモデルは、会社員や管理職・事務職になることではない場合も多い。大学教育が確実な人生設計をもたらさないのではないかという先行き不安感も強い。この事例では、家族全体が将来的に確実な人生設計として職人を選好していた。ブルデューのいう技術資本が、労働者階級にとって利益をもたらすことが語られている。

六　勉強ハビトゥスと文化資本の世代間再生産

子どもの勉学に関心の高い上層ホワイト層では、子育てのなかで積極的に子どもの宿題をみる習慣がある。上記と同様の調査では、「子どもの宿題や勉強をみる」に「毎日する」「よくする」と回答した親は、上層ホワイト層で四九・三％、労働者階級では二三・五％と、二倍以上の差があった(12)。上層ホワイト層では子の勉学志向を促す実践のほか、勉強ハビトゥスの強調と子どもの学業達成への親の積極的関与が多様な方法で行われる。

この背景には、明らかに親自身の勉強ハビトゥスや文化資本の差異がある。たとえば親自身の勉強ハビトゥスについて、上層ホワイト層の親は「私は勉強することが好きである」と七二・四％が答えるが、労働者階級では二〇・六％と少ない。勉強ハビトゥスが親から子へと世代間で再生産されるのは、子どもの宿題や勉強に親が関与するといった日常的な子育て・教育実践によって担われている(13)。

文化資本の伝達においても、階級差は明瞭に現れる。読書文化資本について、「子どもに本の読み聞かせをする」ことが「よくある（よくあった）」親は、上層ホワイト層の六四・八％、労働者階級の三四・九％と差は大きい。芸術文化資本についても、「子どもと美術館や博物館へ行く」（上層ホワイト層一三・八％＞労働者階級〇％）「子どもとクラシック音楽をきいたり、クラシック・コンサートへ行く」(よく＋ときどき)(上層ホワイト層四〇・〇％＞労働者階級六・三％)において、階級差が大きく、上層ホワイト層ほど芸術文化資本、読書文化資本ともに子どもに経験させ、文化資本を獲得させるという教育戦略をとっていた。そして親の読書実践として「専門書を読んだり、本を読むことが好き」と答える親が上層ホワイト層で多く(上層ホワイト層七七・二％＞労働者階級一五・四％)、親の文化資本が子どもの教育実践を通じて再生産されている(片岡 二〇一八)。

このように子どもの読書体験や芸術文化体験を親が積極的にマネージしている上層ホワイト層では、親自身の高い文化資本がそれを促しており、やはりここでも文化資本の再生産ということがブルデューのいうように家庭を通じて早期から行われている(Bourdieu 1979／邦訳一九九〇、片岡 一九九二、二〇〇一)。

他方、これまであまり明らかにされてこなかった大衆文化については、「子どもをつれてカラオケに行く」かどうかを尋ね、「よくある(あった)＋ときどきある(あった)」親は、労働者階級の四四・五％に対し上層ホワイト層では二〇・〇％と、労働者階級の大衆文化嗜好が示唆される(片岡 二〇一八)。

また学校外教育に注目すると、多くの先行研究で明らかになっているように、教育投資や学校外教育費の階層差は、明確に存在している。さらに塾の利用法についても、階級による利用の仕方にも表れてくる。筆者らの調査では、学校外教育を利用している家庭の母親に、学習塾や予備校へ行く主な理由について択一式で尋ねたところ、①補習型(学校の授業に遅れないため)を選んだ比率は、労働者階級で三四・九％と多く、上層ホワイト層では一二・二％であった。また「進学校を受験するため」の進学希望型利用者は、労働者階級で九・三％と少ないが、上層ホワイト層では三六・七％であった。

以上みてきたように、近年の日本の親たちの子育て実践や教育実践、教育意識には、階級・階層による差異が明確に存在している。親の子どもへの関与が、子どもの異なる学力達成や社会的成功の差異を生み出す恒常的な力として作用しているといえよう。

七　ペアレントクラシー再考

ペアレントクラシー、すなわち積極的関与で子どもを成功へと導く親(とくに上層ホワイト層)の教育実践の特徴は、勉強ハビトゥスの伝達と醸成であることは明らかである。しかもそれは文化資本に裏付けられた豊かな情緒性や教養、思考力をも伴っていると考えられる。労働者階級の親にとっては、明らかに不利な競争であり闘いである。

労働者階級の親が、全方位的な子育て競争に加わることが困難であったり、競争から離脱する傾向を示すのは、もてる資本の種類と量が異なること、さらには階級的価値の違いもあるだろう。子育て実践や価値の階級的差異は、親の経済資本や経済資本に支えられた文化資本の差異からくるものであり、あるいは職業文化にも影響をうけた階級文化といえるかもしれない。

労働者階級の教育目標がたとえば職人として成功することで、それゆえあまり勉学志向にはならずに競争文化から退却したとしても、それは不思議なことではない。さらに、みなが学力競争を肯定しているわけではないという結果もあり、労働者階級の主観からみて「役に立たない」学力競争に積極的に参加しないという選択(競争からの離脱)も生じている。しかしそれは多くの研究者が指摘するように、教育の格差、達成の不平等へとつながるものだ。

では、ペアレントクラシーに彩られた教育の不平等化の力を、どのように格差縮小へと弱めていくことができるのか。貧しい家庭環境からも高い学力達成や社会的成功へとつなげていくことを可能にする方法は何かを、真剣に考える時期にきている。

二極化の問題をここで論じる余裕はないが、労働者階級あるいは貧困層の子どもであっても、中流階級と同程度の勉学志向を公教育によっていかに効果的に引出すことができるかという観点から、公教育のあり方を検討する方向性が考えられる。これはかなり困難な方向であるが、検討すべき課題である。すでに学校の効果研究や学力格差研究は日本でも盛んになってきた(14)。

しかし子どもたちにとってのゴールは、大学だけではない。結果の平等を学力や学歴だけで測定するのは、勉強ハビトゥスの染みついた研究者の悪しきハビトゥスであることを自戒しなければ、新しい方向性への提案は生まれてこないだろう。すなわち研究者は学力格差データを示し、勉強に熱心にならないこと、勉強の習慣がついていないことがいかに問題かという大前提を暗黙知として研究を進め、それに基づいて結果の解釈をしてしまう場合がある。こうした学校的なハビトゥスへの反省的知性が研究者自身に求められている。

競争をしなくても、平凡な仕事でも、親密圏を充実させ、愛情にあふれた家族関係と信頼に支えられた社会関係を土台として安寧な生活をすることへの希求は、若い世代に広がっている。

リスク回避という問題から、中学受験や学力競争にしのぎを削る親は多いが、だからといって、勉強をすることが苦痛になるような教育リスクを子どもに強いることの問題点を考えていない親は多い(内田 二〇一五)。

山田昌弘(二〇〇四)が論じたように、学校の勉強ができて「よい」会社に入ることが人生の安全なパイプラインではなくなっている。さらにライシュが述べたように、「賃金の不平等の拡大はグローバル労働市場の現実であり、既存の教育システムの失敗」(Reich 1991/邦訳一九九一)の結果でもある。硬直化した日本の経済・経営システムと同様、日本の学校も変革が求められている。グローバル知識経済の進展は、ますます職業構造の二極化(知識労働とサービス労働)を推し進め、クリエイティブ階級の重要性が増大するだろう(Florida 2002/邦訳二〇〇七)。その意味では、不安定な非正規雇用サービス労働者になるリスクを避ける意味(リスク回避)で、高学歴の価値は低下していない。それゆえ親たちも学歴獲得競争と早期受験に力を入れる結果になっている。

しかし最初に述べたように、親たちのインセンティブもニーズも分化、あるいは多様化しつつある。これまでのように学校的能力だけが子どもを成功へと導くものではないことも、徐々に理解されている可能性がある。

ペアレントクラシーに基づく社会の不平等化を弱めるためには、学力＝メリットと考える画一的な学校的価値観や評価システムを、より柔軟で創造的なものへと転換する必要がある。すべての子どもに勉強の習慣をつけさせることだけを重要と考えるのではなく、音楽や芸術の才能、コンピュータや経営の才能というように、子どもたちの個々の才能を見出し、好きなことに一生懸命になれるような環境を作ることも重要である。

すなわち勉強時間が長いか短いかや、勉学態度が身についているかどうかではなく、どれだけ個々の子どもたちが、全人格、全エネルギー、全能力を好きなことに費やす可能性を実現できるのか、そしてそれが人生の成功へとつながるような多様な回路を個々に見出していくことを可能にするような教育環境を、家庭や学校(公教育)がすべての子どもに用意できるかどうかが、今後は重要になるだろう。

また才能のある若者の受け皿として、社会の側も、起業を含めた創造的な能力や仕事への投資環境の整備、そして信頼に基づく協働関係が発展するような経済共同体(たとえばシリコンバレーのような)を、時間をかけてでも育てていく必要がある。教育だけみていても、解決できない問題は多いと考える。

それゆえ、誤解を恐れずに主張すると、貧困で塾に行けない子どもがより学べるように塾による補完や学習機会を与えるという政策選択は間違っていないものの、不十分である。たとえばフィンランドでは宿題を廃止する方向での教育改革が進められているが、ＰＩＳＡの学力は世界トップクラスである。放課後の過ごし方は、塾に行くわけでもなく、日本の子どもとはずいぶん異なっていて自由度が高い。努力主義と集団に同調することばかりを教える日本の学校文化のなかではむずかしいかもしれないが、それを打破して、クリエイティブな人材と産業が育つような社会を実現させることと、学校中心の平等主義的価値に染まった日本的なペアレントクラシーを弱めることの間をつなぐ共通の論理がある。

子どもの格差縮小をめざす政策が考えるべき問題は、一つには公教育における教師の質の向上であろう。学力差、文化差をはじめとして複雑で多岐にわたる親と子のニーズが寄せられる公教育の場において、それらに対応できる質の高い人材をいかに多く配置できるか、また教師の裁量を拡大して、一人一人の子どものニーズや状況に合った指導を展開できるかが、文化的にも多様化した親と子どもにとっての重要な課題になっている。

注

(1)たとえば山田(二〇〇八)などがある。

(2)トライマンの産業化命題とは、「産業化の進展により移動量は増大する」にまとめられる。

(3)学齢を媒介とする負の世代間連鎖として、「低い出身階級→子どもの低い教育達成→初職の職業達成の低さ→子ども世代の低い社会階級」のような再生産問題がある。

(4)荒牧(二〇一六)の一連の論文や藤原(二〇一一)などがある。ここでは代表的なものを提示した。

(5)階級による異なる子育て方法について、natural growth を「自然な成長」、concerted cultivation を「懸命な子育て」と訳したのは、秋山(二〇〇六)に準じている。

(6)お受験母親の五類型とは、①勉強ハビトゥス再生産型受験、②代理競争型受験、③苦労回避型受験、④身分文化再生産型受験、⑤他者同調型受験であり、インタビュー調査から導出された。

(7)日本の近年の文化資本に関する研究論文には、先行研究の位置づけに問題の多い論文も散見される。ペアレントクラシーという用語にかかわらず、先行研究の評価と位置づけには注意が必要であろう。

(8)高橋(一九八九)や片岡(二〇〇二b)を参照。

(9)たとえば宮島・藤田編(一九九一)、片岡編(一九九八)、片岡(二〇〇一)などがある。
(10)調査の詳細は片岡編(二〇〇八)に詳しいが、質問紙調査は関東一都六県に山梨県を加えた八都県に在住する「子ども(三歳―中学三年生)を持つ父母」を母集団とし、層化二段確率比例抽出法で三〇〇〇名の子どもを抽出し、その父母約六〇〇〇名への郵送法による調査。二〇〇六年一一―一二月に実施し、世帯単位で四四・〇三%の有効回答を得た。父親一〇一六票、母親一二六六票、性別不明一票。保護者の平均年齢は四〇・八二歳、SD＝6.419。
(11)ちなみに父母の全データで子への進学期待(「お子さんには、将来、どの段階まで進学してほしいと考えていますか」)の結果を集計すると、中学まで〇・二%、高校まで一五・一%、専門学校まで八・六%、短期大学まで八・七%、四年制大学まで六一・二%、大学院修士レベルまで三・七%、大学院博士課程まで二・四%であった。
(12)本章での上層ホワイト層と労働者階級とは、母親の学歴と父親の職業で分類抽出した階級フラクションであり、社会階級の一般的な分類とは必ずしも一致させていない。労働者階級は、母親の最終学歴が高校卒もしくは中学卒であり、かつ父親がブルーカラー職種の家庭(n＝189)である。上層ホワイトカラー層は母親が四年制大学卒もしくは大学院経験者であり、かつ父親が専門職か管理職のいずれかである家庭(n＝145)である。各グループの構成比(母学歴と父職業が判明している全ケースに占める比率)は、労働者階級が一六・六%、上層ホワイトカラー層が一二・七%であった(片岡 二〇一八)。
(13)宮島(一九九九)は「学びのハビトゥス」を指摘している。本章や片岡(二〇〇九)で用いた「勉強ハビトゥス」と内容は類似している。
(14)志水編(二〇〇九)ほか、一連の「効果のある学校」研究がある。

参照文献

青木紀編著 二〇〇三、『現代日本の「見えない」貧困――生活保護受給母子世帯の現実』明石書店。
秋山高範 二〇〇六、「〈書評〉Annette Lareau, *Unequal Childhoods: Class, Race and Family Life*, Univ. of California Press 2003」『年報人間科学』二七、一五三―一五八頁。
阿部彩 二〇〇八、『子どもの貧困――日本の不公平を考える』岩波新書。
荒牧草平 二〇一六、『学歴の階層差はなぜ生まれるか』勁草書房。
石川由香里・杉原名穂子・喜多加実代・中西祐子 二〇一一、『格差社会を生きる家族――教育意識と地域・ジェンダー』有信堂高文社。
内田良 二〇一五、『教育という病――子どもと先生を苦しめる「教育リスク」』光文社新書。
大前敦巳・石黒万里子・知念渉 二〇一五、「文化的再生産をめぐる経験的研究の展開」『教育社会学研究』第九七集。

片岡栄美 一九九二、「社会階層と文化的再生産」(特集「階層・移動研究の展望」)、『理論と方法』第七巻第一号、三三―五五頁。
片岡栄美 二〇〇一、「教育達成過程における家族の教育戦略――文化資本効果と学校外教育投資効果のジェンダー差を中心に」(特集「「格差」に挑む」)、『教育学研究』第六八巻三号、二五九―二七三頁。
片岡栄美 二〇〇二a、『現代文化と社会階層』東京都立大学、博士論文。
片岡栄美 二〇〇二b、「階層研究における「文化」の位置――階層再生産と文化的再生産のジェンダー構造」(特集「社会学の対象と方法――社会学者は何を行なっているのか」)関東社会学会編『年報社会学論集』一五、三〇―四三頁。
片岡栄美 二〇〇九、「格差社会と小・中学受験――受験を通じた社会的閉鎖、リスク回避、異質な他者への寛容性」(特集「経済の階層化と近代家族の変容――子育て二極化をめぐって」)、『家族社会学研究』二一(一)、三〇―四四頁。
片岡栄美 二〇一八、「子育て実践と子育て意識の階級差に関する研究」『駒澤大学文学部研究紀要』七六、一―二七頁。
片岡栄美編 一九九八、『文化と社会階層(一九九五年SSM調査シリーズ18)』一九九五年SSM調査研究会。
片岡栄美編 二〇〇八、『子どものしつけ・教育戦略の社会学的研究――階層性・公共性・プライヴァタイゼーション』科学研究費補助金研究成果報告書(課題番号 17330183)。
苅谷剛彦 二〇〇一、『階層化日本と教育危機――不平等再生産から意欲格差社会へ』有信堂高文社。
吉川徹 二〇〇九、『学歴分断社会』ちくま新書。
木村涼子 二〇一七、『家庭教育は誰のもの?――家庭教育支援法はなぜ問題か』岩波ブックレット。
小針誠 二〇一五、『〈お受験〉の歴史学――選択される私立小学校 選抜される親と子』講談社選書メチエ。
敷田八千代 二〇〇九、「〈書評論文〉学校教育のための育児――ジェンダー化された労働と教育の不平等」『京都社会学年報』一七、一七五―一八三頁。
志水宏吉 二〇一五、「教育は誰のものか――格差社会のなかの「学校選び」」『教育学研究』第八二巻四号、五五八―五七〇頁。
志水宏吉編 二〇〇九、『「力のある学校」の探求』大阪大学出版会。
高橋一郎 一九八九、「ブルデュー「資本」概念のインプリケーション」日本教育社会学会第四一回大会資料。
竹内洋 一九九五、『日本のメリトクラシー――構造と心性』東京大学出版会。
天童睦子・多賀太 二〇一六、「「家族と教育」の研究動向と課題――家庭教育・戦略・ペアレントクラシー」『家族社会学研究』二八(二)、二二四―二三三頁。
中澤智恵・余田翔平 二〇一四、「〈家族と教育〉に関する研究動向」『教育社会学研究』第九五集、一七一―二〇五頁。
二関隆美 一九七一、「母親の教育態度と子どもとの関連――教育ママの子はどんな子か」大阪府青少年問題研究会『青少年問題研究』一九、一—三四頁。

平沢和司・古田和久・藤原翔 二〇一三、「社会階層と教育研究の動向と課題——高学歴化社会における格差の構造」『教育社会学研究』第九三集、一五一—一九一頁。

広田照幸 一九九九、『日本人のしつけは衰退したか——「教育する家族」のゆくえ』講談社現代新書。

広田照幸 二〇〇四、『思考のフロンティア 教育』岩波書店。

藤原翔 二〇一一、「Breen and Goldthorpe の相対的リスク回避仮説の検証——父親の子どもに対する職業・教育期待を用いた計量分析」『社会学評論』六二(一)、一八—三五頁。

ベネッセ教育総合研究所 二〇一三、『学校外教育活動に関する調査二〇一三データブック』。

本田由紀 二〇〇四、「「非教育ママ」たちの所在」本田由紀編『女性の就業と親子関係——母親たちの階層戦略』勁草書房、一六七—一八四頁。

本田由紀 二〇〇五、『多元化する「能力」と日本社会——ハイパー・メリトクラシー化のなかで』NTT出版。

本田由紀 二〇〇八、『「家庭教育」の隘路——子育てに強迫される母親たち』勁草書房。

松岡亮二・中室牧子・乾友彦 二〇一四、「縦断データを用いた文化資本相続過程の実証的研究」『教育社会学研究』第九五集、八九—一一〇頁。

耳塚寛明 二〇〇七、「小学校学力格差に挑む——だれが学力を獲得するのか」(特集「「格差」に挑む」)『教育社会学研究』第八〇集、二三—三九頁。

宮島喬 一九九九、『文化と不平等——社会学的アプローチ』有斐閣。

宮島喬・藤田英典編 一九九一、『文化と社会——差異化・構造化・再生産』有信堂。

望月由起 二〇一一、『現代日本の私立小学校受験——ペアレントクラシーに基づく教育選抜の現状』学術叢書。

山田哲也 二〇〇八、「保護者が抱く不安のゆくえ——不安による離脱か、不安ゆえの協力あるいは監視か?」ベネッセ教育開発センター『学校教育に対する保護者の意識調査二〇〇八』一〇六—一一二頁。

山田昌弘 二〇〇四、『希望格差社会——「負け組」の絶望感が日本社会を引き裂く』筑摩書房。

米村明夫 一九七七、「コールマンレポート以降のアメリカの不平等研究——階層再生産における教育の役割」『教育社会学研究』第三二集、一〇四—一一七頁。

Apple, M. W. 2003, "Are Markets in Education Democratic? Neo Liberalism, Vouchers, and the Politics of Choice."(マイケル・アップル、黒崎勲編『多元化社会の公教育——国際シンポジウム 新しいタイプの公立学校の創設と教育の公共性』日日教育文庫、二〇〇三年、一

七三―二〇七頁)

Ball, Stephen J. 2003, *Class Strategies and the Education Market: The Middle Classes and Social Advantage*, Routledge Falmer.

Bourdieu, Pierre 1979, *La Distinction, Critique Sociale du Jugement*, Minuit, Paris.(ピエール・ブルデュー、石井洋二郎訳『ディスタンクシオン――社会的判断力批判 Ⅰ・Ⅱ』藤原書店、一九九〇年)

Bourdieu et Passeron 1964, *Les Héritiers: Les étuditants et la culture*, Minuit, Paris.(ピエール・ブルデュー、ジャン＝クロード・パスロン、石井洋二郎監訳『遺産相続者たち――学生と文化』藤原書店、一九九七年)

Bourdieu et Passeron 1970, *Les Héritiers: La Reproduction Eléments pour une théorie du système d'enseignement*, Minuit, Paris.(ピエール・ブルデュー、ジャン＝クロード・パスロン、宮島喬訳『再生産――教育・社会・文化』藤原書店、一九九一年)

Brown, Phillip 1990, "The 'third wave': Education and the ideology of parentocracy", *British Journal of Sociology of Education*, 11(1):pp. 65–85.

Brown, Phillip 1995, "Cultural Capital and Social Exclusions : Some Observations on Recent Trend in Education, Employment and the Labor Market", *Work, Employment and Society*, Vol. 9, No. 1.(フィリップ・ブラウン「文化資本と社会的排除」A・H・ハルゼー他編、住田正樹他編訳『教育社会学――第三のソリューション』九州大学出版会、二〇〇五年、五九七―六二二頁)

Chua, Amy 2011, *Battle Hymn of the Tiger Mother*, Penguin Books.(エイミー・チュア、齋藤孝訳『タイガー・マザー』朝日出版社、二〇一一年)

Coleman, James S., et al. 1966, *Equiality of Educational Opportunity*, Washington, U. S. Government Printing.

Collins, R. 1979, *The Credential Society: An Historical Sociology of Education and Stratification*, Academic Press, New York.(R・コリンズ、新堀通也監訳、大野雅敏・波平勇夫訳『資格社会――教育と階層の歴史社会学』東信堂、一九八四年)

Florida, R. 2002, *The Rise of the Creative Class (and How It's Transforming Work, Leisure, Community and Everyday Life)*, Basic Books, New York.(リチャード・フロリダ、井口典夫訳『クリエイティブ・クラスの世紀――新時代の国、都市、人材の条件』ダイヤモンド社、二〇〇七年)

Griffith & Smith 2005, *Mothering for School*, Routledge Falmer.

Heckman, James 2006, *Giving Kids a Fair Chance*, The MIT Press.(ジェームズ・J・ヘックマン、古草秀子訳『幼児教育の経済学』東洋経済新報社、二〇一五年)

Lareau, Annette 2011, *Unequal Childhoods: Class, Race, and Family Life(second edition with an update a decade later)*, University of California Press.

Putnam, Robert D. 2015, *Our Kids: The American Dream in Crisis*, Simon & Schuster.（ロバート・D・パットナム、柴内康文訳『われらの子ども――米国における機会格差の拡大』創元社、二〇一七年）

Reich, R. 1991, *The Work of Nations: A Blue print for the Future*, Vintage, New York.（ロバート・B・ライシュ、中谷巌訳『ザ・ワーク・オブ・ネーションズ――21世紀資本主義のイメージ』ダイヤモンド社、一九九一年）

Treiman, D. 1970, "Industrialization and Social Stratification", pp. 207–234, in E. O. Laumann ed., *Social Stratification: Research and Theory for the 1970s*, Bobbs-Merrill, Indianapolis.

Young, Michael 1958, *The Rise of the Meritocracy*, Thomas & Hudson.（マイケル・ヤング、窪田鎮夫・山元卯一郎訳『メリトクラシー』至誠堂選書、一九八二年）

▼ブックガイド▼

Putnam, Robert D. 2015, *Our Kids: The American Dream in Crisis*, Simon & Schuster.（ロバート・D・パットナム、柴内康文訳『われらの子ども――米国における機会格差の拡大』創元社、二〇一七年）

ソーシャル・キャピタル研究でも有名な著者が、アメリカの子どもの機会格差の拡大を子どもと家族へのインタビュー調査と調査データに基づいて詳細に検討した著書。

Lareau, Annette 2011, *Unequal Childhoods: Class, Race, and Family Life(second edition with an update a decade later)*, University of California Press.

アメリカの子育ての階級差について小学生の子どもの家庭生活への質的調査をもとに、中流階級、労働者階級、貧困層の子育て文化や方法、家庭と学校の関係、親の教育的関与などを詳細に描いた著書である。

11 ニューカマー研究の新展開――A＋B＝A′＋B′＋a

志水宏吉

はじめに

サブタイトルに掲げた数式のようなものは、私たちが思い描く共生社会のイメージである。私たちとは、私が勤務する大阪大学において、二〇一二年より博士課程教育リーディングプログラム「未来共生」に関わっている教員チームのことである。私たちは、阪大内の八つの研究科に所属している大学院生から選抜されたメンバーに対して、五年制一貫の教育プログラムを提供している。「多文化共生社会の実現」を牽引する博士課程人材を生み出すのが、このプログラムの目的である。

タイトルの「数式」が意味するところは、概略以下のようなものである。すなわち、A（マジョリティ集団）とB（マイノリティ集団）が出会った際に、Aも変わり（A′）、Bも変わり（B′）、そして新たな価値や制度（a）が生み出される社会が、私たちが目指す「共生社会」であるということ。それは、「AたすB」が「A」になってしまう「同化社会」（A＋B＝A）や、「AたすB」が「AたすB」のままである「分離社会」（A＋B＝A＋B）とは性格を異にするものである。

私はこのほぼ二〇年、「ニューカマー」と一般に呼ばれる、新来外国人の子どもたちを対象とする調査研究に携わってきた。以下が、その主たる研究業績である。いずれの著作も共同研究にもとづくものであり、中身は多くの共同研究者の文章によって構成されている。

①『ニューカマーと教育――学校文化とエスニシティの葛藤をめぐって』(二〇〇一)
②『高校を生きるニューカマー――大阪府立高校にみる教育支援』(二〇〇八)
③『「往還する人々」の教育戦略――グローバル社会を生きる家族と公教育の課題』(二〇一三)
④『日本の外国人学校――トランスナショナリティをめぐる教育政策の課題』(二〇一四)

本稿では、この二〇年間における、私たち自身のものをもふくむ「ニューカマー」研究の蓄積をふまえ、新たな研究上の視点やアイディアをいくつか提示したいと思う。

まず第一節では、「ニューカマー」研究が行われるようになった経緯を振り返る。そして第二節では、「ニューカマー」研究の流れを辿り、どのような変化がそこに生じたのかについて論じる。ここまでが本稿の前半である。過去から現在にかけて何が生じたのかを振り返る前半に対して、現在から未来についての私なりの見解を展開するのが後半の内容となる。まず第三節では、「ニューカマー」という言葉自体についての私の考えを述べる。そのうえで第四節では、今後何がなされなければならないのかというテーマについて、現在私たちが進めつつある「共生学の構築」という視点からの問題提起を行い、最後の「おわりに」で簡単なまとめを提示する。

一　なぜ「ニューカマー」研究が行われてきたのか

はじめに、なぜ「ニューカマー」研究が生まれ、一定の蓄積がなされてきたのかという問題について考えてみることにしよう。

私はずいぶん以前にイギリス教育社会学の展開をレビューしたことがあるが(志水 一九九三)、そこでは、一九七〇年代までの教育社会学は「階級」を主たる分析カテゴリーとしてきたが、八〇年代以降は急速に「ジェンダー」および「エスニシティ」をめぐる研究が蓄積されるようになったという状況が明らかになった。当時のイギリスのエスニシティ研究が対象としたのは、第二次大戦後に旧植民地からイギリスに移り住むようになった南アジア、あるいはカリブ海系諸国からの「移民」たちであった。

日本において、それに相当する出来事は、一九七〇年代後半以降にさまざまな理由・経緯で日本に入国するようになった「ニューカマー」外国人の到来である。そのなかには、インドシナ難民、中東や南アジアからの非正規労働者、南米諸国からのデカセギ労働者、東南アジア地域から興行ビザでやってきた女性たちなどがいた。とりわけ一九九〇年の入管法改正をきっかけに、在日外国人の数は急速に増加していくことになる。

彼らの就労や生活実態はどうなっているのか。近隣住民との間にどのような問題が生じているのか。子どもたちは満足な生活を送ることができているのか。彼らの存在を日本社会のなかに適切に位置づけるためには、何が考えられなければならないのか。そうした問いが続々と提出されるようになった。

学校教育の問題に焦点をしぼって、それらの問いを探究しようとしたのが、私の最初の研究(①『ニューカマーと教育』)であった。共同研究に着手したのは一九九七年、今からおよそ二〇年前のことになる。二〇〇一年に刊行された本書は、教育社会学の領域においては、小内らのもの(小内・酒井 二〇〇一)と並んで、初期におけるまとまった調査にもとづく研究書の一つだと言うことができる。

この本のサブタイトルは「学校文化とエスニシティの葛藤をめぐって」とした。首都圏のいくつかの公立小・中学校に入ってくる「ニューカマー」の子どもたちがどのように学校生活を送りつつあるのかを明らかにしたいというのが、研究の初発の動機であった。そのプロセスには、日本の学校文化と「ニューカマー」たちが有する生活文化との対立・葛藤が不可避的に生じていたからである。

日本の学校と「ニューカマー」外国人との出会いをめぐって、たとえば恒吉（一九九五）は「一斉共同体主義」、太田（二〇〇〇）は「奪文化化教育」といった言葉で、日本の教育の同化主義的な色彩について批判的な議論を展開した。私たちも、彼らを「特別扱いしない」日本の学校の教育の風土が、彼らの適応上の困難をさらに深刻なものとしているという指摘を行った（志水・清水編 二〇〇一）。

これら初期の研究はすべて、新たに海外からやってきた人たちを、日本社会がどう受け入れるべきかという問題設定のうえに立ってなされたものである。先にあげた言葉を使えば、マジョリティたる日本人（A）が、マイノリティたる「ニューカマー」外国人（B）をどう処遇するのかという問題である。

A＋BがAになるとき、それを同化主義と言う。「オールドカマー」たる韓国・朝鮮人に対して日本社会が行ってきたのは、まさにこれであった。「創氏改名」などの制度が、そのことを如実に物語る。それに対して、「ニューカマー」研究に携わった当時の教育社会学者たち（私もそこに含まれる）の問題意識は、彼らを日本社会にどのようにうまく統合できるかという点にあった。その背景には、「オールドカマー」のときと同じ「過ち」を繰り返してはならない、という感覚が共有されていたように思う。既述のように、これを図式化するなら、A＋B＝A＋Bとなる。マイノリティであるBを、「Bとしてそのまま」うまく日本社会に位置づけるにはどうしたらよいのか。その問いが、私たちの研究を導いていたと言ってよい。

二　「ニューカマー」研究はどのように発展してきたか

私は、二〇〇九年に『エスニシティと教育』というリーディングスの編集に携わり、その序論においてその時点までの「ニューカマー」研究のレビューを行った(志水 二〇〇九)。そこでは、「ニューカマー」外国人の教育問題を、「言語」「(学校)適応」「学力」「進路」「不就学」「アイデンティティ」の六つに分け、それまでの到達点を整理した。そのときの結論は、先にあげたような、「ニューカマー」の子どもたちが日本の学校および社会で遭遇する課題群を解決・改善するためには、日本の学校文化の変革が不可欠であるという点であった。そのうえで、日本の学校における「多文化教育」ないしは「市民性教育」の展開の可能性について論じた。

私たちにとっての二番目の研究成果②『高校を生きるニューカマー』が出版されたのが、二〇〇八年のことである。職場が東京から大阪に移ったことに伴い、私は大阪の研究者仲間とチームを組んで、高校の調査を行うことにした。「ニューカマー」の子どもたちの年齢が小・中学生から高校生へと移り始め、彼らの教育課題も「言語」「適応」「学力」を中心とするものから、「進路」や「アイデンティティ」をめぐるものにシフトし始めていたからである。

そこで見出されたのは、前著で見出されたのとは対照的な、彼らを「特別扱い」する大阪の府立高校の教育風土であった。これが地域差によるものなのか(首都圏⇔大阪)、時代の差によるものなのか(一九九〇年代後半⇔二〇〇〇年代半ばから後半)、あるいは学校段階の差異によるものなのか(義務教育期間⇔高校)、今でも確たることは言えないと感じている。しかしながら、当時の「ニューカマー」生徒の公立全日制高校への進学率は大阪府で最も高くなっていたのであり、そこで見出されたものが、今後のあり方を考えるうえでの貴重なヒントとなるだろうことに間違いはないと思う。

さて、一九九〇年代半ばからスタートしたといえる「ニューカマー」研究は、ここ一〇年ほどの間に、その基本的スタンス・視座を変化させているように思われる。その変化を、二点にまとめて指摘しておきたい。

まず、最初に指摘すべき大きな変化は、彼らの側からみた研究(=彼らの主体的営為に焦点を当てた研究)が増えたことである。初期においては、日本あるいは学校の側から彼らを捉えようとするパースペクティブからなされるものが大部分であった。それが、「ニューカマー」の子どもや家族の側から、あるいは、彼らの「生きるための戦略」という視座から現象を捉えようとする研究が、続々と現れるようになってきた。もちろん、私たちの①や②も含め、従来の研究にもその萌芽は見られたわけだが、そのこと自体を前面に打ち出した研究が、近年では多く見られるようになってきている。その代表例として、日系ブラジル人の子どもたちに焦点をあてた児島(二〇〇七)や森田(二〇〇七)の研究、あるいは教会に集うフィリピン人に着目した三浦(二〇一五)のものなどを挙げることができる。またそれに関連して、「第二世代」の子ども・若者に着目した研究も生まれはじめている(額賀・三浦 二〇一七、清水・サラーン 二〇一四など)。

個人あるいは集団の「システム」(学校や地域社会)への適応を論じる際には、システムの側に立つか、個人(集団)の側に立つか、という選択がありえる。「ニューカマー」研究においては、まず前者の視点から経験的研究がスタートし、徐々に後者への視点のシフトが見られているのである。

それとともに、近年注目される今ひとつの変化は、「移動する人々」という視点の導入が図られていることである(高谷 二〇一七、広田・藤原 二〇一六、児島 二〇一六)。「ニューカマー」という語は、そもそもシステムへの「新参者」という意味で用いられるようになった言葉である。高い同質性を誇る日本の教育・社会システムに、異質の文化を有する人たちが参入しはじめた。彼らが「ニューカマー」である。そのとき、「日本にやってきた」彼らは、日本に定着・定住するだろう、あるいはそうなるのが望ましい、と暗黙に想定されていた。やがては日本社会の一員となるべき「新来のお客さん」という位置づけが、彼らには付与されていた。

社会学者伊豫谷は、『移動から場所を問う』(二〇〇七)という編著のなかで、次のような指摘を行っている。

移民を研究対象とするということは、場所をめぐる闘争である。場所をあらかじめ所与のものとして設定し、固定された場から移動をとらえるのではなく、移動から場所をとらえ返し、移動の視点から社会あるいは世界と呼ばれてきたものを再構築する試みが必要とされている。（伊豫谷編 二〇〇七、一〇頁）

上記の文章中の「移民」とは、本稿の「ニューカマー」である。南米諸国からのデカセギ労働者に典型的に見られるように、日本の側から見れば彼らは新参者であるが、そもそも彼らは「移動する人々」である。日本社会への参入が、「定着」をめざすものであるか、あるいは「移動」の一過程に過ぎないのかで、話はまったく変わってくる。『移動から場所を問う』という象徴的なタイトルは、グローバリゼーションが生み出す大量の人の「移動」こそが、それぞれの場所の特性なり、課題なりを浮き彫りにするという側面を鮮やかに指摘している。

私たちの三番めの著作である③『「往還する人々」の教育戦略』（二〇一三）は、まさにこのような視点に立って行われたものである。「往還する人々」という言葉は、私たちの造語である。「世界の二つあるいはそれ以上の地点に生活の拠点・足場を持ち、身体的あるいは精神的に行ったり来たりしている人々」（一一頁）が「往還する人々」である。この本のなかで私たちは、「日系ブラジル人」「国際結婚家庭」「中華系・コリア系エスニックスクールに集う保護者」という三つの集団を「往還する人々」の事例と位置づけ、インテンシブな聞き取り調査にもとづいて彼らの教育戦略の諸相に迫ろうとした。

最近、山本の手によって、近年の「ニューカマー」研究の展開についての精緻なレビューがなされている（志水・高田・堀家・山本 二〇一四）。ここでは、日本における「在日外国人」研究の流れが、「在日韓国・朝鮮人研究の時代」（〜一九九五年）、「ニューカマー研究の時代」（一九九〇〜二〇一〇年）、「批判的発展の時代」（二〇〇五年以降）という三つの見出しのもとに整理されている。

二〇〇五年以降の「批判的発展の時代」で指摘されている新たな展開は、（1）マイノリティ研究理論の発展、（2）

研究対象の拡大、(3)量的研究への着目の三つである。本稿の文脈からみて重要だと思われる指摘を整理しておくと、以下のようになる。

まず(1)の理論的側面で言うと、「マイノリティグループの比較」を視野におさめた「領域横断的研究の必要性」が指摘されている(前掲論文、一五一頁)。端的に言うなら、山本が行っているのは「オールド」(在日韓国・朝鮮人)と「ニュー」の垣根はもはや取り払われるべきだという主張である。「排除と包摂」という社会学的な概念枠組みをマイノリティ教育の実践に適用・評価しようとしている倉石(二〇〇九)の著作も、この領域での理論的展開をもたらすものとして注目される。

(2)の、研究対象の拡大については、先に述べたような、トランスナショナルな移動を視野におさめる研究が増えていること、また、国際結婚家庭や外国人学校への注目が強まっていることなどが指摘されている(Shikita 2014、金南 二〇一六など)。

私たちのグループの最近の著書④『日本の外国人学校』(二〇一四)は、コリア系学校・中華学校・ブラジル人学校・インターナショナルスクールという四つのタイプの、計一六校のフィールドワークにもとづくものであり、日本の学校研究のフロンティアを切り拓くという意図をもって制作された著作である。

三 「ニューカマー」とは誰なのか

ここで改めて、「ニューカマー」という用語について検討しておくことにしたい。

すでに述べたように、「ニューカマー」という言葉は、「オールドカマー」との対比で、便宜的に使用されてきたものである。メディアにおいても、そして学問の世界のなかでも、他に適切な言葉が見当たらないということで「ニューカマー」という呼称がしばしば用いられている状況があり、私自身もその用語法にしたがってきた。ここで言う「オールドカマー」とは、具体的には、ある経緯のもとに戦前期から日本に在住することになった在日コリアンおよび在日中国人(華僑・華人とも呼ばれる)を指す。

一九九〇年代半ば以降、「ニューカマー」の教育問題をめぐる調査研究に従事してきた私は、何度かその用語法を批判されることがあった。いわく、「ニューカマー」という言葉で、さまざまな経緯のもとで日本にやってきた外国人を十把ひとからげにするのは、あまりに乱暴ではないか。「ニューカマー」という言葉による実体化・対象化は、日本人と彼らとの間にある権力的な関係性の固定化につながるのではないか。何よりもその言葉には、侮蔑的なニュアンスが含まれており、彼らを見下しているように感じられる等々。特に最後の批判は、彼らを教育・支援する立場にある「現場の人びと」からなされることが多かった。たしかに関西や首都圏の学校現場では、「外国にルーツをもつ子ども」や「外国につながる子ども」といった表現が主として用いられており、「ニューカマー」という用語が使用されることはほぼない状況が続いている。

周囲からこうした反応が返ってくるたびに、私は悩み、そして逡巡した。「ニューカマー」という呼び名を使うのは、やはりよくないのかなあと。しかしながら、それに代わる用語は簡単には見つからず、私は「ニューカマー」、あるいは「ニューカマー外国人」という言葉を今でもしばしば使っている。

私たちの研究が扱ってきた対象や領域は、欧米であれば「移民(immigrants)」研究のジャンルとしてくくられるはずである。すでに欧米では長い移民受け入れの歴史があり、研究の蓄積もはるかに多い。ひるがえって日本には、アメリカやブラジルに移民を送り出した歴史はあるものの、移民を大量に受け入れる経験は近年までなかった。朝鮮半島から戦前期に多くの人が日本にやってきた事実はあるが、彼ら在日コリアンのことを「移民」として表現することは、日常的にも、研究上でもあまりない。それは彼らが、自ら選んで日本に渡ってきたわけではない(=無理やり日本に連れてこられた)人たちである、という理解が支配的だからであろう。

また移民は、母国からホストカントリーに移住してきたうえで、二世代・三世代とホストカントリーに在住し続ける人たちのことである。一九九〇年代以降に急増した在日外国人を「移民」と呼ぶには、まだまだ日が浅かった。彼らは、日本にとどまるかもしれないし、母国に戻るかもしれない。量的に最も拡大した南米からの日系人やアジア諸国から興行ビザでやってくる人たちは、そもそも「お金を儲ける」ことを目的として日本にやってきているはずだから、一定のお金を獲得すれば帰国するのだろうと考えられていた状況のもとでは、当然「移民」という言葉は用いられがたい。

そもそも日本では、「ニューカマー」外国人が増加を始めた初期においては、就学をはじめとする教育的諸課題に対する制度的対応は、「帰国子女教育」を担当するセクション(文部省海外子女教育課)でなされたという経緯がある。「海外子女教育課」の任務は、海外の日本人学校を管轄し、そこから帰ってくる子どもたちの日本社会へのスムーズな再適応を実現することにあった。要するに、彼らのお客さんは「帰国子女」であった。そこに、「ニューカマー」の教育問題がカップリングされる。他に所轄できる部署が存在しなかったからではあるが、社会の上層の存在である「帰国子女」と、マイノリティ集団として日本社会の下層に位置づけられることが多い「ニューカマーの子どもたち」が、「海外からやって(戻って)きた」という現象面での共通性を有するというだけで一括して扱われることになった。今日、そのセクションは「海外教育課」と名乗るようになっているが、その「併存」状態は今も変わらない。

さて、「ニューカマー」到来から約一世代分の歳月が流れた今日、事態は大きく変わりつつある。

まず、初期の「ニューカマー」のうち、日本に定住・永住する人たちが出てきた。それに合わせて、日本生まれの「第二世代」が育ちつつある。また、今日では結婚する二〇組に一組が国際結婚であると言われており、多くの「ダブル」の子どもたちが学齢期を迎えている。彼らは「外国にルーツをもつ」が、当然「ニューカマー」とは異なる性格を有する。そして、さまざまなタイプの「移動する子」(「往還する人々」の子世代)が存在する。彼らの保護者の教育戦略は多様であり、それぞれのトランスナショナルな生活のあり方が追求されている。

「ニューカマー」という語は、読んで字のごとく「新参者」を意味する。日本社会への海外からの新参者は途切れることはないだろうから、常にその意味での「ニューカマー」は存在し続けるだろうが、本稿で扱っている意味での「ニューカマー」という呼称は、もはやその歴史的意義を失いつつあるといってよいのではないか(かつてもてはやされた「ニューミュージック」や「新人類」といった言葉と同じように)。「ニューカマー」という用語は、過渡期のものだったと捉える方が適切なのかもしれない。その言葉では、上に述べたような、多様なバックグラウンドをもつ子どもたちの全体をすくいとることはできないのだから。

では、それに取って代わるような単語はあるだろうか。現代の日本に在住する、多様な「外国にルーツをもつ」子どもたちを総称する言葉を提起することができるだろうか。また、そのこと自体必要なのだろうか。

「外国にルーツをもつ」という表現自体は悪くないと思う。少なくとも、上に述べた「第二世代の子」「ダブルの子」「移動する子」を、いちおうはカバーすることができるから。ただし、親世代のことを考えると、そううまくも行かない。たとえば、日本人と結婚し、日本に在住している配偶者は、依然として「○○人」というアイデンティティを有し、自分を「外国にルーツをもつ」人間だとは認識しないことの方が多いだろう。ましてや複数の国を移動する大人たちを、「外国にルーツをもつ」と表現するのは適切ではない。

研究という側面で言うなら、これまで展開されてきた日本の「ニューカマー」研究は、より広い「エスニシティ(ethnicity)」研究という呼称のもとに統合されるべきだと考える。社会学の伝統では、「エスニシティ」は、「階級(class)」、「性別(gender)」と並んで、集団を区別する際の基本的カテゴリーとされてきた経緯がある。客観的な生物学的差異を仮定する「人種(race)」とは異なり、「エスニシティ」は言語・宗教・慣習などの文化的差異に着目し、さらにそれらを当該の人たちが主観的にどう位置づけるかという側面を強調する、すぐれて社会学的概念である。特殊日本的カテゴリーである「ニューカマー」研究は、将来的にはより一般性を有する「エスニシティ」研究のなかに位置づけられるべきものであろう(志水編 二〇〇九)。

四 今、何が問われなければならないか

ここで今一度、本稿のサブタイトルに戻りたい。異なる文化を有するマジョリティAとマイノリティBが出会う。そのときに、すでに述べたように、「Aも変わるし、Bも変わる。そして、新たなもの(a)が生まれる」というのが、この図式が意味するところである。そしてそれは、「現実の姿(be)」ではなく、「あるべき理想の姿(should be)」である。

現在の私は、できればそのような理想に近づくための研究をやっていきたいと考えている。具体的には、職場の仲間たちとともに、「共生学」というものを将来にわたってつくっていきたい(志水 二〇一四)。

一九九〇年代半ばに、私は前任校の東京大学に勤務することになったが、そのときのポストが、その当時新設された「学校臨床学」の「助教授」であった。いじめや不登校を代表とする、学校を舞台に生じるさまざまな問題を解決するための実践的研究を進めること、それが私たち(パートナーである近藤邦夫教授と私の二人)に課されたミッションであった。私は、「臨床」の意味を、「現場に根ざした」という広義、「役立つ」という狭義の、二つの意味を併せもつものと捉え、学校現場をフィールドとした新たな研究に着手した。そのテーマが、「いじめ」でも「不登校」でもない、「ニューカマー」問題であった。今からおよそ二〇年前のことである。

当時の私は、新たなタイプの研究を推進するにあたって、中村雄二郎の「臨床の知」という考え方を大いに参考に

した(中村 一九九二)。その考えに共感・共鳴し、そこに一歩でも近づけるような教育研究がしたいと思い、首都圏の公立小学校におけるフィールドワークを研究者仲間・院生たちとともにスタートさせたのであった。

普遍性・客観性・論理性の追究を至上命題とする「近代科学の知」との対比のうえで、「臨床の知」の特徴は、次のように整理することができる。

第一に、近代科学の知が、客観主義の立場から、物事を対象化して冷ややかに眺めるのに対して、臨床の知は、相互主体的かつ相互行為的にみずからコミットする。第二に、近代科学の知が、普遍主義の立場に立って、物事をもっぱら抽象的普遍性の観点からとらえるのに対して、臨床の知は、個々の事例や場合を重視し、物事の置かれている状況や場所を重視する。そして第三に、近代科学の知が、分析的・原子論的・論理主義的なのに対して、臨床の知は、総合的・直感的・共通感覚的である。(志水 一九九八、二五—二六頁)

現在では私は右記の対比を、さらにシンプルに「冷たい知」と「温かい知」という言葉で表現したいと考えている(志水 二〇一五)。「冷たい知」とは、中村の言う「分析・説明する科学の知」であり、「温かい知」とは、「理解・共感する臨床の知」である。前者が「社会の現実を人々に冷徹につきつける」のに対して、後者は「厳しい現実のなかで何をなしうるか」を伝えようとする。前者が人々を冷静にさせる(クールダウン)働きをもつのに対して、後者は人々の気持ちを温め(ウォームアップ)、やる気にさせる。「冷たい知」と「温かい知」の対比は、事によると、いささか学問的厳密さを欠く、思いつき的な議論のように聞こえるかもしれない。しかしながら、私はこの十数年間にわたって、学力問題を切り口に、教育社会学の枠内で「温かい知」の産出を自分なりに試みてきた(志水 二〇一五)。

私たちが現在構想している「共生学」は、以下の三つの要素を併せもつものである。

① 共生とは何かを追究する「共生のフィロソフィー」
② 共生に向けて社会の現実を理解する「共生のサイエンス」
③ 共生を実現するための手立てを考える「共生のアート」

（河森他編 二〇一六、九―一〇頁）

ここには、重大な次元拡張がある。すなわち、共生学には、従来の意味での「科学」を意味する②のみならず、①と③もが不可分に含みこまれているのである。たとえば、従来の「ニューカマー」研究は、私たちの著作もふくめて、明らかに②の枠内でなされたものであった。すでに述べたような暗黙の価値前提（「日本社会を維持するために彼らの適応を考える」）は存在したものの、「どのようなニューカマー外国人との共生が望ましいか」という①の問題を正面から論じるのは、教育社会学の埒外にあるとされてきた。

また、どのようにすれば具体的に日本人とニューカマーとの共生を実現できるかという③の問いは、科学の範疇外とされ、研究者が立ち入るべき問題ではないとされてきた。私の言う「温かい知」も、中村の言う「臨床の知」も、基本的には②の枠内で発想されたものであると言ってよい。あえて、そのボーダーの越境を試みようというのである。

具体的には、①の哲学的検討では、「望ましい共生とは何か」「多文化主義が本当に共生の理念としてふさわしいのか」、あるいは「そもそも共生とは可能なのか」といった問いが、原理的に追究され続けなければならないだろう。また、③では、よりよい共生社会を築いていくうえでの、方法や技法が実践的に探究されなければならない。そこには、現場の人びとと研究者の実践をつなぐ「アクションリサーチ」といった手法の洗練化や、人々の間のコミュニケーションを促進し、豊かな社会関係を築いていくためのさまざまな「ファシリテーション」の技法の開発等が含まれるであろう。

上記の①〜③の多面的展開を図る共生学は、決して一人あるいは少数の研究者の手によってなしうるものではない。また、特定の学問領域や研究手法に閉じこもるのではない学際的なアプローチをもってしか、実現しないものであるだろう。

マルクスにならうなら、「解釈すること」と「変革すること」とは異なる。近代になって以降、「世界を解釈すること」が社会科学者の使命であり続けてきたわけだが、その禁欲的・抑制的な態度が、結果として今日の世界の混乱や無秩序を放置、あるいは悪化させた側面がないではない。私たちはもう少し「社会を変革すること」にコミットしなければならないのではないか。学校臨床学に長く従事してきた私はそう思う。

おわりに

「A＋B＝A′＋B′＋a」という図式には、二つの重要なモーメントが備わっている。

ひとつ目には、「AがA′になる」という視点である。マイノリティであるBがB′へと姿を変えることはある意味必然ともいえるが、マジョリティAが自己変容を遂げる（＝AがA′になる）ことなく、社会全体の変容を導くことはできないという視座がそこにある。

私たち研究者は、多くはAの主要メンバーである。私たちの見方や考え方を絶えず変更・修正していくことなく、社会をよりよい方向へと変えていくことなどできないだろうと、私自身は思っている。自己変容、とりわけマジョリティの自己変容を経ない社会変容はありえない、と言ってよいだろう。

二つ目には、「aの創出」という社会的意義があげられる。仮にAしかいない社会があるとしたなら、新たな価値観や社会制度を意味する「a」が生まれる余地は極端に小さくなってしまうだろう。基本的に、安定した社会に変化は必要ないからである。逆に言うなら、Bがその場に参入するからこそ、「a」が誕生する契機が生まれるのである。その意味で、Bが有する文化的異質性は、新たな価値の創出につながるポジティブなものと位置づけることができる。変化は、おそらく「外から」くる。

関西の在日外国人教育の現場では、「違いを豊かさに」、あるいは「違いを力に」というフレーズが大切にされてきた。これらのフレーズはまさに、さまざまな集団が有する文化的異質性の積極的な意義をうたうものである。私たちが行う研究的営為が、「違いを豊かさに」転化させる際の一つの媒介物になるとしたら、それはすばらしいことではないか。

参照文献

伊豫谷登士翁編 二〇〇七、『移動から場所を問う――現代移民研究の課題』有信堂。
太田晴雄 二〇〇〇、『ニューカマーの子どもと日本の学校』国際書院。
小内透・酒井恵真 二〇〇一、『日系ブラジル人の定住化と地域社会――群馬県太田・大泉地区を事例として』御茶の水書房。
河森正人・栗本英世・志水宏吉編 二〇一六、『共生学が創る世界』大阪大学出版会。
金南咲季 二〇一六、「地域社会における外国人学校と日本の公立学校の相互変容過程――コンタクト・ゾーンにおける教育実践に着目して」『教育社会学研究』第九八集。
倉石一郎 二〇〇九、『包摂と排除の教育学――戦後日本社会とマイノリティへの視座』生活書院。
児島明 二〇〇七、『ニューカマーの子どもと学校文化――日系ブラジル人生徒の教育エスノグラフィー』勁草書房。
児島明 二〇一六、「越境移動と教育――トランスマイグラントの時代における自立の支え方」佐藤学・秋田喜代美・志水宏吉・小玉重夫・北村友人編『岩波講座　教育 変革への展望　第二巻　社会のなかの教育』岩波書店。
志水宏吉 一九九三、「変化する現実、変化させる現実――英国「新しい教育社会学」のゆくえ」『教育社会学研究』第五三集。
志水宏吉編著 一九九八、『教育のエスノグラフィー――学校現場のいま』嵯峨野書院。

志水宏吉編 二〇〇八、『高校を生きるニューカマー――大阪府立高校にみる教育支援』明石書店。
志水宏吉編著 二〇〇九、『リーディングス 日本の教育と社会 一七 エスニシティと教育』日本図書センター。
志水宏吉 二〇一四、「未来共生学の構築に向けて」大阪大学未来戦略機構第五部門未来共生イノベーター博士課程プログラム『未来共生学』Vol. 1。
志水宏吉 二〇一五、「冷たい知と温かい知」大阪大学大学院人間科学研究科教育文化学研究室『教育文化学年報』第一〇号。
志水宏吉・清水睦美編著 二〇〇一、『ニューカマーと教育――学校文化とエスニシティの葛藤をめぐって』明石書店。
志水宏吉・高田一宏・堀家由妃代・山本晃輔 二〇一四、「マイノリティと教育」『教育社会学研究』第九五集。
志水宏吉・中島智子・鍛治致編 二〇一四、『日本の外国人学校――トランスナショナリティをめぐる教育政策の課題』明石書店。
志水宏吉・山本ベバリーアン・鍛治致・ハヤシザキカズヒコ編著 二〇一三、『「往還する人々」の教育戦略――グローバル社会を生きる家族と公教育の課題』明石書店。
清水睦美、チュープ・サラーン 二〇一四、「ニューカマー第二世代の青年期――義務教育の経験と就職後の生活状況との関係に注目して」『日本女子大学紀要』二五。
高谷幸 二〇一七、『追放と抵抗のポリティクス――戦後日本の境界と非正規移民』ナカニシヤ出版。
恒吉僚子 一九九五、「教室の中の社会――日本の教室文化とニューカマーの子どもたち」佐藤学編『教室という場所』国土社。
中村雄二郎 一九九二、『臨床の知とは何か』岩波新書。
額賀美紗子・三浦綾希子 二〇一七、「フィリピン系ニューカマー第二世代の学業達成と分岐要因――エスニック・アイデンティティの形成過程に注目して」『和光大学現代人間学部紀要』一〇。
広田康生・藤原法子 二〇一六、『トランスナショナル・コミュニティ――場所形成とアイデンティティの都市社会学』ハーベスト社。
三浦綾希子 二〇一五、『ニューカマーの子どもと移民コミュニティ――第二世代のエスニックアイデンティティ』勁草書房。
森田京子 二〇〇七、『子どもたちのアイデンティティー・ポリティックス――ブラジル人のいる小学校のエスノグラフィー』新曜社。
Shikita, Keiko 2014, "Educational Strategies of Highly Educated Chinese Women Married to Japanese Men: A Preliminary Study on Child Raising in Japan," *Educational Studies in Japan*, no. 8, pp. 93-106.

▼ブックガイド▼

志水宏吉・清水睦美編著 二〇〇一、『ニューカマーと教育――学校文化とエスニシティの葛藤をめぐって』明石書店。

多様なエスニシティと日本の学校文化との葛藤の諸相を、公立小・中学校での参与観察調査と外国人家族に対する聞き取り調査から探究している。

倉石一郎 二〇〇九、『包摂と排除の教育学——戦後日本社会とマイノリティへの視座』生活書院。
在日韓国朝鮮人・被差別部落の人びとの経験をもとに、戦後日本の教育システムにおける包摂と排除の重層的関係の理論的解明を試みている。

12

ネット社会と教育
――教育は変わるという神話と現実

山田浩之

はじめに

社会学研究では、メディアは非常に大きな研究領域であり、社会学の主要なテーマの一つと言って良いだろう。実際に、数多くの理論が提示され、また、その理論をめぐる議論も活発に行われてきた。マスメディアが人々に与える効果の検証、メディアに表れた社会構造の分析などが古くから行われてきた。とくに近年はインターネットの発達とともに、インターネットが社会に、あるいは青少年に与える影響などが検討されるようになり、社会学で研究されているメディア研究の領域と対象はさらに幅広いものになっている。

その一方で、教育社会学においては、メディアを中心にした研究はごく限られたものでしかなかった。教育社会学会の大会でも二〇一三年から二〇一六年の四回のうち、「メディア」が主要なテーマになったのは二〇一五年の第六七回大会で、テーマ部会として「教育を構成する語りとマスメディア」が設けられたにすぎなかった。毎年四〇以上の部会が設けられる大会で一部会のみという数値が、教育社会学でのメディア研究が等閑視されてきたことを如実に示している。とくに近年、インターネットの発達はめざましいが、インターネットに関する研究発表もほとんどなされていない。

12 ネット社会と教育

教育社会学でメディアが主要な研究対象にならなかった理由の一つは、メディアと学校、あるいは教室との結びつきが、必ずしも強くなかったことにあろう。教育社会学の主要な研究関心は、学校の社会的機能や教室内での相互作用であった。メディア、あるいはインターネットは主に学校外との関わりが多く論じられてきた。

もう一つの理由は、教育社会学が授業実践や教育方法にあまり関心をもってこなかったことにある。メディア、あるいはインターネットと教育の関わりは、主に授業や学習など実践的なものについて論じられてきた。こうした領域について教育社会学は十分な関心を払ってこなかったため、メディアやインターネットに関する研究があまり行われてこなかった。

とはいえ、教育社会学者のメディアやインターネットへの関心が必ずしも薄いわけではない。少ないながらも重要な研究が行われている。教育社会学でのメディア研究は、主に次の三領域に分けられるだろう。

第一に、メディアの内容分析である。教育社会学研究では、言説研究を中心とした構築主義的な研究が数多くなされてきた。教育問題などの形成過程や、社会的な文脈での位置づけなどがメディアを資料として丹念に分析されてきた(広田 二〇〇一、北澤・片桐 二〇〇二など)。ただし、この領域の研究はメディアの背後にある社会構造やイデオロギーに強い関心があり、メディア自体に主要な関心があるわけではない。

第二に、メディアの教育利用に関するものである。先述のように、教育社会学の関心はあまり教育実践には向けられてこなかった。しかし、高等教育研究でのeラーニングなどを中心に、メディアの教育利用に関する研究が行われている(たとえば吉田 二〇〇三)。学校の授業などでのメディア利用、インターネットの活用などについては、十分な研究が行われているとは言えず、教育社会学研究の大きな課題であろう。

第三に、メディアと青少年の関係である。青少年とメディア、あるいはインターネットについては、社会学研究で大きな関心がもたれてきた。社会学ではメディア研究の主要領域として伝統的に研究が蓄積されており、近年は電子メディア、さらにインターネットの普及にともない、青少年の社会化、社会的ネットワークの変容などが研究テーマとなっている。教育社会学でも同様の研究関心から、酒井他編(二〇〇四)などにより、メディアやインターネットと青少年の関係が検討されてきた。また、原・山内編(二〇一一)は教室外へと広がったネット空間でのいじめについて検討している。

以上のように、教育社会学研究ではメディア研究の重要性は認識されながらも、十分に研究が行われてきたわけではない。そこで以下では、上記の教育社会学による研究領域のうち、メディアを中心にした第二と第三の領域について検討したい。メディア、さらにはインターネット、つまりICT(Information and Communication Technology 情報通信技術)の発達がもたらした学校教育と青少年の生活の変化を概観し、それぞれについて教育社会学研究の課題を提示しよう。

一 変わらない「教育」

(1) ネット社会が変えたもの

パーソナル・コンピュータが普及し始める以前から、コンピュータが教育を大きく変えると言われてきた。一九八〇年代にアルビン・トフラーは『第三の波』で農業革命、産業革命に次ぐ第三の情報革命が生じることを予見した(トフラー 一九八二)。この語は当時の流行語にもなり、新しい時代の到来に大きな期待が寄せられた。

しかし、実際には八〇年代の情報化の進展は限定されたものでしかなかった。とくに日本では漢字という複雑な文字体系を扱う必要もあり、コンピュータが実用的な機器として認識されるのは一六ビットパソコンが普及する八〇年代半ば以降になってからであった。また、ニフティサーブなどいわゆるパソコン通信が実現したのも八〇年代後半であり、しかも、それは限られた人々に利用されるに過ぎなかった。

実際に情報革命の波が押し寄せるのは、インターネットが普及し、WWW（World Wide Web）が一般的になる九〇年代の半ば以降だと言ってよかろう。それ以後、インターネットが世界中に張り巡らされ、さらに携帯電話からインターネットにアクセスが可能になることで、私たちの生活は劇的に変化することになる。しかも、その変化は二〇〇〇年代後半のスマートフォンの登場によっていっそう加速されることになった。こうした変化は新たな時代を予見したトフラーらの想像を遥かに超えるものであったろう。

同様に、教育の変化にも大きな期待が寄せられた。情報革命は教育を大きく変えると言われ、さまざまな夢の教育が語られた。誰もが教育にも第三の波が押し寄せると信じていた。しかし、実際には教育にもたらされた変化は決して革新的なものではなかった。むしろ、教育の領域では根本的な変化は生じていないと言えるかもしれない。

もちろん、教育の領域でも大きく変化したものは少なくない。とくに教室内で使用されるＩＣＴ機器は大きく変化しつつある。変化しない教育を論じる前に、教育の変化をまとめておこう。

まず目に見えて大きく変化し、多くの人々が実感しているのは、距離の短縮、あるいは喪失である。従来の教育は基本的に教室という、教師と生徒で共有された物理的空間で行われる必要があった。つまり、教師と生徒は対面していることが前提とされた。そのため、教師が教室に出向く、あるいは生徒が教師のもとに移動する必要があった。

もちろん、通信教育の歴史は古く、戦前から書物や郵便による教育は行われてきた。実際に執筆されたレポートや答案を郵便を介して指導したり、学習の結果を添削してもらったりすることも珍しいことではなかった。だが、かつてはこうしたやりとりには非常に長い時間と大きな手間が必要であった。

現在ではこうした教師と遠隔地にいる生徒のコミュニケーションは、まさにリアルタイムで行われる。たとえ教師や生徒が海外にいたとしても、時間さえあえば、授業に参加することは可能である。また、レポートや答案もメールやWEBで提出することも容易にできるようになった。

また、授業をビデオで視聴するのも、さらに容易になっている。動画の再生機器が普及し、放送大学のようにテレビやビデオで授業を視聴することは可能になっていた。しかし、インターネットの普及はそれをオンデマンドで、つまり、必要なときに必要な動画を視聴することを可能にした。

それにより教育の受け方は大きく変化した。つまり、実際に学校に行かなくても教育を受けることが可能になっている。サイバー大学などを用い、海外の大学で学位を取得する者も少なくない。MOOCs(Massive Open Online Courses)と呼ばれる無料の講義は「大学」という制度を激変させる可能性をもっている(たとえば金成 二〇一三)。また、あくまで技術的にはであるが、不登校の子どもが家にいながら授業を受けることも可能である。

次に、インターネットの普及が変化させたのは、知識のあり方である。インターネットによって得られるようになったのは、右のような動画だけではない。あらゆる知識がインターネット上に存在し、しかも、それを瞬時に検索できるようになった。

現在の青少年は、かつての知識の検索の仕方を知らないかもしれない。たとえば、不明なこと、知りたいことがあれば、図書館に行って書籍を調べたり、雑誌のバックナンバーをめくってみたり、新聞の縮刷版を積み上げて記事を探したりしていた。そうして長い時間をかけて明らかにできるのは、ごくわずかのことにすぎなかった。

しかし、現在はインターネットにさえ繋がっていれば、いつでもどこでもこうした情報を得ることができる。検索サイトでキーワードを入れれば、どんな領域のことであってもすぐに詳細が明らかになる。プロ野球の途中経過も、今降っている夕立がいつ止むのかもインターネットが教えてくれる。

このように、これまで教養として蓄積しなければならなかった知識、あるいは、学校で学ばなければならなかった知識、さらにかつては得られなかった情報までがいとも簡単に手に入るようになっている。もちろん、こうした知識は必ずしも望ましいもののみではない。性的なもの、あるいは法に触れる情報なども含まれている。そうしたものも含めて、インターネットは知識のあり方を大きく変えることになった。

(2)「ニューメディア」の裏切り？――変わらない学習の形

しかし、こうした変化は表面的なものに過ぎず、実は教育はまったく変化していない、と「あえて」言うこともできよう。現在の学校の様子を思い浮かべて欲しい。企業などの職場の様相はコンピュータとインターネットの発達により一変し、一人一台のコンピュータが当然になった。しかし、教室の中はどうだろうか。今も、コンピュータが普及する前も紙と鉛筆が重視されることは大きく変わっていない。

もちろん、パソコンを使う「情報」の授業があり、児童生徒が頻繁にパソコンを使うようになっていることは変化の一つだろう。また、日本の教育現場ではおうおうにして電子機器の導入が遅れるため、電子黒板やタブレットなどはまだ十分に普及していない。近い将来、教室の様相は一変するはずだ、と主張する人々もいるだろう。しかし、旧態依然の教室の様子を見れば、コンピュータとインターネットが教育を変化させない何らかの要因があると考えられないだろうか。

また、先に「あえて」という表現を使ったのには理由がある。それは、コンピュータが普及し始めた当初から、コンピュータが教育を変えるとさかんに語られ続けてきたからである。トフラーの言う第三の波によってもたらされる「ニューメディア」は教育を大きく変えるはずであった。

実際に、一九八〇年代にコンピュータが普及するとともに、ＣＭＩ(Computer Managed Instruction)という語がさかんに用いられた。これはコンピュータを成績管理や生徒指導に用いようとするものである。つまり、企業などと同様に、教育における事務的な業務を効率良く行うためにコンピュータの導入が進められようとした。その後、さらにコンピュータの導入を広げ、CAI(Computer Assisted Instruction)、つまり、コンピュータを授業に使うことが期待され、さらにそれが個別学習を促進するCAL(Computer Assisted Learning)へと展開した。このようにコンピュータの発達と普及に応じて、コンピュータの有効活用が期待されてきた。しかし、こうして期待された技術は二〇一〇年代になっても普及してはいない。

それでは、なぜ教育はICT機器の発達に応じて変化してこなかったのだろうか。それにはいくつかの理由が考えられよう。以下では仮説的な議論も含めて、教育の変化を妨げるいくつかの要因を指摘しておこう。

第一にICT機器はたんなるツールであり、人間そのものを変化させるものではないことである。つまり、ICT機器はある意味、文房具の延長に過ぎず、それが直接的に人間の学力を向上させるわけではない。

先に指摘した企業などの職場でのICT活用という変化は、たんに紙と鉛筆がコンピュータに置き換わったために生じたものではない。コンピュータによって提供される情報処理能力、つまり、データ処理や計算の速さが、事務効率を劇的に向上させたことが大きな要因である。かつて一週間かかっていた仕事が、コンピュータの導入により三〇分で終わるようになったという事例は、どんな職場でも経験されたことだろう。現在はそれにインターネットが加わり、さらに仕事の効率が向上している。

しかし、教室はどうだろうか。ICT機器により、確かにあらゆる知識を容易に入手することができるようになった。ウィキペディアで調べた結果を、さも自分の知識のように得意げに友人に話すことはできる。しかし、それは必ずしも体系的な知識の獲得には繋がらない。学校で求められる知識、試験問題を解く知識の獲得をICT機器が直接促すわけではない。

学習とはある意味、肉体的な訓練なのかもしれない。現時点では、ICT機器の発達が、スポーツや楽器演奏など身体を用いる技術の向上に直接影響を与えることはない。それは学習も同様であり、何らかの形での身体を使った訓練が必要である。将来はＩＣＴ機器による技術の習得が可能になるかもしれないが、少なくとも現時点では、教育現場のＩＣＴ機器は紙と鉛筆以上に効率的とは言い難い。鉛筆を使って紙に書く過程が、ある種の肉体的な訓練として重要なのかもしれない。

教育でＩＣＴ機器が普及しない第二の理由は、電子黒板など授業のツールとしてのＩＣＴの利用が、必ずしも効率的ではないことである。電子黒板の有効性を決して否定するわけではなく、電子黒板は教育を変化させる画期的な機器の一つであることは疑いない。しかも、すでに授業で用いられる教材は、かつて用いていた絵や写真から、ビデオ、さらに、コンピュータを用いたプレゼンテーションソフト（パワーポイントなど）へと変化している。黒板はすでに多様なメディアに置き換わっている。

しかし、すべての授業がプレゼンテーションソフトに置き換わったわけではない。実際には、プレゼンテーションソフトと黒板への板書が併用されることが多い。授業内容によって両者が使い分けられることも少なくない。おそらく電子黒板も同様であろう。仮に黒板が完全に電子黒板に置き換えられたとしても、手書きで文字や図を書く黒板の代替として使われることが多くなるのではないだろうか。

プレゼンテーションソフトを用いた授業でよく言われるのは、とにかく授業がつまらない、という批判である。確かに短時間のプレゼンテーションでは、ソフトの利用は非常に効果的である。しかし、それが長時間続くと児童生徒の集中力は途切れて、飽きてしまう。また、教師による板書の過程、児童生徒がそれをノートにとる過程が重要だと考えることもできよう。教師が板書するからこそ要点が明確になり、児童生徒がノートに自分で書き込むことが追体験となり、学習効率を高めるという考え方である。

第三の理由は、こうした状況は紙と鉛筆に替わりうるタブレット端末でも同様であり、必ずしも学習効率を高めてはいないことである。タブレット端末も、その有効性が主張され、教育の現場に導入されるようになっているが、必ずしも有効に使われているわけではない。それどころか、タブレット端末を導入した地域や学校などで、さまざまな理由ではあるが、タブレット端末の利用に対する批判が少なくないようである。タブレット端末は教科書に置き換わり得ないのだろうか。

タブレット端末を使ってみればよくわかるが、書籍の代替という意味では、小説などのようにページを順に見るメディアでは非常に効果的である。それは実際に小説やマンガでは電子書籍が大きな市場になりつつあることが物語っている。また、デジタルでの検索性の高さから、特定の項目を探すのも便利である。辞書などは電子辞書が一般的になりつつあるし、タブレット端末でも同様の使い方がされている。

しかし、タブレット端末が完全に書籍に置き換わるわけではない。アナログな検索ともいうようなランダムアクセス、つまり、前後を行ったり来たりしながら内容を参照するような使い方には、タブレット端末はまったく向いていない。本に書いてあったうろ覚えの内容を、おぼろげな記憶を頼りにページをめくるといった行為は、学習の際には頻繁に行われる。つまり、教科書などを見て内容を確認する際には、こうした使い方が必要となる。リアルな書籍であれば、こうしたランダムアクセスは容易である。パラパラとめくったり、がばっと開いたりしながら探している内容にたどり着ける。しかし、タブレットではこうした使い方は非常に時間がかかり、面倒でもある。それゆえ、教科書をすべてタブレット端末に入れてしまうという使い方は、必ずしも効果的ではない。依然として、紙メディアの優れている部分はまだまだ大きく残っている。

タブレット端末については、もう一点、アプリの効果的な利用について検討しておかなければならない。タブレット端末に限らず、スマートフォンなどでも使える効率的に学習するソフトウェアの提供が、学習の形態を大きく変えるとされている。興味を惹き、集中して取り組める学習ソフトウェアが開発できれば、学習の形態は確かに大きく変化するだろう。実際に、そうしたアプリが開発され、さまざまな形で提供されている。しかし、アプリでの学習は必ずしも普及しておらず、その重要性が認識されているわけでもない。なぜ、学習アプリは広がらないのだろうか。

このことを、すでに広く受け入れられているゲームとの対比で考えてみよう。現代の子どもたちがゲームに費やす時間は膨大なものである。また、ポケモンの名前と特徴などすべてそらんじている子どもが少なくないように、ゲームに必要とされる膨大な知識を子どもたちは嬉々として獲得している。この時間と労力を学習に振り向けられれば、学習効率は格段に上がるはずである。

しかし、それを学校での学習に関わるものに変えたからといって、必ずしも魅力あるものになるわけではない。それどころか、それが学校での学習と関わると、とたんに魅力を失ってしまう。ゲームの場合でも、クリアすることが義務になり、ノルマ達成という課題が課せられると、たちまち面白くなくなってしまう。

また、たとえ非常に魅力的なゲームだとしても、熱中できるのは一カ月くらいに過ぎない。どんなにブームになったゲームでも、一定の期間が過ぎれば、誰も見向きもしなくなってしまう。そのため、ゲームメーカーは飽きさせないように工夫してバージョンアップをし、それでも飽きられてしまえばまた次のゲームを制作する。

果たして学校の知識の学習で、同様のことが可能だろうか。小学校から高校までの一二年間、あるいは大学を入れて一六年間、ずっと楽しめるようなゲームを制作するのは至難の業だろう。画期的な学習アプリが存在しないのは、これが理由なのかもしれない。

さて、ここまでＩＣＴの技術的な側面から教育との関連を検討してきた。ＩＣＴが教育を変化させない理由は、こうした技術的な側面だけではない。ＩＣＴ機器を用いるのは人間であり、だからこそ心理的、社会的な要因がその利用を阻害し得ることになる。

第四の理由は、モチベーションの問題である。いかにすばらしいコンテンツを作成しても、また、それが無料で配布されたとしても、学習に対するモチベーション、つまり、学習意欲が低ければ決して利用されない。また、たとえモチベーションを高めることができても、それを維持するのはさらに困難である。ゲームを例に検討したように、どんなに面白いゲームであっても、そのゲームに対するモチベーションを長期間にわたって維持することは困難である。

これはＩＣＴ機器に限った話ではない。馬を水飲み場に連れてくることはできても、水を飲ませることはできないというたとえが示すように、従来の学習でも同様のことが言える。学習は一種の肉体的な訓練だと考えれば、学習の過程で多少の苦痛が生じることは避けられない。その苦痛を超えて学習し、また学習を継続するには、モチベーションを向上させるような仕掛けが必要である。個々の児童生徒の状況を把握し、適切な助言や教材を与えることでモチベーションを上げるという行為は、対面での授業に利があり、まだＩＣＴ機器のみでは困難なのかもしれない。

また、こうしたモチベーションの問題は社会的格差の問題とも関連をもっている。学習に対するモチベーションの高低は、社会階層と相関があるともされる（たとえば苅谷 二〇〇一）。さらに、ＩＣＴ機器との親和性も、社会階層の上位者ほど高いと推測される。高額なコンピュータやタブレット、あるいは学習ソフトに容易にアクセスできるのは社会階層が高い者に限られる。

とすれば、社会階層上位の者は、高いモチベーションをもってＩＣＴ機器を使用することでさらに学力を高めることになる。一方で、社会階層下位の者はモチベーションが低いままで学習に取り組むことができない。したがって、こうしたＩＣＴ機器の開発が社会格差の拡大を助長することもあり得るだろう。

最後に、教育に関わる社会的な考え方も大きな影響を与えている。教育でＩＣＴ機器が普及しない第五の理由としてあげられるのは、教育にまつわる神話である。

これまで論じてきたように、教育にはＩＣＴを拒むような言説が少なくない。たとえば、先に指摘したように学習にはやはり紙と鉛筆や対面での授業が重要であり、ＩＣＴ機器は教育にはそぐわないという考え方である。こうした考え方が潜在的にあれば、たとえタブレット端末が効果的であっても、その普及が進まないことになる。

電子黒板の普及が進まないのも、たんなる予算の問題ではなく、教師の板書、児童生徒の手書きノートが重要という考え方が支配的だからかもしれない。また、学校に登校できない児童生徒に、家庭で遠隔授業を受けさせることは、技術的にも予算的にもそれほど困難なことではない。しかし、教育は対面で行われることが望ましく、学校で他の児童生徒との集団のなかで学ばなければならないという考え方が、そうした遠隔授業の実現を難しくしているのかもしれない。

このような教育にまつわる神話が事実なのか、たんなる思い込みにすぎないのかをここで検証することはできない。しかし、教育の現場には、新たな技術や考え方を容易に受け入れない風土があるのかもしれない。そうした風土や考え方がＩＣＴ機器による教育の変化を阻んでいる可能性はあろう。

また、こうした神話には正反対のものもある。つまり、ＩＣＴ機器が教育を変えると過剰に期待する神話である。ここまで論じてきたように、コンピュータの普及期以前から教育の変化が期待されたものの、実現したもの、定着したものは決して多くない。こうした神話に踊らされてＩＣＴ機器を無駄に導入した例も決して少なくないだろう。さらにＩＣＴ機器自体が学校や教師の評価と結びつき、それがいかに効果的に活用されているかではなく、たんに導入されているかどうかが評価の判断基準になっている場合も少なくない。ＩＣＴ機器を使わずに、すばらしい授業をしている教師は数多い。ＩＣＴ機器の効果を盲信するのではなく、その用途やコストを冷静に判断して対応する必要があろう。

（3）ＩＣＴ信仰を越えて

以上、ＩＣＴ機器は学習を変化させていないと論じてきたが、先にも述べたように、これは仮説も含め、「あえて」極端な例を検討してきたに過ぎない。教育におけるＩＣＴ機器の有効性を決して否定するものではない。

実際にＩＣＴ機器の発達が、劇的に変化させた環境もある。たとえば英語に代表される外国語である。一九八〇年頃まで、外国語を日常的に聞くには外国語のラジオ放送を聞くか、映画館にわざわざ足を運んで海外の映画を見るしか方法がなかった。しかし、現在はスマートフォンやタブレット端末を通じて、ごく容易に外国語に接することができる。ＩＣＴ機器の発達は、着実に私たちの学習環境を変えていることも確かである。

また、今後、さらにＩＣＴ機器が発達すれば、学習の方法を劇的に変えるかもしれない。そうした変化により、学校や教師の存在自体が揺らぐことになるのかもしれない。

とはいえ、最後に指摘したように、ＩＣＴ機器は教育にはそぐわないという神話と同様に、それが教育を変えるという過剰な期待もこれまでは神話に過ぎなかった。ＩＣＴ機器やインターネットに対する過剰な期待や信仰ではなく、それらを冷静に見つめ、分析することが教育社会学の課題の一つである。

二　激変するコミュニケーション

(1) ネット社会の広がり

ここまでネット社会、とくにＩＣＴ機器の発達は、教育を大きくは変化させていないと論じてきた。これはＩＣＴ機器を用いた学習に限ってのことに過ぎない。私たちの生活はＩＣＴ機器の発達により激変した。もちろんそれは青少年を取り巻く環境にまで大きな影響を及ぼしている。

内閣府(二〇一七)の調査によれば、二〇一六年には高校生の九二・九%がスマートフォンを所持し、九六・六%がインターネットを利用しているとされる。小学生でもスマートフォンの所持率は二二・三%であり、四分の一近くになる。いかに青少年にスマートフォンが普及しているかがわかろう。

また、同じ調査では高校生はスマートフォンを次のように利用しているとされる。つまり、「コミュニケーション」九二・三%、「動画視聴」八二・七%、「音楽視聴」八一・七%、「ゲーム」七一・四%、「情報検索」七一・〇%である。この調査結果を見れば、現在の若者文化の一端が把握できよう。

もっとも利用率の高い「コミュニケーション」は電話やメールの他、SNS(Social Networking Service)と呼ばれるメッセージの送受信や日記などのブログ、掲示板などが含まれる。相互の連絡はLINEなどのメッセージ送受信ソフトで行われ、個人間でもグループでも瞬時に連絡をとることが可能である。また、さらに多くの人々に対して発信が可能なInstagramやFacebookのようなブログ、また短いメッセージを発信するTwitterなどがさかんに用いられている。こうしたSNSによって、現在は非常に広い、だが緩い人間関係を結ぶことができるようになった。しかも、そこでの友人関係はリアルな世界だけでなく、海外などの遠隔地や、どこでもない世界である仮想空間での繋がりによって形成されることもある。

若者文化を代表するものでもあった動画や音楽の視聴は、DVDやCDから、インターネット配信へと移行した。いつでも、どこでも、どんな動画でも見られ、どんな曲でも聴けるようになっている。さらに、かつてゲームは家庭のテレビの前で専用のハードを使って遊ぶものであったが、今ではスマートフォンの画面上で、これもいつでもどこでも遊べるようになっている。

こうしたインターネットの発達は、いわゆるマスメディアの形態も大きく変化させた。テレビやラジオ、新聞や雑誌などによるコミュニケーションは、受け手が一方的に情報を受け取るものであった。しかし、インターネットの発達により、誰もが発信者になることが可能になった。個人の意見や主張をいつでもWEBやブログなどによりインターネット上で公表することができ、それを世界中の人々が読むことができる。動画や音楽を個人で制作して発信し、収益を得る人々もいる。このようにスマートフォンに代表されるICT機器は社会全体の、そして青少年のコミュニケーションを激変させ、さらにそれは青少年の文化と生活も変化させることになった。

（2）ネット社会の作り出す闇

ネット社会により形成されたサイバー空間でのコミュニケーションは、さまざまな可能性をもっている。これまでは出会うことなどなかった多くの人々を結びつけ、発言する手段をもたなかった社会的弱者も容易に自分で発信ができるようになった。今後もＳＮＳが進化することで、コミュニケーションの形態はさらに変化していくだろう。

しかし、その一方で大きな問題も生じている。ここで今後の教育社会学研究で課題となり得るネット社会の特徴を整理しておこう。

第一にネット依存である。現代社会では多くの人々が多かれ少なかれ、ネット依存になっていると言ってもよかろう。スマートフォンや携帯電話が手元にないと不安になる人は少なくない。

先の内閣府の調査によれば、高校生のスマートフォンの平均利用時間は平日一日あたり一七〇・三分、実に三時間近くになっている。また、二時間以上利用する者は七二・一％、なかでも五時間以上利用する者は一一・四％にもなっている。空いている時間はずっとスマートフォンを操作している者が少なくないことになる。

かつてはゲームが依存の大きな要因であった。しかし、現在はゲームだけでなく、ＳＮＳでのコミュニケーションが大きな要因になっている。また、ゲームもいわゆるソーシャル・ゲームと呼ばれる他のユーザーとのコミュニケーションを重視したものが主流になっている。つまり、ネットのなかでの他者との繋がりが依存状態を作り出している。

こうしたネット依存が極端になれば、引きこもりや不登校を誘発し、学業や仕事の障害になる場合もある。とはいえ、かつての引きこもりは自室で孤立していると考えられていたが、現在はネットによりさまざまな形で他者と繋がっている。

第二に、ネット社会が多元的自己を生み出していることである。ネットでの他者との繋がりは、多くの場合、仮想的な世界で匿名で行われる。つまり、性別や年齢を偽って参加することも可能である。現在の青少年はこうしたネット社会の特性により、いくつもの異なる自己を作り出し、演じ得るようになっている。

かつてアイデンティティは唯一の固定化されたものと考えられていた。しかし、現在はアイデンティティに関する考え方は大きく変化し、リアルな社会でも個人は多様な自己を使い分けていると考えられるようになっている。ネットの普及は、こうした自己の多元化をさらに推し進めている。

もちろん、こうした状況は個人だけではない。第三の問題は、ネット上に氾濫する虚実入り乱れた多様な情報である。先にも述べたようにネット上の情報は誰もが発信できるが、それらは必ずしも正確なものではない。それればかりか意図的に、あるいは意図されずに虚偽の情報が流されることも少なくない。また、個人に対する中傷や攻撃などもさかんに行われている。

いわゆるネットいじめは、こうしたネットの負の性質を反映したものであろう。ネット上の掲示板やメールなどを使って特定の個人の悪口などを流すものである。匿名であるため、個人への攻撃はおうおうにして過剰になりがちであり、リアルないじめ以上に過激、陰湿になることが多い(原・山内編 二〇一一)。

また、「さらし」と呼ばれる個人攻撃も頻繁に行われている。さらしとは、何らかの問題行動を行ったとされる者の個人情報をネット上で公開し、攻撃をするものである。何らかの問題が報じられると、その虚実が不明であっても、当事者たちの個人情報があっという間にネット上で流通する。実名、顔写真、所属、住所、さらには家族の実名や職業などまでさらされてしまう。一度、ネット上に流出してしまえば、それを打ち消すことは不可能に近い。個人の情報が虚偽であろうがなかろうが、永遠にネット上を流通するのである。

こうした行為は、悪意よりも正義感から行われる場合が少なくない。真相を明らかにしたいという個人の善意による行為が、別の個人に対する凄惨な攻撃になり得ることになる。

以上、ネット社会のもたらした主要な課題を提示した。ここにあげたものはその一部にすぎず、青少年の社会化の環境はさらに大きく変化し、また多様になっている。今後、教育社会学において青少年を分析する視点もまた多元的で複雑なものにならなければならない。

三 ネット社会をいかに分析するか
――メディアのエスノグラフィーに向けて

ここまで論じてきたように、ネット社会は学校教育や青少年の生活環境に大きな影響を与えており、現代の重要な課題だと言える。しかし、本章の冒頭で指摘したように、ネット社会、あるいはその影響については、必ずしも教育社会学の重要な研究対象とはされてこなかった。そこで最後に、ネット社会はいかに分析可能なのかについて指摘しておきたい。

これまでの教育社会学でのメディア、あるいはネット社会の研究では、多くの場合、アンケートや実験などの量的な調査が行われてきた。もちろんこうした調査により、ネット社会の現状が明らかになり、その影響を検討することが可能になっている。しかし、量的な調査は、既知の分析枠組み、あるいは過去のモデルに基づいて実施されることが少なくない。だが、ネット社会は刻々と変化し、常に新たなものを生み出している。したがって、私たちの想像もつかないことが生じ、また私たちはそれに取り込まれて変化が見えなくなっている可能性がある。こうした事象を量的調査のみで研究対象にすることは困難である。

このように流動的なネット社会を検討する際には、「メディアのエスノグラフィー」による質的な分析が重要となろう(山田 二〇〇七)。メディアのエスノグラフィーとは、メディアをメタレベル、あるいは外部から検討するのではなく、メディアの内部から分析することである。私たちの生活は、まさにメディアであふれており、インターネットにどっぷりとつかっている。だからこそ私たちはネット社会に過剰な期待を抱き、また、過剰に否定的になってしまう。こうした私たちの過剰な思い込み、あるいは先入観は、ネット社会のあり方に影響を与えている。したがって、私たちの思い込みや先入観を排除するのではなく、それらも含めた分析が必要になる。自身がネット社会で経験したこと、見たこと、聞いたことを忠実に記述しなければならない。そのことによってはじめて、ネット社会の可能性を明らかにし、また同時にその限界を当事者の視点から指摘できるだろう。

もちろんメディアのエスノグラフィーは、メディア研究の一つの方法に過ぎない。今後、さまざまな方法、視点により教育社会学でネット社会の分析が行われることに期待したい。

参照文献

浅野智彦編 二〇〇九、『リーディングス 日本の教育と社会 一八 若者とアイデンティティ』日本図書センター。

大多和直樹 一九九九、「戦後教育におけるメディア言説の論理構成――〈特性〉としてのメディア・〈作用〉としてのメディア」『教育社会学研究』第六四集。

金成隆一 二〇一三、『ルポ MOOC革命無料――オンライン授業の衝撃』岩波書店。

苅谷剛彦 二〇〇一、『階層化日本と教育危機――不平等再生産から意欲格差社会へ』有信堂高文社。

北澤毅・片桐隆嗣 二〇〇二、『少年犯罪の社会的構築――「山形マット死事件」迷宮の構図』東洋館出版社。

北田暁大・大多和直樹編著 二〇〇七、『リーディングス 日本の教育と社会 一〇 子どもとニューメディア』日本図書センター。

酒井朗・千葉勝吾・伊藤茂樹編 二〇〇四、『電子メディアのある「日常」――ケータイ・ネット・ゲームと生徒指導』学事出版。

A・トフラー、徳岡孝夫監訳 一九八二、『第三の波』中央公論新社。

富田英典 二〇〇五、「後期青年期のメディア戦略とサブカルチャー」『教育社会学研究』第七六集。
原清治・山内乾史編著 二〇一一、『ネットいじめはなぜ「痛い」のか』ミネルヴァ書房。
広田照幸 二〇〇一、『教育言説の歴史社会学』名古屋大学出版会。
山田浩之 二〇〇七、「教育社会学によるメディア研究の可能性」中国四国教育学会編『教育学研究紀要』(CD-ROM版)第五三巻。
山田浩之 二〇一〇、「信頼と不信——錯綜する教師へのまなざし」『教育社会学研究』第八六集。
吉田文 二〇〇三、『アメリカ高等教育におけるeラーニング——日本への教訓』東京電機大学出版局。
内閣府 二〇一七、「青少年のインターネット利用環境実態調査」http://www8.cao.go.jp/youth/youth-harm/chousa/net-jittai_list.html(二〇一七年四月一二日確認)

▼ブックガイド▼

北田暁大・大多和直樹編著 二〇〇七、『リーディングス 日本の教育と社会 一〇 子どもとニューメディア』日本図書センター。

教育社会学研究におけるメディア研究のアンソロジーである。学校教育から青少年の生活の変化まで網羅し、教育社会学でのメディア研究では必読の書である。

酒井朗・千葉勝吾・伊藤茂樹編 二〇〇四、『電子メディアのある「日常」——ケータイ・ネット・ゲームと生徒指導』学事出版。

携帯電話、ゲーム、インターネットといった電子メディアの中で青少年がいかに生きているのか、電子メディアが日常をいかに変化させたのかがわかる。

原清治・山内乾史編著 二〇一一、『ネットいじめはなぜ「痛い」のか』ミネルヴァ書房。

ネット社会の負の側面であるネットいじめを、子どもたちの視点から分析している。子どもにとってネット社会という現実がいかに存在しているのかがわかる好著である。

13

教育と地域社会の新たな関係

――コミュニティとローカリティの視点から

加野芳正

はじめに

近代社会は個人の自立を建前として成立してきた。しかし、それは一人で生きていくことを意味しているわけではない。人間はさまざまな集団や空間に属することによって、社会的存在として生活してきた。その一つが「地域社会」であり、一般には「コミュニティ（community）」の日本語訳とされる。そのコミュニティは単なる地理的概念ではなく、そこに人々の帰属意識や相互作用のあることを前提にしている。コミュニティは、わが国では明治以降の近代地方自治制度のもとで、全国に張り巡らされた小学校（区）をもとに、そこに町内会や自治会を含むかたちで位置づけられてきた。教育はローカルな営みでもあり、地域社会は学校や子どもの日常と強い関わりを持って今日に至っている。

〈地域社会〉と〈教育〉を結びつけた「地域社会と教育」という研究領域は、戦後の教育社会学勃興期においては中心的テーマであったが、高度経済成長が始まるとしだいに周辺部に追いやられていった。また、農村や漁村への関心から、見田宗介が「まなざしの地獄」（初出『展望』一九七三年）に描いたような、若者が流入する「都市の非条理」に関心が向けられた。そして大衆教育社会が到来すると、子どもたちの生活や人生のなかで学校の存在が大きくなり、社会が学校化されてきたことを背景に、学校に関わる研究が中心になった。しかし、私たちはこのまま地域社会やコミュニティといったものの研究から遠ざかっていいのだろうか。本書の最終章はこの問題意識から出発する。

一　子どもの社会化空間としての地域社会

地域コミュニティと子どもの社会化

前近代社会においては、多くの人は第一次産業に従事していたので、地域社会を基盤として〈生産のコミュニティ〉と〈生活のコミュニティ〉は一致していた。これに対して、近代化と産業化は、二つのコミュニティを分離させた。今日では、女性の雇用労働への進出と自営業者の減少により、昼間居住者で近所の子どもの面倒をみられる人が少なくなった。また、近所の子どもには関わりたくないという国民の意識も昂じてきた。そのために、「地域を舞台として成長していく子どもたち」という物語が共有できにくくなっている。

原理的に考えると、地域社会は子どもたちが共同的関係に支えられて成長する場である。この共同的関係は、子ども相互、子どもと大人、大人相互といった多様な人間関係を含んでいる。「地域社会と教育」をテーマとする研究者は、かつては豊かな地域コミュニティがあったが、社会の変化とともにそれを構成する共同体の基盤が失われ、子どもの地域社会とのつながりは希薄化していった。そのため、子どもたちは、学校と家庭のなかに囲い込まれた状態にあり、子どもの成長にゆがみが生じている。だから地域コミュニティを取りもどすべきだ。このようなストーリーを「定石」としている。代表的な二例を紹介しよう。

一つは住田正樹『地域社会と教育』(二〇〇一)である。住田は子どもを社会化する集団という視点から、(一)集団を構成する他者が、相手を選べない「拘束的他者」であるか、それとも、相手を選べる「選択的他者」であるか、(二)

集団の発生が、自然発生的な「インフォーマル集団」であるか、それとも、人為的に構成される「フォーマル集団」であるか、の二つの軸によって四つの集団類型を導いた。それが、［一］家族集団、［二］遊戯集団（仲間集団）および隣人集団、［三］子供会や少年団などの地域集団、［四］学校集団、である。学校集団は、拘束的かつフォーマルな集団であり、仲間集団は、選択的かつインフォーマルな集団である。このうち、地域との関係で独自の社会化の役割を果たすのが［二］と［三］であり、とりわけ仲間集団の社会化に果たす役割に着目する。なぜなら、同世代である仲間との対人関係や仲間集団は対人関係の基礎能力を発達させていく上で重要であり、それが欠けると対人関係の基礎的能力を身につけられないと考えるからである。このように仲間関係の重要性が力説されるが、調査による結論はあくまでペシミスティックである。住田は「今日の子どもの仲間関係は私生活化現象の故に希薄化し、仲間集団は喪失化しつつある。たとえ仲間集団が形成されても、子どもの社会化過程への関与度は低い。子どもの社会化過程から仲間集団による社会化経験が消失している」（住田 二〇〇一、一〇七頁）と述べる。さらにこうした現状を踏まえ、「子どもの社会化過程に仲間集団による社会化過程を回復させなければならない」（同、一〇九頁）と語るのである。

門脇厚司は子どもの成長にはたす地域社会の役割を強調し、「社会力」という造語を世間に普及させた。著書『子どもの社会力』（一九九九）では、「社会力」はしつけや教育によって植えつけられるものではなく、地域における大人と子どもの共同体験を通じて繰り返される、多様な他者との相互行為の過程で育まれていくものだという。ここで「社会力」とは、単に社会性という以上の、「社会を作り、運営し、変える力」（門脇 一九九九、六一頁）であり、「社会力を育むもっとも重要な場は地域社会である」（同、一七五頁）と述べる。そして地域社会が衰退することによって、地域での人間関係が薄くなり、子どもは親と先生以外の大人と交わらなくなるので、対人関係能力やコミュニケーション能力などを衰退させていると結論する。

社会関係資本を産出するコミュニティ

問題はこうした研究のパラダイムをどう考えるかである。社会が教育（人間）を規定するというデュルケームのパラダイムに従えば、コミュニティの希薄化は産業化やポスト産業化によってもたらされた帰結でもあり、ポスト産業化の時代に相応しい人間像と社会化の様態がありえるのではないか。また、電子情報化された世界は、特定の〈場所〉と結びついた子どもたちの共生関係を侵食し、時間と空間を越えたコミュニケーションの領域を創出し、自然に根ざした「場所」の感覚を希薄化した（山之内 二〇〇六、二九二頁）。そう考えると、コミュニティは伝統社会の遺産であり、かつてあった（とされる）地域社会を現代に取り戻し、そのことによって子どもの社会化を図るという発想には限界があるのではないか。

他方で、地域コミュニティは消滅しているわけではなく、学校や家庭に加えて子どもの生活空間の一つとして位置づけることができる。実際にも、地域のなかで子どもを育てていこうと試みる多くの実践が展開されており、近年では子どもを含めた地域住民の居場所としての〈子ども食堂〉が全国各地に設置されている。また、弱体化したといわれながらも、子どもたちは主体的に仲間関係をつくり、遊びを中心とした活動を展開している。そうした活動を後押しするコミュニティの役割は、理論的にも実践的にも有意義なものだ。

コミュニティに向き合う私たちの姿はアンビバレントである。一方で、地域コミュニティから自由でありたいと願う自分たちが存在し、他方でコミュニティを希求し、そのなかで他者とつながることを望む自分たちがいる。これを子ども目線で考えると、子どもの生活空間としての地域コミュニティは重要であり、また、社会化の力への期待もある。子どもは（高齢者も同様に）地域への「土着性」が強い（広井 二〇〇九、二〇頁）という点に特徴を持っているからである。その「土着性」は子どもたちに社会関係資本をもたらしてくれる。ロバート・パットナムの『孤独なボウリング』では、労働組合への所属、友人宅への訪問、ＰＴＡ（父母と教師の組織）への加入など、一九六〇年代を境としてアメリカ人の人と人のつながりが弱体化したことが、豊富なデータによって示される。そして、社会関係資本の観点から、失ってきた〈つながり〉をどのように再興させるかを重要なテーマとしている。ここで社会関係資本とは「個人間のつながり、すなわち社会的ネットワーク、およびそこから生じる互酬性と信頼性の規範」(パットナム 二〇〇六、一四頁)と定義される。地域コミュニティにおける子どもの人間関係は資本そのものであり、子ども自身に利益を生むと同時に、社会の利益を生み出すと考えることができる。

地域コミュニティは与えられるものではなく、自分たちで作っていくべき性質のものであろう。地方分権の時代になって、横並びや上意下達といった従来型の地方行政からの脱却と、「創造的」なコミュニティの形成が求められている。そこでは、コミュニティはいかに自立できるかではなく、自立すべきものとして構想されている。苅谷剛彦が指摘するように、他の人々とともによりよく生きるために、不可避的に発生する共同責任をどのように作りだしていくか。コミュニティと新たに呼ばれる地域社会は、こうした共同責任を担う範域として考えることができる(苅谷他編 二〇〇四、一九頁)。子どもに社会関係資本をもたらしてくれるコミュニティは、子どもの健全な成長を願う大人たちが、自分たちの活動を通じて創りだしていくべき関係でもある。したがって、「それは帰属の場というよりも、協働の場というイメージに近い」(伊豫谷他 二〇一三、一八九頁)。ウルリッヒ・ベックの指摘するように、私たちの社会では個人化が進み、個人が社会的なものの単位になり、個人で人生を選択し生きていかなければならない。にもかかわらず、あるいは、だからこそともいえるが、私たちは共同の責任から逃れることができない。コミュニティを形づくるのは住民一人ひとりであり、そのコミュニティのあり方が子どもたちの未来に跳ね返るのである。

二　政策の中の「学校とコミュニティ」

地域に開かれた学校づくり

「子どもが地域社会のなかで育つ」というフレームに学校を加えれば、「子どもが学校とともに地域社会のなかで育つ」となる。学校が地域社会と連携することによって、子どもの地域コミュニティとの関わりが増える。少子高齢化など社会構造が大きく変化していくなかで、一九九〇年代になって「大きな政府」を「小さな政府」へと転換する新自由主義の政策が採用された。このため行政組織については中央省庁のスリム化とそれに連動する地方分権化の気運が高まり、地方が自らの判断で対応していくことが大事だと考えられるようになった。このため、二〇〇〇年には地方分権一括法が施行され、このことによって地方の自主裁量の範囲が広がり、学校教育のあり方に影響を与えることになった。具体的な政策の流れを復習しておこう。

一九九八年の中央教育審議会(中教審)答申「今後の地方教育行政の在り方について」では学校評議員制度の導入が提言され、二〇〇〇年から施行された。二〇〇四年の中教審答申「今後の学校の管理運営の在り方について」では、コミュニティ・スクールと学校運営協議会の設置が提言され、保護者、地域住民の学校運営への参画がより一層促されることになった。コミュニティ・スクール(学校運営協議会制度による学校)とは、保護者や地域住民が教育方針や教職員採用等について、一定の権限をもって学校運営に参画できる新しいタイプの学校である。二〇〇七年に改正された教育基本法には「学校、家庭及び地域住民等の相互の連携協力」(第一三条)の規定が新設された。これを具体化するために中教審答申「次代を担う自立した青少年の育成に向けて」(二〇〇七年)が提言され、青少年を自立した存在として育成するために、地域の大人が青少年の育成に積極的に関わっていくことの必要性を強調するとともに、「学校支援地域本部」が設けられるようになった。二〇一五年の中教審答申「新しい時代の教育や地方創生に向けた学校と地域の連携・協働の在り方と今後の推進方策について」では、すべての公立学校がコミュニティ・スクールを目指すべきであるとし、そのために「地域学校協働本部」を設置し、そこに地域コーディネーターや統括的なコーディネーターを配置することが提言された。

コミュニティ・スクールや学校を支える学校支援地域本部の設置は新しい政策である。他方で、これらの施策は都道府県で温度差があり、すべての学校がコミュニティ・スクールとして指定されている山口県から、導入実績のない福井県までまちまちである。全国では義務教育諸学校の約一一%がコミュニティ・スクールとして指定されている(二〇一七年四月現在)。学校支援地域本部の設置状況も都道府県によって大きく異なっている。地方分権が進めば、それぞれの地域が創意工夫して施策に取り組むことになるので、全国で画一的に進められてきた義務教育は、地域の実情に合ったものへと転換できる。

半面で、自治体によって財政力には違いがあり、それが学校教育に影響を及ぼせば、教育における「平等性」が損なわれる心配がある。例えば、義務教育費の国庫負担を二分の一から三分の一に引き下げ、残りは一般財源として配分することになったが、そのことによって地域間の教育格差は生じていないのだろうか。財源の問題がすべてではないが、実際に公立中学校の給食実施率をみると、都市間で大きな差が生じている(朝日新聞、二〇一七年五月六日)。教員に占める非正規教員の割合は、最も低い東京都では一・四%に過ぎないのに対して、最も高い沖縄県では一五・五%に達している(読売新聞、二〇一七年六月二七日)。また、「地方教育行政の組織及び運営に関する法律」の改正(二〇一四年)によって、首長の権限が強まったことの影響も、将来的には見据えておかなければならない。義務教育段階では、全国すべての子どもが一定水準の知識・態度を身につける必要があり、そのための国の責任は重要である。教育における「平等性」と「多様性」をいかにして両立させていくか、この課題は地方分権が進むにつれて顕在化してくるだろう。

ところで、一九九〇年代から進められてきた新自由主義の政策は、学校の活性化を地域との連携によって育むのではなく、学校間の競争と評価によって生み出そうとする。そのために「学区」という規制を撤廃して、子どもたちが希望する学校を自由に選べることが重要であり、また、学校を選択するにあたっての情報公開を重視する。学校を自由に選択できるようになれば、子どもの通学範囲は地域社会との結びつきを弱めるので、地域のもっている教育機能を見落とすことになりがちである。学校のコミュニティ・スクール化や学校支援地域本部の設置という方向性と、学区の撤廃という方向性はベクトルが逆向きになっていると考えられ、政策の整合性が問われている。

これまで教育社会学は「学校」には多大な関心を寄せたが、その背後にある地域社会への関心は薄かった。したがって地域をめぐる教育政策がクローズアップされているにもかかわらず、研究の量と質は乏しい。他方で、学校教育や子どもの育ちに地域社会が重要だとする見解に反対する者はいない。この落差をどのように埋めていくのかが、教育社会学の課題として浮かび上がってくるのではないか。

学校の統廃合と地域・子ども

日本では義務教育を担っている小中学校のほとんどが公立(市町村立)であり、地域と密接に結びついている。明治以降「学校」及び「学区」が地域コミュニティの中心かつ主要単位であり、統合のシンボルでもあった(広井 二〇〇九、七二頁)。その学校が存立する地域社会は、高度経済成長以降の産業構造の変動によって人口の集中する地域と過疎地域に分かれ、現在では少子化の影響を受けて、多くの地域で児童生徒数が激減している。そのため、市町村の合併とも関連しながら、学校の統廃合が進んでいった。一九五五年と比較すると、二〇一五年の小学校数は七七%、中学校数は七六%に減少している(**表1**参照のこと)。二〇一六年の出生数はついに百万人を割り込み、学校の統廃合は

表1　小学校・中学校数の推移（カッコ内は分校の数・内数）

年	1955	1965	1975	1985	1995	2005	2015
小学校数	26,880 (4,655)	25,977 (3,301)	24,650 (1,695)	25,040 (982)	24,548 (655)	23,123 (385)	20,601 (189)
中学校数	13,767 (1,063)	12,079 (498)	10,751 (218)	11,131 (103)	11,274 (80)	11,035 (75)	10,484 (82)

出典：文部科学省『学校基本調査報告書』各年度より作成.

今後とも継続していくだろう。統廃合が進めば、確実に通学距離が伸び、通学手段も徒歩からバス等による通学へと転換していき、全体として子どものコミュニティとの関わりは希薄化していくに違いない。

学校の統廃合については、若林敬子の研究がある。それによると、戦後の学校統廃合は一九五三年の「町村合併促進法」、五六年の「新市町村建設促進法」、七〇年の「過疎地域対策緊急措置法」などに基づいた市町村合併と並行して進められた。市町村合併の主なねらいは行政の効率化であり、効率化には小規模な学校を統合し、スケールメリットによって財政の効率化を図るという意図があった。他方で、学校は地域の人々にとって文化センターであり、地域統合のシンボルでもある。したがって、学校統廃合を促進して教育費を抑えたい行政側と、学校を存続させたい地域住民との間でしばしば葛藤が生じる。若林の研究はこうした紛争の事例をていねいに綴っている（若林　一九九二）。

若林の研究は、「平成の大合併」以前の研究である。平成の大合併の直前である一九九九年三月の自治体数は三二三二であったが、二〇一七年の時点では一七一八と五三％に減少した。平成の大合併は二〇一〇年三月に終了したので、わずか一〇年の間に自治体の数が半減したことになる。そしてこの期間に、学校の統廃合は一段と進んだ（表1参照）。市町村合併と学校の統廃合にはどの程度の関連があるのか。葉養正明は、全国の市町村教育委員会へのアンケート調査結果から、市町村合併が小中学校統廃合を促進するとは必ずしも言えないという（葉養　二〇一〇、一七〇―一七四頁）。これに対して小学校統廃合に関する聞き取り調査を行った新藤慶は、学校統廃合が合併特例債によって賄われていること等の理由から、市町村合併と学校統廃合との関連を強調している(新藤 二〇一四、九九―一一五頁)。青木栄一は、増加する民生費を捻出するために学校施設のランニングコストを節減することが学校統廃合の大きな要因であり、また、学齢期人口と学校数の関連も認められるという(青木他 二〇一六、一九―三五頁)。

近年は学校規模が小さいことのマイナス言説が強調され(例えば、子どもが切磋琢磨する機会が失われるなど)、統廃合を歓迎する保護者も多い。反対に、学校を地域社会の紐帯を深めるシンボルと考える住民からは反対の声があがる。都道府県と市町村、市町村と地域住民、保護者と一般住民等の間で葛藤が生じ、その葛藤を解決しながら、あるいは葛藤を抱えたまま、学校統廃合が成し遂げられる。学校の耐震問題に端を発して、統廃合と校舎の新築がセットで進められる場合も少なくない。また、地域間の経済格差や文化的格差が存在するため、統廃合が進まないケースもある。学校の統廃合がどのような合意のもとに進んでいくのか、そのプロセスを検証していくことは教育社会学の重要な課題であろう。また、統廃合が成し遂げられた後の分析も必要である。子どもの生活はどのように変化し、学校と地域社会との関係はどのように変わったのか。地域社会はそれぞれ文化や風土が異なるので、そのなかで行われる統廃合はそれぞれ固有の出来事である。

三 地域社会と大学――期待される地域活性化への貢献

大学進学率の地域間格差

江戸時代は江戸を中心とした幕藩体制であったが、各藩の自立度は高かった。中央集権的な明治政府が樹立されたことによって藩境が撤廃され、国の中心〈東京〉に対する地方が認識されるようになった。戦後改革によって地方自治が国家運営の重要な柱となっても、中央―地方の関係は基本的には変わっていない。二〇一四年に刊行された、増田寛也編著『地方消滅』は、東京一極集中が招く地方の人口急減によって近い将来（二〇四〇年）、八九六もの市町村が消えると予測した。そのため、こうした事態が生じる前に、何か手を打たないと日本は大変なことになるという警鐘が鳴らされ、〈地方創生〉が政治のキーワードとなった。人口の東京集中には、進学や就職という人生の節目での大学の存在が関係しているので、大学のあり方が問われることになった。

日本の公教育は〈教育機会の平等〉を政策の柱にしており、義務教育段階での地域間格差は比較的少ない。全国学力・学習状況調査の結果をみても、秋田県や福井県などの地方県が毎年成績の上位に位置づいているのはその証拠である。しかし、高校段階になると都道府県によって公立・私立の比率が多様になり、何よりも卒業後の大学進学率が大きく異なる。二〇一六年春の大学進学率をみると、最も高い東京都は七二・七％なのに対して、最も低い鹿児島県は三五・八％と、東京の半分以下であり、目を疑うような格差が生じている。秋田県は全国学力・学習状況調査ではつねに成績のよい県で全国的に注目されているが、大学進学率は低位県である。日本教育社会学会の機関誌である『教育社会学研究』には、こうした進学格差を扱った論文が多数採択されている。すでに一九七〇年には友田泰正「都道府県別大学進学格差とその規定要因」（第二五集）が掲載されており、ほぼ半世紀にわたって同じような問題意識が継続されている。都道府県を単位とした大学進学行動の格差（教育機会の格差）はそれだけ、教育社会学の焦点的トピックであり続けている。

なぜ、大学進学率の都道府県格差が生じるのか、この格差は縮小しているのか、拡大しているのか。上山浩次郎（二〇一一）によると、一九八〇年代までに縮小傾向を示していた都道府県格差は、八〇年代以降に再び拡大傾向にあるといい、この背景を「大学収容率」「所得」「親の学歴」などの要因との関連で分析している。朴澤泰男（二〇一六）はこうした要因以外に、「便益」＝大卒学歴の獲得が地域の労働市場でどれだけ有利になるか――という概念から進学率格差の説明を試みた。吉川徹（二〇〇一）は島根県の山間に位置するＹ高校・進学クラスを対象に、自らの地域移動について選択していく進路の流れ（ローカル・トラック）を分析し、卒業生が日本地図の上にどのようにプロットされていくかを明らかにした。大学進学を規定する要因として、地域（どこに住んでいるか）は、「社会階層」や「ジェンダー」と並んでもっとも重要なファクターの一つである。大学は大都市圏に集中しており、地方からの大学進学は授業料以外に高い生活費を工面しなければならないので地域的な不平等が発生する。高校までは地域間不平等は顕在化しないが、大学進学の段階で一挙に表面化する。このメカニズムの解明は重要である。

表2　大学数の推移（1950–2015年）

年	1950	1960	1970	1980	1990	2000	2010	2015
国立大学	70	72	75	91	96	99	86	86
公立大学	26	33	33	34	39	72	95	89
私立大学	108	140	274	319	372	479	597	604
合　計	204	245	382	444	507	650	778	779

出典：文部科学省『学校基本調査報告書』各年度より作成.

公立・私立大学の設置と地域間格差の解消

吉川の研究では「一定数の若年層の大都市への流入が必然とされる一方で、若年ホワイトカラー層の（島根）県外からの新規流入を多くは見込めない」（吉川 二〇〇一、二〇〇八頁）という人口の地域間移動に言及している。地方県は大都市への人材供給地として機能してきたが、人口減少の今日、この状態を放置しておけば地域の衰退に拍車がかかってしまうので、いかに（エリート層の）人口流出を防ぐかが重要な課題となっている。

表2に示すように、大学数は一貫して増加しているが、とくに一九九〇年代以降の増加は顕著である。この現象は公立大学と私立大学の増設によってもたらされた。進学するには本人の意欲や能力に加えて、周囲の期待や進学を支える経済力が必要である。このため、通学可能な範囲に大学があれば進学の蓋然性を高める。一九五〇年の段階では、私立一〇八大学の大部分は東京、京都、大阪などの大都市部にあったが、八〇年代以降多くのローカルエリアにも設置され、大学生の七八％（二〇一六年現在）を私立大学が収容するまでになった。このこ

とが、わが国全体の大学進学率の上昇をもたらした。

私立大学の地方分散は、政策的な帰結でもある。第一に、中教審のいわゆる「四六答申」を受けて、文部省(当時)は一九七二年に高等教育懇談会を設置し、七六年に地域間の高等教育機会の格差是正をめざす高等教育計画が提出されたことである。第二に、「私立大学の学部・学科の増設廃止及び私立の収容定員に関わる学則の変更」を文部大臣の許可事項としたことである。このため、「工業(場)等制限法」の適用を受ける大都市地域では、原則として大学等の新設は認められないことになり、収容力格差是正をもたらす〈地方〉でのみ可能となった。第三に、八四年にいわゆる「公私協力方式」による大学の設置を認めたことである。「公私協力方式」とは、地方自治体がキャンパス用地の提供や建物の建築費用の一部を負担することである。このなかでも、自治体が施設設備から学校法人設立までのすべてを手がけ、通常、自治体の関係者が加わりながら私立大学法人として運営していくものを「公設民営大学」と呼んでいる。若者の地元での定住促進などを目的として自治体が大学誘致に乗りだし、財政負担をするようになったことにより、私立大学の地方分散が進んでいった。

一九八〇年代の後半になって、臨時教育審議会(一九八四—八七年)の提唱した新自由主義の政策が進行していくと、自由な活動を規制すること自体が「悪」になるので、大学設置に関わる規制は徐々に緩和されていった。「工業(場)等制限法」が廃止されるのは二〇〇二年のことであり、翌年には特定地域での大学の新増設の制限が完全に撤廃された。そのため、これまでの地域間格差縮小政策は反転し、大学進学機会の地域間格差は拡大していった。地域間格差が顕在化し、地方創生が重要政策となっている今日、再び都市部の私立大学設置を制限しようという動きが出てきたが、受験生の進学意志に制限を加えることはできないので、まずは地方の大学を充実させることが必要である。大学を全国的にどのように配置していくのかについて、政府の政策は二転三転して現在にいたっている。

地方にある私立大学の多くは、概して規模は小さく、学部や学科の種類は限定的である。このため、若者の定住促進や地域に必要な人材を確保するために、一九九〇年代以降、公立大学の設置が相次いだ。その大半は、高齢社会に対応するための、看護や福祉系の人材養成を目的としている。こうした公立大学の規模も概して小さく、学生の割合は全体の五％程度に過ぎない。近年では、高知工科大学や山口東京理科大学のように私立大学を公立大学に転換したところもある。公立化された大学は、高知工科大学のようなもともと「公設民営」型であった大学や、山口東京理科大学のような「公私協力」型大学である。公立大学にすると大学への助成が、私学助成金から地方交付税交付金に移り、結果的に助成金が積み増しになるので学生の授業料負担を引き下げることができる。また、公立大学なので、地元出身者にインセンティブを与え、授業料を国立大学並みに安く設定することも可能である。

コミュニティの形成に公立大学や私立大学をどのように生かし、地域住民にとっていかに価値あるものにしていくのかが問われている。そもそも、都道府県の文教政策を担っている教育委員会は主に、高等学校までを守備範囲としており、大学は政策の枠外に置かれているところが少なくない。大学を地域で支え、活用するための仕組みづくりが必要である。

地方国立大学の〈地方〉性

戦後の学制改革によって一県一大学の原則が示され、戦前期にあった官立大学、旧制高等学校、各種専門学校、師範学校等を母体とした新制国立大学が設置されたのは一九四九年のことである。この学制改革は国立大学と地域社会との関係を大きく変えることになった。何よりもすべての都道府県に複数の学部をもつ〈総合的〉な大学が設置されたことにより、地方に学ぶ高校生にとって大学はよりアクセスしやすい存在となった。国立大学はそれぞれの府県において大きな存在になり、教育と文化の中心に位置した。

この「地方国立大学」を対象とした研究として、清水義弘編『地域社会と国立大学』（東京大学出版会、一九七五年）は先駆的研究である。そこでは、戦後地域社会との緊密な関連のもとに教育研究活動の展開が期待された地方国立大学が、その後の二〇年の間にいかなる教育研究機関になっていったのか、当初地域社会との関連において期待された諸機能を具体的にいかに果たしてきたのか、そのことを実証的に明らかにすることを目指した。そのため、地域的機能を分析するための観点として「人材養成機能」「教育機会供給機能」「社会的サービス機能」「教育価値形成機能」の四つを取り上げ、七つの国立大学を分析対象とした。この研究からみえてきたことの一つは、地方国立大学が地域との結びつきを強めるというよりも、むしろ一九六〇年代の後半からローカリティの希薄化が進んだという点である。これは、入学する学生がより広範化し、地元県からの入学者が漸減していること、また、地元への人材供給率は急速に低下して、中央に集中する傾向があるという事実から導かれる。高度経済成長期、地方国立大学は〈地方〉性を脱色していった。

清水の研究から約四半世紀が経過し、その後の両者の関係はどのように変化したのか。天野郁夫を中心に新たな研究が展開され、成果は当時天野が勤務していた『国立学校財務センター研究報告』(第二号~第六号)にまとめられている。この研究では、「大学」と「地域社会」との〈交流〉がキーワードになった。一九九〇年代になると「地域貢献」が大学にミッションとして加わり、生涯学習や産学(官)連携が重視されるようになってきた。地域貢献は大学教員の義務の領域を構成していないので、それに積極的な人もいれば、そうでない人もいる。一般に地域貢献は大学による地域へのサービスとみられがちであるが、大学と地域社会との関係は双方的である。大学は地域社会から物心両面の支援を受けるし、教育研究のフィールドとして、活用できるからである。そうした地域社会と国立大学との交流実態が、七大学の教員に対する質問紙調査と、七県に在住の有識者調査から明らかにされた。また、この研究は文科省の「地域貢献特別支援事業」を誘発し、さらには二〇〇三年から始まったＧＰ(good practice)事業へとつながっていった。

地方創生の視点から期待される地方国立大学

今日、国立大学とコミュニティとをめぐる問題は、「地方創生」の文脈で活発になっている。地域社会における人口減少に対応するため地元国立大学への進学を促すなど、若者の地域への囲いこみ政策が進行している。二〇一二年の「大学改革実行プラン」では、「激しく変化する社会における大学の機能の再構築」というスローガンのもとに、「地域再生の核となる大学づくり構想の推進」があげられた。具体的には、自治体等と連携し、全学的に地域を志向した教育・研究・社会貢献を進めようとするものであるが、そのために二〇一三年には「地(知)の拠点整備事業」(通称「ＣＯＣ(Center of Community)事業」)が実施され、多くの地方国立大学がこの事業に取り組むことになった。二〇一五年には「地(知)の拠点大学による地方創生事業」(通称「ＣＯＣプラス」)が追加された。政策誘導によって、地方国立大学のミッションを「地方」に集中させようと企図したのである。

これに拍車をかけるように二〇一五年に、文科省は国立大学の機能強化という観点から、①「世界最高水準の教育研究」、②「特定の分野での世界的な教育研究」、③「地域活性化の中核」の三つの大学像を提示し、すべての国立大学にいずれかを選択することを求めた。その結果、①を一六大学、②を一五大学、③を五五大学が選択することになった。一九七一年のいわゆる四六答申(中教審答申)以来、折に触れ提案されてきた大学の種別化(機能分化)は、半世紀近くを経てシンプルな三つのグループに分けられ、それぞれのグループごとに評価指標を定めて評価されるということに帰結した。「選択と集中」路線の中で、多くの地方国立大学はアカデミアの部分を弱め、皮肉なことに法人化されて自律性を弱体化させ、地域活性化の中核を担う大学として位置づけられることになったのである。その結果、地方自治体とのパートナーシップを重視した大学運営が求められるようになり、それが法人化以降の地方国立大学に対する国家統制の柱となった。

こうして地方国立大学は、地方大学として地域からの入学者を増やし、地域へ人材を供給し、地域社会の活性化に貢献することが評価の重要な基準となった。そして、「地域」を冠する学部を設置した大学も少なくない。一方でグローバルな世界で競争するトップ層の大学を作り、その一方で、ボトム層(地方国立大学)はジョブ型で再編していく、そのような国立大学政策が強引に進められた。他方で、このような枠組みをさらに敷衍すれば「地方国立大学」が「国立大学」であることの必然性はなくなる。文部科学省の画一的なコントロールで地方国立大学を縛るのではなく、各自治体の自由な発想で大学づくりを進める方がよいのではないか。そうすれば、地元出身者の授業料を引き下げるなどの柔軟な施策も可能となる。いずれにしても、国立大学が戦後すべての都道府県に配置されたことが、地方の政治、経済、社会、文化、教育などの各領域にどのような効果をもたらし、それがわが国全体の発展にどのように繋がっていったのか、このことを検証することも教育社会学のフロンティアに繋がっていくものである。

おわりに

「地方分権」や「新しい公共」という政策的なスローガンは、明らかに民営化や規制緩和と同調して表面化した。ポスト福祉国家のガバナンスにとって、地方自治やコミュニティの戦略的位置づけが重要になったからである。「地方分権一括法」に象徴されるように、旧来の中央集権型行政システムから脱却し、自己決定、自己責任の下、地域コミュニティの形成や地域課題の解決に主体的に取り組むことが求められるようになり、サービスを市民自身やNPOが主体となって提供していく考えかたが強まった。高齢者に対しては地域福祉、地域看護、地域医療などが重視され、子ども・子育てにおいても地域の力が求められている。また、東日本大震災以降、防災・減災が国民的スローガンとなったが、それに対処するのも地域である。他方で、コミュニティは自立しているのではなく、行政機構の末端に組み入れられ、その活動は行政に利用されているだけではないかとの見方もある。ボランティア活動が、無償労働として行政コストの削減に利用されている、と主張するのと同じである。

そのように考えれば、地域コミュニティの独立、ガバナンスの脱集権化と多元化が図られなくてはならない。したがって、政府の指示を仰ぐのではなく、住民の主体的で自主的な活動をいかに育んでいくかが重要になる。有名なイギリスの「クリック・レポート」では能動的な市民の育成のために「シティズンシップ教育」が欠かせないとし、シティズンシップを構成する三つの要素の一つに「コミュニティへの参加」を挙げている(長沼他 二〇一二)。地域コミュニティを活性化し、そのなかで人作りを進めていくためには、私たち自身の市民的責任感が涵養されなくてはならない。

参照文献

青木栄一他 二〇一六、「学校統廃合の規定要因——固定効果モデルを用いた全国市区のパネル・データ分析」『東北大学大学院教育学研究科研究年報』第六四集第二号。
伊豫谷登士翁・齋藤純一・吉原直樹 二〇一三、『コミュニティを再考する』平凡社。
上山浩次郎 二〇一一、「大学進学率の都道府県格差の要因構造とその変容」『教育社会学研究』第八八集。
金子勇 二〇一六、『「地方創生と消滅」の社会学』ミネルヴァ書房。
門脇厚司 一九九九、『子どもの社会力』岩波新書。
苅谷剛彦他編 二〇〇四、『創造的コミュニティのデザイン——教育と文化の公共空間』有斐閣。
吉川徹 二〇〇一、『学歴社会のローカル・トラック——地方からの大学進学』世界思想社。
新藤慶 二〇一四、「「平成の大合併」と学校統廃合の関連——小学校統廃合の事例分析を通して」『群馬大学教育学部紀要 人文・社会科学編』第六三巻。
住田正樹 二〇〇一、『地域社会と教育——子どもの発達と地域社会』九州大学出版会。
長沼豊他 二〇一二、『社会を変える教育』キーステージ二一。

R・パットナム、柴内康文訳 二〇〇六、『孤独なボウリング――米国コミュニティの崩壊と再生』柏書房。
葉養正明 二〇一〇、「近年における小中学校の統合と学区再編――基本的・総論的観点から」『日本教育経営学会紀要』五二号。
広井良典 二〇〇九、『コミュニティを問い直す――つながり・都市・日本社会の未来』ちくま新書。
朴澤泰男 二〇一六、『高等教育機会の地域格差――地方における高校生の大学進学行動』東信堂。
増田寛也編著 二〇一四、『地方消滅――東京一極集中が招く人口急減』中公新書。
山之内靖 二〇〇六、「訳者解説――グローバル化と社会理論の変容」G・デランティ、山之内靖・伊藤茂訳『コミュニティ』NTT出版。
若林敬子 一九九二、『学校統廃合の社会学的研究』御茶の水書房。

▼ブックガイド▼

苅谷剛彦他編 二〇〇四、『創造的コミュニティのデザイン――教育と文化の公共空間』有斐閣。

コミュニティという身近な生活の場において、教育や学習や文化活動を、人々が「責任主体」としていかに創りだし、再生させ、共有していくのかを考察している。

朴澤泰男 二〇一六、『高等教育機会の地域格差――地方における高校生の大学進学行動』東信堂。

大都市と地方の間、さらに地方間においても大学進学率には顕著な差がある。なぜこのような教育機会の不平等が発生しているのか、広範なデータ調査に基づき多角的に検討している。

吉川徹 二〇〇一、『学歴社会のローカル・トラック――地方からの大学進学』世界思想社。

一九九〇年代前半に、山陰地方のある高校から大学進学のために都会に出て行った若者たちの、二〇代半ばまでの生活の様子と、ものの考え方の変化を追ったモノグラフ研究。

まとめと展望

〝私は真実を知っている〟

内田 良

一 「客観的事実」の終焉と隆盛

イギリスのオックスフォード英語辞典は、二〇一六年の“Word of the Year”に、“post-truth”(「ポスト真実」)を選出した。辞典によるとこの言葉は、「世論の形成において、感情や個人的信念への訴えよりも、客観的事実(objective facts)のほうが、相対的に影響力が小さいような状況」を指す。この語は二〇一六年に入って、イギリスのＥＵ離脱をめぐる国民投票やアメリカの大統領選挙に関連して急激に多用されるようになった。政治家の発言が客観的事実とは異なっているとしても、それが個々人の感情に訴えながら世論を形成していくことが、「ポスト真実」というタームによって批判的に検討された。

「変容する社会と教育のゆくえ」と題する『教育社会学のフロンティア』第二巻の目的は、日本の教育社会学研究がこれまで取り組んできた課題について、実証的な研究成果をベースとしながら、その変容と現状を明らかにし、新たな課題を展望することにあった。第一巻との比較でいうと、理論や方法論等の抽象度の高い次元ではなく、できるだけ具体的な教育現象に関わっていくことが第二巻の指針であった。第1章の教育格差から第13章の地域社会まで、当該現象の過去と現在、さらにはその未来までもが、ダイナミックに示されてきた。そして第二巻を締めくくる本稿に課せられた役割は、それら各章の魅力を、次の世代を支える読者に伝えていくことである。

さて、「教育現象」とさらりと述べたものの、その「現象」というものはいったい何なのか。

一九九〇―二〇〇〇年代における構築主義の台頭によって、社会学においてもとくにジェンダー(Butler 1990／邦訳一九九九、上野編 二〇〇一など)や社会問題(Spector and Kitsuse 1977／邦訳一九九〇、中河 一九九九など)の領域を中心にして、「客観的事実」(以下適宜、「事実」と表記し、これは「真実」に置き換えられるものと理解されたい)を素朴に信じることに終止符が打たれた。だがその時代は、教育社会学が学力の規定要因として、家庭背景の重要性を積極的に実証した時期でもあった(苅谷 一九九五、本田 二〇〇五など)。教育学が学力の当為論(学力とはどうあるべきか)の域を出ない議論をつづける一方、教育社会学は社会調査とくにその量的調査によるエビデンス(科学的な根拠)を重視した。換言すれば、「事実」の次元で学力(を規定する社会階層)の問題に迫っていったのである。こうして教育社会学は、教育学界のなかでそのプレゼンスをおおいに高めた。

ときを同じくして起きた、「事実」の終焉と隆盛。私はまさにその時代に、大学院で教育社会学徒として学んでいた。大学院時代といえば、自分の思考や理論の土台を形づくる、きわめて重要な時期である。「事実」の終焉と隆盛を目の当たりにした私にとって、「事実」あるいは「真実」との向き合い方は、今でも重大なテーマである。

そしてとりわけ私自身の研究関心が教育問題や家族問題といった社会問題群にあったため、大学院入学当時の私は、教育現象を読み解くうえで、構築主義の洗礼を受けないわけにはいかなかった。それゆえ私は大学院入学から約二〇年を経た今日においてさえ、量的調査によるエビデンスをもとに「事実」を語る際には、「これはそのように私が構築しているにすぎない」とみずからにつぶやいてしまうのである。

「教育現象」とは、素朴に考えれば「教育に関する観察可能な何らかの事実」と定義することができるかもしれない。だが私のなかでそれは、「私が語るところの、「教育に関する観察可能な何らかの事実」」と定義される。これ自体は、けっして目新しい視角ではない。だが私がここで試みたいのは、「事実」と「私」を対置させたように、「事実」そのものと、その外部にある「何か」(理論、方法、視座、背後仮説など)を掛け合わせることで、「事実」の理解を深めていくことである。そこで第二巻を締めくくるにあたって各章の魅力を次の世代に伝えるべく、本稿では「客観的事実」を核にして、私なりの視点から適宜各章を振り返りつつ、教育社会学の未来像を展望してみたい。

二　学問のタコツボ化

(1)「客観的事実」への向き合い方

教育社会学は、「事実」を抜きに語ることはできない。観察可能な「事実」を突き止めようとする立場において、「事実」が重要なのは言うまでもない。そして、主観を重視するような立場においてさえ、素朴に想定される「事実」から距離を置くという宣言によって、はじめてその立場のオリジナリティが説明されうるのであった。

思い起こせば、M・ウェーバーの名著『社会科学と社会政策にかかわる認識の「客観性」』は、言うまでもなく、素朴に「事実」を追求するものではない。「事実」に見えるものは、私たちの価値理念に制約されている。だからこそ、価値理念を放棄するのではなく、私たちが依拠している価値理念を徹底して意識化することによって「事実」に向き合おうというのであった。

また構築主義は、「事実」から最も距離のある視座である。だが、それゆえに「事実」を最も意識化したとも言える。社会問題論のバイブルとして知られるスペクターとキツセの『社会問題の構築』(Spector and Kitsuse 1977／邦訳一九九〇)では、いかに従来の社会学が安易に客観性を信仰してきたのかが諄々と説かれている。社会問題が個人やグループによる主観的定義の産物であると主張するには、「事実」を前提に議論を展開せねばならなかったのだ。ただし、構築主義的観点からの研究においても、調査方法という点ではそれがドキュメント分析であれインタビューであれ、観察可能な客観性が求められる。私たちの世界が、主観的現実によって成り立っていること、あるいは外在化と客体化と内面化の三つの弁証法的契機による不断の活動(Berger and Luckmann 1966／邦訳一九七七)によって成り立っていることを、調査によって得られた「事実」をもとに明らかにしていく。その意味では、何らかの現象を調査によって明らかにしようとする立場は、いずれも「事実」を尊重しているとも言うことができる。

(2) 教育学と社会学からみたときの教育社会学における「客観的事実」

教育社会学は、教育学あるいは社会学と比較した際にも、「事実」をより積極的に意識せざるをえない学問である。まず教育学と教育社会学との相違点からみると、教育社会学を確立したデュルケームは、教育学とは別個のものとして、教育の科学(教育社会学)の重要性を説いた。すなわち、教育学とは、「現在にも過去にも志向しているのではなくて、未来に志向している」のであり、「その理論は所与の実態を忠実に説明することではなくて、行動規定を制定することを意図するものである」。他方で教育の科学(教育社会学)とは、「現にあること、もしくはあったことを記述または説明すること」(Durkheim 1922／邦訳一九八二、九五頁、傍点は筆者)に主眼がある。教育学は未来の「あるべき姿」を描き出そうとするのに対して、教育の科学は過去に「あった姿」あるいは現在に「ある姿」を描き出そうとする。教育学とは対照的に、教育社会学は「事実」に根ざした学問として確立されたのである。

社会学と教育社会学との相違点については、理論／実践との距離によって表現される。清水義弘は、「社会学者は、理論志向的な社会学に対して、具体的な教育実践や教育政策に関わろうとする。すなわち教育社会学は、教育実践を直接に対象とすることが研究者を教育実践に捲きこみ、理論的研究を不毛にするにちがいないという危惧を抱いていた」という。なぜなら、「一般には教育実践はすぐれた意味で価値を意味し、価値指向を目的としているから、客観的態度が失われやすい」(清水 一九五八、一一二―一一三頁、傍点は筆者)と考えられるからである。だが、教育実践を第三者が科学的に研究することは可能であり、それこそが教育社会学を社会学から差異化することになるのだと述べる。

教育という固有の対象をもち、教育という具体的な実践を研究対象とすることは、教育社会学に「事実」への接近を要請する。この議論は、「臨床＋社会学」と「臨床＋教育社会学」のちがいにも近似する。すなわち、前者の難しさの一つは、「臨床社会学の現場というものが見つけられないこと」にある。「臨床心理士やソーシャルワーカーや医者や弁護士等の専門家が現場を押さえていて、その中で臨床社会学の現場をどのように確保していくのかという問題」(大村他 二〇〇一、二五—二六頁)である。一方で後者では、学校という現場があらかじめ研究者に与えられていて、具体的な現実が目の前に拡がっている。調査研究の過程で一貫して「事実」に向き合わねばならないのである。

以上、教育学と社会学を親学問とする教育社会学にとって、そこからの差異化は学問の成立当初から重要な課題であり続けてきた。これを整理した藤田英典は、「教育学からの独立」を、教育の科学としての教育社会学に求め、「社会学からの独立」を教育実践や教育政策としての教育社会学に求めた(藤田 一九九二)。いずれにおいても、ここまで示してきたとおり、教育社会学のオリジナリティには「事実」が深く関与している。すなわち、未来のあるべき姿を追求する教育学とは異なり、過去や現在の「事実」を記述・説明する。そして理論に傾倒する社会学とは異なり、実践や政策に重きを置いて「事実」を記述・説明するのである。

(3) タコツボ化の危機

私がこのように「事実」を核に据えて、それに対する向き合い方を論じようとするのには理由がある。その理由とは、教育社会学会内における研究領域のタコツボ化あるいは細分化が危惧されるためである。

社会学においては、大きな物語の終焉、あるいは社会理論の不在が嘆かれるようになって久しい。私はこの事態そのものを憂えるほどに、社会理論に精通しているわけではないが、社会理論の不在がもたらしている結果については、大きな不安を抱いている。すなわち、学問が劇的に成長した後にその熟度を高めていくとき、新しい世代の研究者はもはや大風呂敷を広げる議論ではなく、ニッチな研究対象を措定し、いまだ誰にも知られていない「事実」を明らかにすることに腐心するようになるのではないか。

学問の「タコツボ」を指摘したのは、政治学者の丸山真男である。「タコツボ型」とは、丸山が『日本の思想』(一九六一)のなかで、日本の近代文化を言い表すために提唱した概念であり、西洋の「ササラ型」と対比される。ササラ型とは、ササラ(簓)のように共通の根元から一つひとつの枝葉がわかれていく。ササラ型の文化では、根元が共有されているため、枝葉どうしの対話が可能となる。他方で、タコツボ型とは、ササラ型の根元が切り捨てられた形である。共通の土台を欠いた文化では、一つひとつの枝葉がタコツボのように孤立して存在し、お互いの対話が成立しない。

終戦後五年の間に、アメリカの教育社会学研究が日本に入ってきたことで日本の教育社会学研究が「異常な発展」(海後 一九五一)を遂げたことを踏まえるならば、日本の教育社会学研究もまた、日本の思想を土台とするものではない。その意味で日本の教育社会学研究そのものが、タコツボ型の典型例とも言える。だが、そうだとして今日起きているのは、タコツボ型文化におけるいっそうのタコツボ化の進行ではないだろうか。すなわち、手っ取り早く新たな「事実」を得るために、共通の土台に乗ることなく、調査研究を進めていこうという態度である。もはや毎年開催される学会大会においては、各部会に通底する共通の理論や方法、思想は希薄で、各部会内ではいつも顔見知りのメンバーがジャーゴンを取り交わす。

三 次世代につなぐための基礎作業

(1) 精緻な分析からの脱却

私は、「事実」が不要だと言いたいのではない。次世代の研究者が、タコツボ化が進んだ学会のなかにおいて、いきなりニッチな「事実」への探求に向かうことを危惧している。これに類する視点は、実は本書のいくつかの章においても提示されている。

本書第3章の堀論文は、移行研究において労働経済学は「精緻な分析を重んじるため、一定のデータが揃った段階にならないと課題へのアプローチが難しい」と述べる。その一方で教育社会学には、そうした精緻さの追求よりも、「いちはやく問題を見出し、データがまだ不十分であっても実証的な研究を通じて問題の所在を明らかにするアプローチ」にこそそのオリジナリティがあり、それが政策形成に活かされてきたと言う。すなわち「事実」の精緻な分析は重要であるが、それ以外のアプローチをもつことが教育社会学の魅力であるとされる。

第1章の荒牧論文もまた、「事実」への精緻なアプローチのみの追求に注意を促す。そこでは、「現在に至るまで基本的には理論喪失のまま分析手法の精緻化を目指して研究が蓄積されてきた」ことが危惧され、「いかなる格差を問題にするのかを明確にしないまま、いくら最新の分析手法を導入しても、それが拡大したのか縮小したのかを結論づけることはできない」とされる。「客観的事実」の提示において分析手法は不可欠な道具であるけれども、それをどのように見るかという理論や視角なくして、「事実」は最終的には私たちに何ももたらさない。

こうした精緻化を目指す研究姿勢は、第4章の井上論文が指摘するところの、「○○学という学問分野(discipline)の正統な伝承者」が行き着く先のように見える。「問いの設定、先行研究のレビュー、対象と方法の検討などの一連のプロセスを、限られた時間内に着実に遂行して、結果を出す」という規律訓練(discipline)によって学問分野は成り立っている。教養部時代の「しがらみのない「自由」な」師弟関係(大学教員と学生の関係)に例示されるような、既存の正統な「知」を揺さぶるという営みにはほど遠い。

今私たちは、ともすれば無自覚なままに、アカデミズムの既定路線に乗っかり突き進んでいる。もはや新参者にとっては、教育社会学の世界は超タコツボ化しているのかもしれない。このような問題意識から、以下ではそれを乗り越えることを目的として、本書の各章を参照しながら、「事実」に向き合う方法を抽出したい。章の要約でもなくまたそこで描かれた「事実」そのものでもなく、「事実」への向き合い方を引き出すという手法により、章の主題に関係なく、教育社会学徒が皆で共有できる(共有すべき)「何か」を導き出していきたい。

(2) 理想と現実、または規範と実態

客観的な「事実」とはつねに、主観的な認識との関係によって姿をあらわす。

第9章の元森論文が着目するのは、研究上における「理想と現実、規範と実態の間のずれ」である。子どもに関する語りには、子どもとはこうあるべきだという理想や規範の側面と、子どもの今日の姿を描き出そうとする現実や実態の側面がある。子どもに関する一枚岩の理想的・規範的モデルは、現実や実態(=「事実」)を不可視化してしまう。「標準的(近代的)子ども像の根強さと現実の多様性の両方を視野に入れていく研究枠組みを模索する必要」がある。

第2章の平沢論文は、教育達成における「意識」と「実力」の関係性から、理想と現実(=「事実」)の乖離(と接近)を描き出す。すなわち、何らかの方法によって測定されうる「実力」と、それが学歴に結びつくことに関する評価、すなわち「学歴—実力意識」とを明確に区別したうえで、その変遷を追うのである。「学歴—実力意識」の分析からは、「高い学歴を得たのは自らの実力の成果であり、それを実現できないのは自己責任だ」とする今日の危機的状況

が見えてくる。

また、第6章の山田(哲)論文では、今日話題になっている教員の長時間労働について、「学校や教師をとりまく客観的な状況の厳しさと、それでもなお主観的には前向きの姿勢が維持されていることの乖離」を指摘する。その背景には、実態(=「事実」)としては多忙化が進んでいても、「生徒に対するあらゆる関与を「指導」という概念で把握」する学校現場の規範が横たわっているように見える。

そして、第8章の古賀論文がこだわるのは、「支援」という言説がもつ作用である。言説とはすなわち理想や規範であり、それが実態(=「事実」)のあり方を左右する。また逆に実態が言説を形づくることもある。貧困や格差拡大の実態が進行していくなかで、「教育」は「支援」に取って代わられるようになった。それと同時に、「「学校」という場はより一層切実な社会生活の基盤」に位置づけられ、外部の資源を積極的に取り入れつつ、その支援機能を実質的に強化していく。ついには「教育支援の場としての「学校」そのものの概念も、従来の公教育制度の観念をこえて拡張し多様化」していく。

客観的な「事実」とはこのように、それ単体で語るべきものではない。主観的な理想や規範と対置されることをとおして、「事実」の研究は深みを増していく。

(3) 私たち研究者は正しいのか?

「事実」を素朴に見つめるのではなく、そこから距離をとり、理想と現実(=「事実」)の区別に着目する。このように「事実」への冷ややかな見方をさらに突き詰めるならば、研究者が指し示すところの「理想」あるいは「規範」というものもまた正しいのか、という課題に行き着く。私たち研究者の立ち位置をも、根本的に疑ってみるのだ。

第10章の片岡論文が示す「勉強ハビトゥスの染みついた研究者」という表現は、一定のものの見方に縛られがちな私たち研究者の「規範」を、痛烈に批判する。「研究者は学力格差データを示し、勉強に熱心にならないこと、勉強の習慣がついていないことがいかに問題かという大前提を暗黙知として研究を進め、それに基づいて結果の解釈をしてしまう場合がある」。教育の不平等というあたかも中立的な問題意識でさえ、「勉強ハビトゥス」によって培われた暗黙知にもとづくものである。情報を発信する研究者自身の態度を含め、「学力＝メリットと考える画一的な学校的価値観や評価システムを、より柔軟で創造的なものへと転換する」ことは、「事実」がもつ意味をも転換させることになるであろう。

学力を重視するいわば「教育社会学者ハビトゥス」は、学力以外の課題においても見直される必要がある。「教育社会学者ハビトゥス」は、第7章の多賀論文に引きつけるならば、「生物学的影響をできるだけ小さく見積もるというスタンス」でもある。「生物学的性差」が科学的根拠として実証されつつある今日、「男女の能力や選好の先天的差異を無視したり限りなく小さいものと想定したりする素朴な性差極小論に固執することではなく、男女のどのような関係のあり方を実現することが最も社会正義にかなうのかという、ジェンダーの正義についての本格的な議論」の段階に私たちは来ている。

教育現象にアプローチするにあたって、「事実」そのものを精緻に分析することは、研究者として大切な態度である。だが、教育社会学者としては、それでは物足りない。分析に意味をもたせる大胆な視角が必要である。「事実」は、理想や規範から照射されてこそ豊かな解釈を与えられ、それは教育社会学者自身の背後仮説を問い直す作業をも要請する。こうしてようやく、教育社会学者として「事実」を分析するための基礎的条件が整う。

四　次世代につなぐための展望

(1)「新しさ」の誘惑

「事実」を分析するための基礎作業を終えて最後に、次の世代の教育社会学徒に、私なりの「ニューフロンティア」を示したい。ただし、「ニューフロンティア」とは言ったものの出鼻をくじくようで恐縮だが、今日の教育現象を読み解くにあたっては、けっして「新しさ」を目指すことにこだわらなくてもよい。

そもそも学校教育は、高度経済成長時代の枠組みをずっと引きずっている。第12章の山田(浩)論文が指摘しているように、「情報革命」は学校にはほとんど恩恵をもたらしていない。たしかに、たとえば通信機器の発展は対面による従来の教育の構図を不要にした。だが、今日においても各学校の教室を観察する限りは、紙と鉛筆で学習が進んでいる。情報革命は「表面的なものに過ぎず、実は教育はまったく変化していない」とさえ主張できる。

地域コミュニティの存在意義についても同じことが言える。第13章の加野論文によると、地域コミュニティという研究課題は、戦後の教育社会学勃興期においては重要なテーマであったものの、高度経済成長期に子どもの生活における学校の比重が高まっていったことによって、研究上の関心は小さくなっていった。だが、「地域コミュニティは消滅しているわけではなく、学校や家庭に加えて子どもの生活空間の一つ」であり、さらには今日、「ポスト福祉国家のガバナンスにとって、地方自治やコミュニティの戦略的位置づけが重要」になっている。それにもかかわらず、教育社会学からのアプローチは手薄なままである。

山田(浩)論文や加野論文が教えてくれるのは、必ずしも新しいところに研究テーマがあるわけではないということだ。むしろ、古く見えるテーマや現象にこそ、学校教育の核心に迫る視点が眠っているかもしれない。

その意味でいうと、古く見える「理論」にも魅力はまだまだある。後期近代の理論がもてはやされるようになって久しい。だが、教育社会学においてはその理論の発展が企図されるというよりは、使い勝手のよいものとして消費的に用いられる傾向がある(中村 二〇一四)。後期近代の理論を吟味してそのもとで社会を説明しようとするのではなく、安易な現代社会論として後期近代の理論が参照されていく。

後期近代の理論の重大テーマである「リスク」について、かつての理論の魅力に少し触れておきたい。社会学におけるリスク論は、もっぱら「環境管理型」を前提としている。そこで扱われているのは、原子力発電や大気汚染・水質汚染といった科学技術が生み出す「新しいリスク」であり、そこで語られる身体の安全管理は、空間・身体の隅々を科学技術のデータで把握する新しい「環境管理型」の方法である(東・大澤 二〇〇三)。

しかし、学校とはそのような想定に相応しい空間なのだろうか。近代の学校教育空間は「規律訓練型」のパノプティコンに喩えられてきた。規律訓練型の世界では、自発的に服従する主体が、自身の行為を自ら律することで、身体が管理される。はたしてパノプティコンの喩えが通用する時代は、もう過ぎ去ってしまったのか。

「ブラック部活動」(内田 二〇一七)や「教員の働き方改革」は、「規律訓練型」の枠組みで分析できる代表例である。たとえば、部活動では、生徒の身体に対する厳しい指導(負荷の大きいトレーニングに毎日たくさん従事させる)が課される。これは顧問から生徒に対してだけではなく、顧問のまなざしを内面化した生徒集団のなかでも、先輩から生徒へと課されていく。また、部活動はそもそも生徒の自主的な活動であるはずだが、実質的には強制されている。朝練も、「自主練」と称して、なぜか皆が参加している。教員の働き方も同様である。遅くまで残って仕事をすることで「熱心な」先生と称賛され、その空気は職員室全体をして長時間労働へと追いやっていく。

新しい現象を主軸に展開する社会学の議論は、この新しい時代に起きている古い問題を取りこぼしかねない。学校教育における身体管理を考えるとき、なるほど不審者対策のように監視カメラによる「データを用いた環境管理」もある。しかし、多くの場合において身体の管理は「規律訓練」という、古くから培われてきた方法に依存している。

近代学校教育は、規律訓練型を軸に成立・発展してきた。そして学校には、今もなお規範の内面化を担う装置——私たちはそのはたらきかけを「教育」あるいは「指導」とよんでいる——であることが期待されている。だからこそ、

「教育」は今日においても十分な存在意義と正当性をもっているのである。

時代が変われば、学校教育のあり方も変わっていく。その意味でいえばつねに私たち研究者は、思考の「新しさ」を追い求めていかなければならない。ましてや駆け出しの研究者のうちは、肩肘張って「新しさ」を求めたくなるものだ。だが学校は、時代の流れに抗するかのように、今も昔も変わっていない点も多い。だからこそあえて、今夢中になっている「新しさ」を禁欲し、「新しさを追求しないことの新しさ」の魅力にも目を向けるべきである。

(2)「臨床」の誘惑

学校教育の古さ／新しさを料理する力を身に付けたならば、私がさらに次世代に期待したいのは、学校現場のリアルとの距離を適度に調整する力である。

この二〇年ほどの間に、アカデミズムには現場に近いこと、現場に役立つことが求められるようになってきた。とりわけ学校という現場をもつ教育社会学にとっては、現実の学校教育活動にいかに貢献できるかが問われている。「臨床社会学」「臨床教育学」「学校臨床社会学」「教育臨床社会学」(今津 二〇一二、酒井 二〇一四など)といった「臨床」を掲げる領域も誕生し、学校現場をフィールドとして、そこに何らかの知見を与えられるような研究が推し進められた。

学校現場の実情や肌感覚もわからないままに、象牙の塔に閉じこもって教育を論じることの弊害は明らかである。教育社会学者にとっては学校という現場がある限り、そこから遠かれ近かれ、そのアクチュアルな問題関心を無視して研究を進めることはできない。

その意味で言うと、第5章の伊藤論文が描き出した、学校教育のインストルメンタル(知識や技能、社会的地位の獲得)とコンサマトリー(即時的な充足)の両機能を関連づけるという視点は興味深い。従来、両機能は別々のものとして論じられてきた。だがたとえば不登校については、「学校に行くことによって子どもにコンサマトリーな次元で問題が生じること」が強調されてきたが、それと同時に「学校に行かないことで生じるインストルメンタルな次元での不利益」にも目を向け、居場所としての意味をもちつつ、進路形成にもつながるという学校の機能が見出されている。学校のコンサマトリーな機能については、教育社会学はしばしば「心理主義化」(森 二〇〇〇)の文脈で批判的に捉えてきたところでもある。だが、「心の問題」という見解を頑なに排除するのではなく、むしろそれを学校現場のリアルとして受け入れながら、そこで教育社会学らしさを出していくということも、今後の教育社会学者のあり方として想定すべきである。

今日、心理主義化や医療化の波はもはや「パフォーマンスの医療化」(Maturo 2013)と称されるほどに、生徒が現代社会の要請に応じてより効率的に活動できることを志向するところにまで浸透している。一九九〇―二〇〇〇年代は、社会学がその波に真正面から抗しようとした時代であった。たとえば、「特別支援教育」の拡大に貢献した「発達障害」は、「不器用」「わがまま」「勉強が苦手」といった非医療的に捉えられてきた子どもの行動が、医療的に解釈されるようになった(木村 二〇一五)ものであり、学校現場への医療の介在として批判的に受け止められた。だが木村が見出したのは、医療が教育実践の現場を全面的に覆い尽くすような状況ではない。教師が、医療と折り合いをつけながら戦略的に教育実践を展開していることにこそ、現場のリアルがあった。教育社会学は、医療化や心理主義化を批判的に検討しつつも、それと同時に、医療や心理学の介在を受け入れたうえで社会的現実を分析していくべきである。ただし、くれぐれも「臨床」という響きに過剰な期待をもたないことも大切である。ともすれば、臨床研究は「学校というフィールドに入っている自分は、学校から遠いところにいる他の研究者よりも優位である」といった過信を生みかねない。臨床研究もまた一つの研究方法に過ぎない。

エビデンス・ベースドによる研究の原点にある「科学的根拠にもとづく医療」の初期の論考には、現場とエビデンスとの関係性について興味深い指針が記されている。すなわち、これからの医療は、困ったときには権威(教科書や先輩)ではなく、パソコンのほうに振り向くべきである(Guyatt 1991)。指針は、目の前の医療現場にではなく、論文データベースのなかにあるというのだ。

学校現場に根ざした調査研究、すなわち臨床的アプローチにこそ答えがあるというわけではない。臨床の重要性を認めつつもときにそこから身を引いて、パソコンに向かうことこそが、逆に学校現場に恩恵をもたらすこともある。そのような可能性を含めて、私たちは学校現場のリアルに向き合っていく必要がある。

(3)「私」が伝えたいこと

ここまで、「臨床」を学校現場に定めてきたが、私が思うに、究極の臨床は「私」である。第11章の志水論文は、臨床研究に取り組んできた「私」の目線から、ニューカマー研究を振り返る。そのスタンスはこう記されている——「私たち研究者は、多くはA〔マジョリティ〕の主要メンバーである。私たちの見方や考え方を絶えず変更・修正していくことなく、社会をよりよい方向へと変えていくことなどできないだろうと、私自身は思っている。自己変容、とりわけマジョリティの自己変容を経ない社会変容はありえない、と言ってよいだろう」(括弧内は筆者が加筆)。

近代社会に住まう者の多くは、学校教育という営みと無縁ではいられない。教育という実践を目の前にする教育社会学者にとって、私自身への問いかけはつねに生じ、それは私自身の変容をも要請することになる。「変容する社会と教育のゆくえ」を見つめるときに、観察対象は変容しているが、自分自身は変容していないなどという仮定は許されまい。思い起こせば私自身、研究活動こそが自分を最も感情的に揺さぶり、「事実」を見えなくさせ、それゆえ同時に「事実」への探究心を駆り立てている。

以上が、本書の各章を受けて、私が次の世代に伝えたかったことである。「事実」というのは、けっして精緻で丁寧な分析のみによって見えてくるものではない。もちろん精緻で丁寧であることは重要である。だが、そこだけに固執すると、「事実」が私たちに教えてくれることは、無味乾燥なものになってしまうことだろう。

序章にあるとおり、本書は「専門分化した個別分野の研究を超えて、教育社会学研究のニューフロンティアを論じる議論の場」である。学会の構成員間で、会話が成り立たないことがある。共通の理論や方法を有していないことがある。いわば、「事実」を見たいと焦るばかりに、それを見るための手立ての共有を怠っているのだ。「事実」という答えを知りたくなる欲求は、専門分化が進む時代だからこそ、あえて一度冷ましたほうがよい。そして「事実」を見るための「何か」を皆で共有したときにはじめて、私たちは、次の言葉を口にすることができる――〝私は真実を知っている〟。

参照文献

東浩紀・大澤真幸 二〇〇三、『自由を考える――9・11以降の現代思想』日本放送出版協会。
今津孝次郎 二〇一二、『学校臨床社会学――教育問題の解明と解決のために』新曜社。
上野千鶴子編 二〇〇一、『構築主義とは何か』勁草書房。
内田良 二〇一七、『ブラック部活動――子どもと先生の苦しみに向き合う』東洋館出版社。
大村英昭・本村汎・井上眞理子・畠中宗一 二〇〇一、「座談会 臨床社会学の課題と展望」『現代の社会病理』第一六号、一九―三九頁。
海後宗臣 一九五一、「わが国教育社会学の課題」『教育社会学研究』第一集、五―一三頁。
苅谷剛彦 一九九五、『大衆教育社会のゆくえ――学歴主義と平等神話の戦後史』中公新書。
木村祐子 二〇一五、『発達障害支援の社会学――医療化と実践家の解釈』東信堂。
酒井朗 二〇一四、『教育臨床社会学の可能性』勁草書房。
清水義弘 一九五八、「教育社会学論」『教育社会学研究』第一三集、一〇〇―一一四頁。
中河伸俊 一九九九、『社会問題の社会学――構築主義アプローチの新展開』世界思想社。
中村高康 二〇一四、「後期近代の理論と教育社会学――A. Giddens のハイ・モダニティ論を中心として」『教育社会学研究』第九四集、四五—六四頁。

藤田英典 一九九二、「教育社会学研究の半世紀——戦後日本における教育環境の変容と教育社会学の展開」『教育社会学研究』第五〇集、七—二九頁。

本田由紀 二〇〇五、『多元化する「能力」と日本社会——ハイパー・メリトクラシー化のなかで』NTT出版。

丸山真男 一九六一、『日本の思想』岩波新書。

森真一 二〇〇〇、『自己コントロールの檻——感情マネジメント社会の現実』講談社選書メチエ。

Berger, Peter L. and Luckmann, T. 1966, *Social Construction of Reality: A Treatise in the Sociology of Knowledge*, Doubleday & Company.（P・L・バーガー、T・ルックマン、山口節郎訳『日常世界の構成——アイデンティティと社会の弁証法』新曜社、一九七七年）

Butler, Judith P. 1990, *Gender Trouble: Feminism and the Subversion of Identity*, Routledge, New York.（J・バトラー、竹村和子訳『ジェンダー・トラブル——フェミニズムとアイデンティティの攪乱』青土社、一九九九年）

Durkheim, É. 1922, *Education et Sociologie*.（E・デュルケーム、佐々木交賢訳『教育と社会学』誠信書房、一九八二年）

Guyatt, Gordon H. 1991, "Evidence-Based Medicine", *ACP Journal Club*, 114, Mar-April: A-16.

Maturo, Antonio 2013, "The Medicalization of Education: ADHD, Human Enhancement and Academic Performance", *Italian Journal of Sociology of Education*, 5(3), pp. 175–188.

Spector, M. B. and Kitsuse, J. I. 1977, *Constructing Social Problems*, Cummings Publishing Company, Menlo Park, California.（J・I・キツセ、M・B・スペクター、村上直之・中河伸俊・鮎川潤・森俊太訳『社会問題の構築——ラベリング理論をこえて』マルジュ社、一九九〇年）

元森絵里子(もともり・えりこ)
1977年生．明治学院大学社会学部准教授．歴史社会学，子ども社会学．『「子ども」語りの社会学――近現代日本における教育言説の歴史』，『語られない「子ども」の近代――年少者保護制度の歴史社会学』(ともに勁草書房)など．

片岡栄美(かたおか・えみ)
1957年生．駒澤大学文学部社会学科教授．文化社会学，教育社会学．『文化の権力 反射するブルデュー』(共著，藤原書店)，「格差社会と小・中学受験――受験を通じた社会的閉鎖，リスク回避，異質な他者への寛容性」(『家族社会学研究』第21巻第1号)など．

志水宏吉(しみず・こうきち)
1959年生．大阪大学大学院人間科学研究科教授．学校臨床学・教育社会学．『学力を育てる』(岩波新書)，『グローバル化・社会変動と教育2　文化と不平等の教育社会学』(共編訳，東京大学出版会)など．

山田浩之(やまだ・ひろゆき)
1964年生．広島大学大学院教育学研究科教授．教育学，教育社会学．「教育社会学によるメディア研究の可能性」(中国四国教育学会編『教育学研究紀要』(CD-ROM版)第53巻)，『入門・子ども社会学――子どもと社会・子どもと文化』(共編著，ミネルヴァ書房)など．

加野芳正(かの・よしまさ)
1953年生．香川大学教育学部教授．教育社会学．『なぜ，人は平気で「いじめ」をするのか？』(日本図書センター)，『マナーと作法の社会学』(編著，東信堂)など．

執筆者

荒牧草平(あらまき・そうへい)
1970年生．日本女子大学人間社会学部教育学科准教授．教育社会学，家族社会学．『学歴の階層差はなぜ生まれるか』(勁草書房)，『高校生たちのゆくえ——学校パネル調査からみた進路と生活の30年』(共編著，世界思想社)など．

平沢和司(ひらさわ・かずし)
1962年生．北海道大学大学院文学研究科教授．教育社会学，社会調査法．『大卒就職の社会学——データからみる変化』(共著，東京大学出版会)，『格差の社会学入門——学歴と階層から考える』(北海道大学出版会)など．

堀 有喜衣(ほり・ゆきえ)
1972年生．労働政策研究・研修機構主任研究員．教育社会学．『フリーターに滞留する若者たち』(編著，勁草書房)，『高校就職指導の社会学——「日本型」移行を再考する』(勁草書房)など．

井上義和(いのうえ・よしかず)
1973年生．帝京大学学修・研究支援センター准教授．教育社会学，歴史社会学．『日本主義と東京大学——昭和期学生思想運動の系譜』(柏書房)，『シリーズ大学6 組織としての大学——役割や機能をどうみるか』(共著，岩波書店)など．

伊藤茂樹(いとう・しげき)
1963年生．駒澤大学総合教育研究部教授．教育社会学，逸脱の社会学．『現代日本の少年院教育——質的調査を通して』(共編著，名古屋大学出版会)，『「子どもの自殺」の社会学——「いじめ自殺」はどう語られてきたのか』(青土社)など．

山田哲也(やまだ・てつや)
1973年生．一橋大学大学院社会学研究科教授．教育社会学．『学力と学校を問い直す』(共編著，かもがわ出版)，『学力格差是正策の国際比較』(共編著，岩波書店)など．

多賀 太(たが・ふとし)
1968年生．関西大学文学部総合人文学科教授．教育社会学．『男らしさの社会学——揺らぐ男のライフコース』(世界思想社)，『男子問題の時代？——錯綜するジェンダーと教育のポリティクス』(学文社)など．

古賀正義(こが・まさよし)
1957年生．中央大学文学部人文社会学科教授．教育社会学．『〈教えること〉のエスノグラフィー——「教育困難校」の構築過程』(共編著，金子書房)，『現代社会の児童生徒指導』(共編著，放送大学教育振興会)など．

責任編集

稲垣恭子

京都大学大学院教育学研究科教授．教育社会学．『教育文化を学ぶ人のために』(編著，世界思想社)，『教育文化の社会学』(放送大学教育振興会)など．

内田 良

1976年生．名古屋大学大学院教育発達科学研究科准教授．教育社会学．『教育という病――子どもと先生を苦しめる「教育リスク」』(光文社新書)，『ブラック部活動――子どもと先生の苦しみに向き合う』(東洋館出版社)など．

教育社会学のフロンティア 2
変容する社会と教育のゆくえ

2018年3月28日 第1刷発行

編 者 日本教育社会学会《にほんきょういくしゃかいがっかい》
稲垣恭子《いながききょうこ》 内田《うちだ》 良《りょう》

発行者 岡本 厚

発行所 株式会社 岩波書店
〒101-8002 東京都千代田区一ツ橋2-5-5
電話案内 03-5210-4000
http://www.iwanami.co.jp/

印刷・理想社 カバー・半七印刷 製本・中永製本

ISBN 978-4-00-026135-7 Printed in Japan